D1985167

Daniel Zimmermann

»Ich kann Bürgermeister!«

DANIEL ZIMMERMANN

»ICH KANN BÜRGERMEISTER!«

Mit 27 Jahren Deutschlands jüngstes Stadtoberhaupt

Fackelträger

Bildnachweis:

Henning Bode: Seite 167, 197, 221; Michael Franzen: Seite 111;
Lars Heidrich: Seite 178, 211; Tim Kögler: 15, 83, 175;
Ingo Lammert: Seite 73; Georg Lukas: Seite 43, 53;
Ralph Matzerath: Seite 20, 159, 161, 164, 172; Jens Meifert:
Seite 203; PETO Archiv: 57, 113, 116, 150, 153;
Daniel Zimmermann Privatarchiv: Seite 32, 146, 148, 214

FSC
Mix
Produktgruppe aus vorbildlich
bewirtschafteten Wäldern und
anderen kontrollierten Herkünften

Zert.-Nr. GFA-COC-001278
www.fsc.org
© 1996 Forest Stewardship Council

© 2010 Fackelträger Verlag GmbH, Köln
Alle Rechte vorbehalten
Satz: Bild1Druck GmbH, Berlin
Gesamtherstellung: Verlags- und Medien AG, Köln
Printed in Germany

ISBN 978-3-7716-4460-4

www.fackeltraeger-verlag.de

Inhalt

Prolog

Wie wir 1998 als 16-Jährige auf die Idee kommen konnten, eine Partei zu gründen, ist mir heute, mehr als zwölf Jahre später, manchmal selbst ein Rätsel. »Die waren an und für sich immer unpolitisch«, haben unsere Lehrer einmal über uns gesagt. Damit haben sie ziemlich recht gehabt. Politik interessierte uns nicht. Ich selbst hatte zu dem Zeitpunkt, als wir unsere eigene Jugendpartei gründeten, Politik als Schulfach sogar abgewählt, weil andere Fächer mich einfach mehr ansprachen.

Passend zu unserem grundsätzlichen Desinteresse an lokalpolitischen Vorgängen waren natürlich auch unsere Kenntnisse über das politische System unserer 43.000-Einwohner-Stadt Monheim am Rhein recht bescheiden. Wir hatten keine Ahnung. Die einzige örtliche Kommunalpolitikerin, die immerhin auch wir kannten, war Ingeborg Friebe. Sie war mehr als zwanzig Jahre Bürgermeisterin gewesen und parallel dazu Abgeordnete im nordrhein-westfälischen Landtag. In Monheim galt sie als Retterin der kommunalen Selbstständigkeit. Nachdem Monheim 1975 als Stadt aufgelöst worden war und größtenteils zu Düsseldorf gehörte, organisierte Ingeborg Friebe im Landtag eine politische Mehrheit für die Eigenständigkeit Monheims. Das wussten sogar wir. Und im Ort machte sie diese Tat zur Heldin. Durch ihre Arbeit als Landtagspräsidentin war sie aber auch über die Stadtgrenzen hinaus bekannt. Zu ihrem sechzigsten Geburtstag kam sogar der damalige Ministerpräsident Johannes Rau nach Monheim.

Als dann 1997 unser Schulleiter Hans-Dieter Kursawe Ingeborg Friebe ablöste und von der absoluten SPD-Mehrheit im Stadtrat zum hauptamtlichen Bürgermeister gewählt wurde, nahmen wir das lediglich zur Kenntnis. Mehr noch als der Wechsel an der politischen Spitze der Stadt interessierte uns, wer neuer Schulleiter werden würde, denn das hatte ganz praktische Auswirkungen: Könnte es sein, dass das schulinterne Verkleidungsverbot für Karneval wegfallen würde? Was war mit den beweglichen Ferientagen? Und durften wir nun endlich den Klassenausflug ins Phantasialand, einen Freizeitpark südwestlich von Köln, machen, der bisher immer abgelehnt worden war?

Die Gedanken, die uns bewegten, konzentrierten sich vor allem auf unser direktes Umfeld. Was ein Bürgermeister eigentlich tut oder wie ein Stadtrat organisiert ist, wussten wir nicht und genau genommen interessierte es uns auch nicht. Wie setzt sich der Stadtrat zusammen? Wer trifft dort welche Entscheidungen? Und was hat das mit uns zu tun? – All das waren Fragen, die wir damals nicht hätten beantworten können.

Um eine eigene Partei zu gründen, mit der wir dann bei der Monheimer Kommunalwahl antreten wollten, waren das sicher keine idealen Voraussetzungen. Es erschien auf den ersten Blick sogar relativ absurd. Trotzdem haben wir uns – getrieben von einer gehörigen Portion Abenteuerlust und einer, wie wir fanden, ganz und gar verrückten Idee folgend – dem Projekt »Parteigründung mit 16« verschrieben.

Wir waren sechs Jugendliche. Wir hatten gehört, dass in Nordrhein-Westfalen das Wahlrecht dahin gehend geändert worden war, dass bei Kommunalwahlen erstmals schon mit 16 abgestimmt werden durfte. Also dachten wir aus einem Spaß heraus: Wenn wir schon selbst wählen dürfen, warum dann nicht gleich mit einer eigenen Partei zur Wahl antreten, einer Jugendpartei, von Jugendlichen für Jugendliche? Wir nannten sie PETO, lateinisch für »ich fordere«.

Der Rest ist Geschichte. Im September 1999 erzielten wir mit unserer frisch gegründeten Jugendpartei 6,1 Prozent der Stimmen, zwei 18-jährige Schülerinnen zogen in den Monheimer Stadtrat ein. Fünf Jahre später verbesserten wir unser Wahlergebnis auf 16,6 Prozent.

Und im Jahr 2009 erreichten wir 29,6 Prozent der Stimmen. PETO liegt damit nicht nur als eine der beiden größten Fraktionen im Monheimer Stadtrat gleichauf mit der CDU, sondern wir stellen nun auch den Bürgermeister. Mit 27 Jahren darf ich mich seither das jüngste Stadtoberhaupt Deutschlands nennen. Alle anderen Kandidatinnen und Kandidaten von CDU, SPD, Grünen, FDP und einer Wählervereinigung namens »Menschen für Monheim« sowie ein parteiloser Einzelbewerber mussten sich mit den hinteren Plätzen zufriedengeben.

Das Medieninteresse nach diesem Erfolg war riesig. Fernsehteams, Radioreporter und Zeitungsjournalisten gaben sich die Klinke in die Hand. *Spiegel Online* titelte: »Hilfe, wir werden von Kindern regiert!« Und viele fragten sich, was in Monheim am Rhein eigentlich anders läuft als im Rest der Republik.

Laut der *Shell Jugendstudie* von 2006 interessieren sich in Deutschland nur 35 Prozent aller Jugendlichen im Alter von 12 bis 25 Jahren für Politik. 40 Prozent bezeichnen sich als wenig, 24 Prozent als gar nicht politisch interessiert. Mit rund zwei Dritteln sind die uninteressierten Jugendlichen in Deutschland also klar in der Mehrheit. In Monheim am Rhein scheint das anders zu sein. Bei einer repräsentativen Telefonbefragung, die ein Sozialwissenschaftskurs des Monheimer Otto-Hahn-Gymnasiums vor der Kommunalwahl 2004 durchführte, gaben alle Erstwähler an, dass sie die feste Absicht hätten, wählen zu gehen. PETO scheint zu mobilisieren.

Trotzdem soll nicht der Eindruck entstehen, wir hätten unsere Wahlerfolge allein den Erstwählern zu verdanken. Das Endergebnis legt mit einem Stimmenanteil von rund 30 Prozent nahe, dass auch eine große Anzahl älterer Menschen PETO gewählt haben muss.

Was tatsächlich hinter diesem Phänomen steckt, welche Erfolge und auch Misserfolge wir auf unserem Weg von der belächelten Schülergruppe bis zur Partei, die den Bürgermeister stellt, erlebt haben und wie es sich heute anfühlt, als so junges Stadtoberhaupt immer wieder sowohl auf Skepsis als auch auf Bewunderung zu stoßen, davon erzählt dieses Buch.

Auftakt – Zittern bis zum Schluss

Gegen 18 Uhr 30 trifft das erste Wahlergebnis ein. Ursula Schlößer von der SPD liegt mit 35,3 Prozent vorn. »Das gibt es doch nicht«, flüstert mir Lisa leise zu. Sven hat die Musik heruntergedreht und auch das laute Gemurmel der rund fünfzig anwesenden PETO-Mitglieder ist völlig verstummt. Alle blicken gebannt auf das weiße Bettlaken, das uns als Projektionsfläche für den provisorisch unter der Thekenabgrenzung befestigten Beamer dient. »Das hat noch nicht viel zu sagen«, versuche ich die Stimmung zu retten, während ich die restlichen Zahlen für den Wahlbezirk 6190 in den Computer eintippe. Tim Brühland von der CDU kommt auf 23,7 Prozent. Ich liege mit 21,2 Prozent dicht dahinter. Die übrigen Kandidaten von den Grünen, der FDP und der Wählervereinigung »Menschen für Monheim« sind mit Werten zwischen 3,2 und 7,4 Prozent deutlich abgeschlagen.

Damit hätten wir nicht gerechnet. Dass Ursula Schlößer so weit vorn liegen könnte, haben wir sogar mit ziemlicher Sicherheit ausgeschlossen. Noch als ich nachmittags im Wahllokal meine Stimme abgab, war ich mir sicher, dass der CDU-Kandidat Tim Brühland die Wahl gewinnen würde. Von allen Kandidaten hat er den intensivsten Wahlkampf betrieben. Neun Monate lang war er ständig im zweimal wöchentlich erscheinenden Anzeigenblatt, dem Monheimer *Wochen-Anzeiger*, präsent. Allein diese Annoncen müssen ein kleines Vermögen gekostet haben. An den Infoständen der CDU gab es außerdem kleine Dynamo-Taschenlampen, die während der Markttage zu beliebten Mitnahmeartikeln avancierten.

Bei der SPD sah es bescheidener aus. »Schlößer ist besser« hatten die SPD-Wahlkämpfer in den letzten Tagen mit weißer Kreide überall in der Stadt auf die Gehwege geschrieben. Es sah aus wie von Kinderhand gemalt. Teilweise in Grundschul-Schreibschrift, teilweise in Druckbuchstaben, meistens ungleichmäßig schräg und gekrakelt. Wir nahmen den Slogan amüsiert zur Kenntnis und waren der Meinung, dass man mit etwas Kreide und einem inhaltsleeren Spruch keine Wahlen gewinnt. Dann doch eher mit aufwendigen Anzeigenkampagnen und Dynamo-Taschenlampen. Trotzdem lag Ursula Schlößer vorn. Wir hätten eher auf die CDU getippt.

Im ersten Wahlbezirk, der fertig ausgezählt ist, haben nur 421 Wählerinnen und Wähler ihre Stimme abgegeben. »Das ist eine Wahlbeteiligung von nur einem Drittel. Die Bezirke mit der höheren Wahlbeteiligung kommen erst noch. Die können alles verändern«, beschwöre ich ein Ergebnis, das am Ende vielleicht ganz anders aussieht. Mir selbst mache ich dabei nicht allzu viel Hoffnung. Vielleicht war es doch keine so gute Idee, bei der Bürgermeisterwahl als Kandidat anzutreten.

Ursula Schlößer von der SPD tritt als einzige Kandidatin schon zum zweiten Mal an. Auch vor fünf Jahren hat sie diesen Wahlbezirk gegen den damaligen Amtsinhaber von der CDU gewonnen – genauso wie zwei weitere Wahlbezirke, die sich in unmittelbarer Nachbarschaft befinden. Alle anderen der insgesamt zwanzig Monheimer Wahlbezirke hat sie damals jedoch haushoch verloren. »Das Ergebnis aus 6190 kann einfach nicht repräsentativ für alle zwanzig Bezirke sein«, beschwichtige ich die Runde, die sich im Halbkreis zwischen Theke und Leinwand versammelt hat, und analysiere die Gewinne und Verluste im Vergleich zur letzten Wahl.

Max kommt mit einem Zettel in den Raum gelaufen: »Das zweite Ergebnis ist da! Sieht übel aus.« In der Tat, denn Ursula Schlößer kommt im Wahlbezirk 6180 sogar auf 51,1 Prozent. Brühland erhält 16,2 Prozent, ich bringe es auf 14,6 Prozent. »Nein, das ist doch Wahnsinn«, entfährt es Jan spontan, der mit offenem Mund vor der Projektionswand steht und ungläubig auf die bunten Balken starrt. »Das heißt noch gar nichts«, wiederhole ich gebetsmühlenartig, wobei ich versuche, mir die Enttäuschung nicht anmerken zu lassen, die mich mehr und mehr erfasst.

Wir haben uns zumindest vorgenommen, dass es knapp werden würde. Eine Umfrage der Monheimer Gesamtschule, die zwei Wochen vor der Wahl stattgefunden hat, sah mich auf Platz eins mit leichtem Abstand zu Brühland und Schlößer. »Nicht repräsentativ«, befand der stellvertretende Schulleiter der Gesamtschule, der gleichzeitig auch für die SPD im Stadtrat sitzt und es natürlich am liebsten sähe, wenn Ursula Schlößer die Wahl gewinnen würde.

Mich hat dieses Umfrageergebnis einigermaßen optimistisch gestimmt. Obwohl ich nicht ernsthaft mit einem Sieg bei der Bürgermeisterwahl rechnen kann, wäre vielleicht doch eine kleine Überraschung möglich. Den anderen PETO-Mitgliedern habe ich nach der Veröffentlichung der Gesamtschulprognose erzählt, dass das Leben weitergeht – egal wie am Ende das Wahlergebnis aussieht: »Wir haben einen guten Wahlkampf gemacht. Mehr ist sowieso nicht drin gewesen«, lautet das Motto, das ich gemeinsam mit Lisa, unserer Spitzenkandidatin für den Stadtrat, am heutigen Wahlabend ausgegeben habe.

Während des Wahlkampfs haben wir uns eher von sportlichem Ehrgeiz und einer gewissen Gruppendynamik angetrieben gefühlt als von eiskaltem Siegeswillen. Der blitzte tendenziell nur bei den Wahlkämpfern der CDU und der SPD durch. Für uns stand der Spaß im Vordergrund. Am Ergebnis hätten wir letztendlich sowieso nichts ändern können.

Um kurz nach sieben kommt Lisa mit dem dritten Ergebnis herein. Sie hat sich mittlerweile einen Stuhl genommen und sich nach draußen gesetzt, denn im Innenraum des *Sojus 7*, in dem wir unsere Wahlparty feiern, gibt es keinen Handyempfang. »Das hier glaubst du nicht«, sagt sie mit einem breiten Grinsen auf den Lippen, während sie mir einen Zettel, auf den sie das Ergebnis aus dem Wahlbezirk 6050 gekritzelt hat, in die Hand drückt.

PETO liegt bei der Stadtratswahl mit 218 Stimmen vorn, dicht gefolgt von der CDU, die 212 Stimmen erreicht. Erst an dritter Stelle folgt mit 178 Stimmen die SPD. Bei der Bürgermeisterwahl ist das Ergebnis ähnlich: Während ich in diesem Wahlbezirk mit 215 Stimmen am besten abschneide, erringt Tim Brühland nur 192 Stimmen und Ursula Schlößer kommt auf gerade einmal 179 Stimmen.

»Unglaublich«, ruft Jan jetzt. Im Saal, der sich zwischenzeitlich weiter gefüllt hat, bricht lauter Jubel aus. Svenja hat den Wahlbezirk direkt gewonnen. Sie ist mit 18 Jahren unsere jüngste Kandidatin und geht noch zur Schule. Leider können wir sie nicht hochleben lassen, denn Svenja sitzt noch in einem anderen Wahllokal und hilft beim Auszählen der Stimmen. Im Vorfeld der Wahl haben wir dafür gesorgt, dass in jedem der zwanzig Monheimer Wahllokale ein PETO-Mitglied von der Stadtverwaltung als Wahlhelfer eingeteilt wurde. Auch die anderen Parteien haben Wahlhelfer entsandt. Auf diese Art und Weise sollen sie sich gegenseitig kontrollieren. Unsere Leute haben allerdings zusätzlich noch den Auftrag, die Ergebnisse aus ihrem Wahllokal per SMS an Lisa, Janne oder mich ins *Sojus* zu schicken.

Schneller als die Stadtverwaltung wollen wir mit diesem System sein, was natürlich nur klappen kann, wenn alle zwanzig Helfer sofort nach der Auszählung im Wahllokal ihre Kurzmitteilungen an uns versenden. Um die Ergebnisse auf der Leinwand anzeigen zu können, habe ich am Computer ein Programm gebastelt, das uns außerdem die mit Spannung erwarteten Hochrechnungen liefern soll.

Um 19 Uhr 22 trifft das nächste Ergebnis ein. Lisa, die mittlerweile alle drei Handys, auf denen die SMS-Nachrichten unserer Wahlhelfer eingehen könnten, in ihren Händen hält, überträgt die Informationen schnell auf ihren Notizblock. Florian schreibt aus dem Bezirk 6110. Es ist der erste große Bezirk mit mehr als tausend abgegebenen Wählerstimmen. »Brüh 221, Schl 226, Zimm 310, Stamm 43, Pron 69, Lilo 38, Kuhl 113, Gruß, Florian«, lautet die beeindruckende Nachricht.

Lisa kritzelt alle Zahlen auf ihren Zettel, während eines der anderen Handys klingelt. Um sie herum hat sich eine kleine Traube von Neugierigen gebildet. Jeder versucht, einen Blick auf ihre Notizen zu erhaschen. Dieser Wahlbezirk geht an mich. Mit Lisas Zettelchen in der Hand, das ich wie eine Trophäe in die Luft halte, bahne ich mir einen Weg durch die vielen Mitglieder, die sich mittlerweile im *Sojus* eingefunden haben. Derweil nimmt Lisa schon das nächste Ergebnis entgegen. Als ich am Computer die erste Ziffer in das Kästchen, das für die auf mich entfallenden Wählerstimmen vorgesehen ist, eintrage, bricht lauter Jubel aus. Im Gegensatz zu den beiden Kandidaten von CDU und SPD mit ihren 221 und 226 Stimmen beginnt das PETO-Ergebnis mit einer Drei. Es sind 310 Stimmen. Meine Eintragungen für die letzten vier Bürgermeisterkandidaten werden von rhythmischem Klatschen begleitet.

Janne bringt eilig den nächsten Zettel von Lisa herein. Der Wahlbezirk 6020 im Monheimer Stadtteil Baumberg geht deutlich an die CDU. Tim Brühland hat in diesem Bezirk auch bei der Bürgermeisterwahl die Nase vorn. »Klick mal auf das Gesamtergebnis«, fordert Janne mich auf, die hinter mir steht und über meine Schulter auf den Computerbildschirm schaut.

Ursula Schlößer hat ihren Vorsprung inzwischen verloren. Jetzt ist Tim Brühland auf dem ersten Platz. Nach fünf ausgezählten Wahlbezirken hat er einen Vorsprung von 33 Stimmen. Danach komme ich. Ursula Schlößer liegt vier Stimmen hinter mir. »Das wird knapp«, stellt Janne nüchtern fest. Die Ergebnisse aus den restlichen 15 Wahlbezirken stehen noch aus, obwohl die Wahllokale schon seit anderthalb Stunden geschlossen sind.

»Warum dauert das so lange?«, fragt der Reporter vom WDR, der mit einem Kamerateam auf unserer Wahlparty unterwegs ist und keine Stimmungsbilder aufnehmen kann, bevor nicht einigermaßen klar ist, wie das Gesamtergebnis ausfallen wird. »Anscheinend brauchen die Wahlhelfer in manchen Wahllokalen einfach noch mehr Zeit, um alle Stimmen auszuzählen«, spekuliert Janne. Neben den blauen Stimmzetteln für die Bürgermeisterwahl und den grünen für die Wahl des Stadtrats gibt es noch einen gelben Stimmzettel für die Wahl des Landrats und einen roten für die Kreistagswahl. Alle Monheimerinnen und Monheimer ab 55 wählen außerdem auf weißen Stimmzetteln noch den Seniorenbeirat. In Wahlbezirken mit mehr als tausend Wählern kommt auf diese Weise eine Menge Papier zusammen.

Wahlparty im *Sojus 7*: Die allgemeine Anspannung löst sich in Begeisterung auf, als nach und nach die Wahlergebnisse eintreffen.

Kurz nach 20 Uhr geht es weiter. Mehrere Ergebnisse laufen nacheinander ein. Lisa notiert sie hastig. Ursula Schlößer ist mittlerweile weit abgeschlagen. Während Tim Brühland in den Wahlbezirken 6030, 6040 und 6140 vor mir liegt, habe ich die Nase in den Bezirken 6060, 6070 und 6170 vorn. Der Abstand zwischen Brühland und mir wird im Gesamtergebnis immer enger. Zeitweise trennen uns nur vier Stimmen. Für den weiteren Abend zeichnet sich ab, dass das Rennen zwischen Brühland und mir entschieden wird.

Die Anspannung, die mich schon über den gesamten Abend begleitet hat, wird immer stärker. Ich versuche mir nichts anmerken zu lassen. Kann es am Ende vielleicht doch reichen? Habe ich wirklich Chancen, die Wahl zu gewinnen? – Der Gedanke erscheint mir so unglaublich, dass ich gar nicht weiß, ob ich mich über die bisherigen Zwischenergebnisse schon freuen oder besser noch abwarten soll. Während des Wahlkampfs habe ich mich so oft beweisen müssen, viele Podiumsdiskussionen, Wahlkampfauftritte, Infostände und Gesprächskreise überstehen müssen, dass es jetzt eine riesige Genugtuung wäre, ein gutes Ergebnis einzufahren. Ernsthaft mit einem Wahlsieg rechnen kann ich allerdings nicht. Das habe ich mir gerade auch nach der Gesamtschulumfrage immer wieder eingeredet. Meine Angst, dass ich mich in irgendeine unrealistische Erfolgsaussicht hineinsteigern könnte, ist einfach viel zu groß.

Die Spannung steigt immer weiter. Lisa trommelt nervös mit den Fingern auf ihrem Notizblock. »Sollen wir mal den Puls messen?«, fragt Sven, der in seiner Freizeit beim Arbeiter-Samariter-Bund Sanitätskurse gibt, im Tonfall eines besorgten Fitnesstrainers. »Ja, mach mal«, antwortet Lisa mit ausgestrecktem Arm. Sven schaut auf seine Armbanduhr, um die Zeit zu nehmen, und greift nach Lisas Handgelenk: »Das dauert jetzt ein paar Sekunden.« In diesem Moment klingelt Lisas Handy, das sie in der anderen Hand hält. »Ich habe eine SMS bekommen.« Sie schaut gebannt aufs Display. »Leute, das glaubt ihr nicht. Würdest du mich mal loslassen, Sven? Das ist Wahnsinn.«

Lisa überträgt die Zahlen aus der SMS auf ihren Notizblock und reicht mir den Zettel. »Wir haben ihn wieder.« Damit meint sie den Wahlbezirk 6120, in dem Tim Brühland nicht nur als Bürgermeisterkandidat, sondern auch als Stadtratskandidat wählbar war. Für uns ist Lucas dort angetreten, der erst ein Dreivierteljahr dabei ist und bald nach seinem Beitritt auf der Mitgliederversammlung nominiert wurde. »Ich habe mir mal ausgerechnet, wie viele Stimmen ich auf jeden Fall bekommen werde«, meinte Lucas ein paar Tage vor der Wahl. »Meine Eltern, meine Schwester und unsere Nachbarn werden mit Sicherheit für PETO stimmen. Das wären dann mit meiner eigenen schon mal sieben Stimmen.« Bei seinen Nachbarn auf der anderen Seite wäre er sich nicht sicher. Am Ende würde Tim Brühland wohl alle anderen Stimmen im Wahlbezirk bekommen, fürchtete Lucas, weil der durch seinen Bürgermeisterwahlkampf so einen hohen Bekanntheitsgrad hat. »Mich dagegen kennt doch kaum jemand.«

Tatsächlich geht es anders aus. »Wo ist Lucas?«, frage ich durchs Mikrofon, während ich am Computer stehe und die Zahlen in das

Auswertungsprogramm eintippe. »Lucas holt den Wahlbezirk gegen Tim Brühland!«, kann ich gerade noch rufen, bevor das Ende meines Satzes im allgemeinen Jubel untergeht. »Lu-cas, Lu-cas«, skandiert die Menge laut und rhythmisch klatschend. Max umarmt Lucas und hebt ihn dabei ein Stück in die Luft. Der Kameramann vom WDR hält voll drauf. »Wie fühlt sich das an?«, will der Reporter wissen. »Super, einfach nur super! Sogar gegen den Bürgermeisterkandidaten den Wahlbezirk gewonnen – besser geht es gar nicht«, erwidert Lucas, dem man anmerkt, dass er es noch gar nicht fassen kann. »Wie alt sind Sie?«, fragt der Reporter. »Ich bin 19. Ich habe gerade Abitur gemacht«, antwortet Lucas triumphierend.

Auch bei der Bürgermeisterwahl sieht es gut aus. In den Bezirken 6090, 6100 und 6150 liege ich jeweils klar vor Tim Brühland. Das *Sojus* ist mittlerweile mit rund dreihundert PETO-Anhängern gefüllt. Weil die Internetseite der Stadt immer wieder unter den hohen Zugriffszahlen zusammenbricht, hält es niemanden mehr zu Hause. Alle wollen wissen, wie die Wahl ausgeht.

Bis kurz nach neun liegen die Ergebnisse aus 18 der 20 Wahlbezirke vor. Obwohl ich im Gesamtergebnis 3,6 Prozentpunkte vor Tim Brühland liege, traue ich mich noch nicht, an den Sieg zu glauben, denn für den südlichsten Wahlbezirk im Monheimer Stadtgebiet, der gleichzeitig der größte ist, gibt es noch keine Zahlen. »Vor fünf Jahren hat die CDU in 6200 rund 46 Prozent der Stimmen bekommen. Wir können uns noch nicht sicher sein«, dämpfe ich die Euphorie, die sich im *Sojus* mehr und mehr ausbreitet. Inzwischen glauben die meisten, dass ich die Wahl gewonnen habe. Ich selbst bin aber lieber noch etwas vorsichtig. Bloß nicht zu früh in Jubel ausbrechen. Am Ende geht es vielleicht doch noch schief.

Aus dem Rathaus, wo ebenfalls eine öffentliche Ergebnispräsentation stattfindet, schreibt mir Holger per SMS: »Im rathaus wird gejubelt. Ich glaub die masse will den daniel sehen. Geile sache.«

Auch Lisa erhält eine SMS. Es ist das fehlende Ergebnis aus dem Bezirk 6200. »Ja, das ist es«, ruft Lisa laut, die in diesem Bezirk als PETO-Kandidatin für den Stadtrat angetreten ist. Sie hat den Wahlbezirk gewonnen. Entgegen den Befürchtungen vergrößert sich mein Vorsprung bei der Bürgermeisterwahl um weitere 132 Stimmen. Ich liege in diesem Bezirk satte 10 Prozentpunkte vor meinem Konkurrenten von der CDU.

Meine Stimme geht vollends im Jubel unter. Das Ergebnis, das der Beamer an unsere improvisierte Leinwand projiziert, ist eindeutig: Ich liege uneinholbar vorn. Im Alter von 27 Jahren werde ich der nächste Bürgermeister von Monheim am Rhein sein und damit – wie sich später herausstellt – das jüngste Stadtoberhaupt Deutschlands. Die rund sechshundert Stimmen, die Tim Brühland und mich voneinander trennen, sind uneinholbar. Daran wird auch der letzte noch offene Wahlbezirk nichts mehr ändern können. Max, der schon Lucas hochleben ließ, hebt mich, unterstützt von Laura, Andek, Annika, Markus und Andi, in die Luft. Die sechs lassen mich gar nicht mehr herunter. »Wir müssen ins Rathaus«, ist mein erster Gedanke, den ich in Worte fassen kann. In mir vermischen sich so viele verschiedene Gefühle, dass ich mich noch gar nicht richtig freuen kann.

Lisa, Janne, meine Freundin Jana und ich fahren in meinem alten Renault Clio ins Rathaus. Jana sitzt am Steuer, weil schon vor der Abfahrt immer wieder mein Handy klingelt. Der Lokalredakteur der *Rheinischen Post* möchte sich für den nächsten Tag einen Interviewtermin sichern, und ein Mitarbeiter der *Westdeutschen Allgemeinen Zeitung* aus Essen, der schon vor einigen Wochen in Monheim war, um über PETO zu berichten, erkundigt sich nach dem letzten Stand der Wahlergebnisse. Jana fährt kreuz und quer durch die Innenstadt, obwohl es zum Rathaus eigentlich gar nicht weit ist. Ihre Aufregung ist so groß, dass sie sich kaum auf die Strecke konzentrieren kann. Als ich das Handytelefonat beende und die Auflegetaste drücke, merke ich, dass ich etwas zittrig bin. Auch ich bin unglaublich aufgeregt. Mehr noch als vor der Wahl.

Das Kamerateam des WDR folgt uns. »Gehen Sie auf keinen Fall vor uns ins Rathaus«, ermahnte mich der Reporter vor der Abfahrt. »Wir brauchen unbedingt das Bild, wie Sie im Rathaus ankommen.«

Im Rathaus ist es genauso überfüllt wie im *Sojus*. Die Hausmeister haben einen Großteil der Tische aus dem Ratssaal entfernt. Rund fünfhundert Menschen sind hier, um die offizielle Wahlstatistik zu verfolgen. Der Empfang ist euphorisch, wobei die wenigen verbliebenen Anhänger der anderen Kandidaten deutlich an ihren enttäuschten Gesichtsausdrücken zu erkennen sind. Die Mehrheit der Anwesenden applaudiert kräftig. Einige PETO-Mitglieder, die die Auszählung nicht im *Sojus*, sondern hier im Rathaus verfolgt haben, fallen mir um den Hals. Ich selbst fühle mich, als würde der ganze Beifall einer anderen Person gelten. An Situationen wie diese, in denen alle Blicke auf mich gerichtet sind, werde ich mich gewöhnen müssen.

Die meisten anderen Kandidaten sind auch da und gratulieren. Das Team des WDR nimmt alles auf. Tim Brühland, 31 Jahre alt, äußert sich vor der Kamera zu dem Kopf-an-Kopf-Rennen sehr gefasst: »Das hat schon getroffen. Ich war mir ziemlich sicher zu gewinnen. Das Ergebnis ist relativ eindeutig. Daniel Zimmermann hat jetzt gut sechshundert Stimmen Vorsprung. Dazu gratuliere ich und wünsche ihm ein glückliches Händchen.«

Ursula Schlößer, die aufgrund der ersten drei Wahlbezirke wahrscheinlich ähnlich wie wir davon ausgegangen ist, dass sie zusammen mit der SPD die meisten Stimmen gewinnen würde, ist hingegen weniger gefasst: »Meine Enttäuschung ist riesengroß. Um ehrlich zu sein: Ich bin fassungslos. Offensichtlich hat Monheim die Jugend gewählt. Über meine weitere politische Zukunft werde ich mit meinen Parteifreunden reden«, sagt die 60-Jährige.

Auch Thomas Dünchheim, der bisherige Bürgermeister, der bei der Wahl nicht wieder angetreten ist, wünscht mir Glück. Dabei lässt er meine Hand, die er fortwährend schüttelt, gar nicht mehr los: »Das wird nicht immer einfach sein, Herr Zimmermann, aber hier im Rathaus gibt es genug Mitarbeiter, die Sie kräftig unterstützen werden.«

Nach ein paar kurzen Dankesworten mache ich mich gemeinsam mit Lisa, Janne und Jana wieder auf den Rückweg ins *Sojus*. War das wirklich real, was gerade im Rathaus passiert ist? Dass ich mich sehr

Jubel in der Wahlnacht: Daniel Zimmermann ist der neue Bürgermeister der Stadt Monheim am Rhein.

über das Ergebnis freue, dass die mehr als 30 Prozent der Stimmen einen riesigen Vertrauensvorschuss darstellen, dem ich gerecht werden will, und dass ich weiß, wie viel Arbeit jetzt auf mich zukommt, habe ich gesagt. Wahrscheinlich habe ich wie ein altkluger Politiker geklungen, der sich sein Statement schon vorher zurechtgelegt hat. Dabei war meine kurze Äußerung völlig spontan. Doch was soll man in so einer Situation Passendes sagen? Meine Erwartung, dass es am Ende zwar knapp werden könnte, aber dann doch nicht reicht, war so stark, dass ich mich mit der Möglichkeit zu gewinnen lieber nicht so genau beschäftigen wollte.

Zurück im *Sojus* werde ich mit einer Sektdusche empfangen. Andek und Niklas spritzen mich mit zwei Flaschen von Kopf bis Fuß nass. Die Umstehenden, die schnell zur Seite springen, klatschen und jubeln. Zum Glück habe ich ein Hemd zum Wechseln dabei, aber den Boden müssen wir morgen erst mal gründlich putzen. »So eine Sauerei«, denke ich, während mir einzelne Sekttropfen von der Stirn in die Augen rinnen, wo sie unangenehm brennen. Das Kamerateam ist immer noch auf meinen Fersen und nimmt alles fleißig auf.

Erst kurz nach Mitternacht sind wir unter uns. Wir feiern das Wahlergebnis noch bis spät in die Nacht, wobei ich allerdings schon ahne, dass ich den nächsten Tag halbwegs ausgeruht beginnen sollte.

WIE ALLES ANFING – PARTEIGRÜNDUNG AUS LANGEWEILE

Feierliche Gründungsversammlung

Auch ein Sonntag, fast elf Jahre zuvor: Am 20. Dezember 1998 fand um 11 Uhr vormittags bei Holger zu Hause unsere feierliche Gründungsversammlung statt. Wir waren zu fünft: Rana, Holger, Sebastian, Daniel und ich. Das einzige Mädchen in der Runde fehlte. Juliane hatte keine Zeit, vielleicht wollte sie aber auch einfach nur ausschlafen. Als sechstes Gründungsmitglied wollte sie das Protokoll unserer Gründungsversammlung später unterzeichnen.

Von unseren Eltern hatten wir uns für diesen Tag Einverständniserklärungen ausstellen lassen, denn keiner von uns war volljährig. »Damit wir beim Finanzamt und beim Amtsgericht keine Probleme bekommen, sollten wir unsere Eltern mitunterschreiben lassen«, hatte Rana vorgeschlagen, der in der Gruppe der Jüngste war. Holger hatte einen kurzen Text ausgearbeitet: »Wir sind damit einverstanden, dass unsere Tochter/unser Sohn Gründungsmitglied der in Monheim am Rhein ansässigen Partei PETO ist und an allen Vorgängen innerhalb der Partei teilhat.« Mit dieser Erklärung ausgestattet, hofften wir, auf der sicheren Seite zu sein.

Zuerst stimmten wir darüber ab, wer die Versammlung leiten sollte. Holger schlug mich vor: »Das macht am besten Daniel. Er ist ja derjenige, der alle Informationen beim Amtsgericht und der Stadtverwaltung eingeholt hat.« Alle anderen nickten zustimmend. Ich stellte die Anwesenheit fest und eröffnete die Sitzung: »Unser erster Tagesordnungspunkt ist der Beschluss über unsere Satzung. Ich lese jetzt einfach mal den Entwurf vor.« – »Muss das sein?«, stöhnte Holger. »Wir können doch auch einfach so abstimmen.« – »Ich finde schon, dass jeder von uns genau wissen sollte, was wir gleich beschließen«, hielt Rana spontan dagegen. »Na gut, leg los«, lenkte Holger ein, ohne völlig von der Notwendigkeit überzeugt zu sein.

»Paragraf 1: Name, Sitz, Tätigkeitsgebiet. Die Partei trägt den Namen PETO. Sie ist im Vereinsregister beim Amtsgericht Langenfeld einzutragen. Sitz der Partei ist Monheim am Rhein. Das Tätigkeitsgebiet umfasst das Gebiet der Stadt Monheim am Rhein ...« Vom Amtsgericht hatten wir zum Glück eine Mustersatzung für gemeinnützige Vereine erhalten. Mit der Formulierung eines Satzungstextes wären wir sonst mit Sicherheit überfordert gewesen, zumal wir niemanden um Hilfe gebeten hatten. Rana hat sich außerdem eine Kopie der Ortsvereinssatzung der Monheimer SPD besorgt. Was er den Leuten in der SPD-Geschäftsstelle erzählt hat, um ein Exemplar zu bekommen, wissen wir nicht. Ein Beitrittsformular für die SPD haben sie ihm jedenfalls auch noch mitgegeben. Ob er ihnen gesagt hat, dass er dort nicht Mitglied werden würde?

In zwölf Paragrafen hatten wir alles aufgeschrieben, was wir in der Mustersatzung des Amtsgerichts und der SPD-Ortsvereinssatzung an wichtigen Dingen entdeckt hatten. Die Mitgliederversammlung sollte einmal im Monat einberufen werden, daneben sollte es Arbeitsgruppen geben, die sich mit einzelnen Themenbereichen beschäftigen. Außerdem gab es Regelungen über die Zusammensetzung des Parteivorstands, wie die jährliche Kassenprüfung abzulaufen hat und wie man Mitglied wird.

»Schlussbestimmungen. Diese Satzung kann von der Mitgliederversammlung nur mit einer Mehrheit von drei Vierteln aller anwesenden Mitglieder geändert werden. Diese Satzung tritt einen Tag nach ihrer Anerkennung durch die Gründungsmitglieder der Partei in Kraft.«

Alle waren einverstanden. Änderungsvorschläge gab es nicht. Die meisten von uns betrachteten diese Satzung ohnehin nur als notwendiges Übel. Wenn es nach uns gegangen wäre, hätten wir sie sicher nicht gebraucht. Wir unterschrieben die Satzung in dreifacher Ausfertigung. Auf der letzten Seite waren die Namen der sechs Gründungsmitglieder schon in alphabetischer Reihenfolge unserer Nachnamen vermerkt, sodass jeder von uns wusste, wo er unterschreiben musste. Damit es besonders feierlich zuging, benutzten wir einen Füllfederhalter, den ich extra von zu Hause mitgebracht hatte. »Wo ist der Mann mit der Löschwalze«, fragte Sebastian, »so einer, wie man ihn im Fernsehen immer bei wichtigen Vertragsunterzeichnungen sieht?«

Daran hatten wir nicht gedacht. Wenn wir mit so einem Gerät über jede einzelne Unterschrift drübergerollt wären, hätte die Unterzeichnung sicher noch viel staatstragender ausgesehen und die Unterschriften hätten nicht verschmieren können. Doch wir wollten ja nicht für den Bundestag kandidieren, und auch ohne Löschwalze empfanden wir die kleine Unterzeichnungszeremonie als ziemlich feierlich. Allein dafür hatte sich die Parteigründung schon gelohnt.

Angefangen hatte alles nicht einmal acht Wochen vorher. Da hatten wir uns zum ersten Mal getroffen. Die Initiative war von Rana und Holger ausgegangen. »Etwas Sinnvolles auf die Beine stellen«, war das Motto. Was genau das sein würde, wussten die beiden selbst nicht so genau. Das wollten wir gemeinsam erst noch austüfteln.

Eine feste Clique waren wir zu diesem Zeitpunkt nicht. Im Gegenteil. Das hatte sich erst in den letzten Wochen so ergeben. Wir kannten uns aus der Schule. Das Otto-Hahn-Gymnasium ist das einzige Gymnasium in Monheim am Rhein. Dort gingen wir alle in die elfte Klasse. Wer in Monheim Abitur machen möchte, kann das sonst nur noch auf der Gesamtschule tun. Die Oberstufe hatte für uns alle ein neues Lebensgefühl mit sich gebracht. Mehr persönliche Freiheiten, Lehrer, die plötzlich »Sie« sagen, und ein eigener Schulhof mit Raucherecke. Unsere gemütlichen Klassenstrukturen lösten sich langsam auf und wir lernten schlagartig viele neue Leute kennen.

Rana und Holger haben kein bestimmtes Ziel verfolgt, als sie unser erstes Treffen organisiert hatten. Vielleicht wollten sie einen Debattierklub ins Leben rufen, vielleicht eine Theatergruppe. Rana hatte vorgeschlagen, eine bestimmte Auswahl von Büchern festzulegen. Diese würden wir lesen, um sie dann hinterher gemeinsam zu diskutieren. Ich hätte mir aber auch die Sache mit der Theatergruppe sehr gut vorstellen können. Als wir uns dann freitagabends, etwa fünf Wochen vor unserer Gründungsversammlung, bei Rana trafen, gab es eine Menge Vorschläge, die wir einfach sammelten. Der Gedanke, eine Partei zu gründen, kam uns auch, allerdings nur als einer von vielen. »Vielleicht könnte das mit der Partei ganz lustig sein«, dachten wir uns ganz unbefangen. Die anderen Projekte wollten wir aber auch noch weiterverfolgen.

Jeder von uns bekam daraufhin den Auftrag, sich mit einem bestimmten Vorschlag eingehender zu beschäftigen. Während Rana die Sache mit dem Leseklub näher durchdenken sollte, war ich für die politische Schiene zuständig. Ich ging also einfach ins Rathaus, um zu fragen, wie das eigentlich funktioniert, wenn man eine Partei gründen möchte.

»Oh, da kann ich Ihnen nicht helfen«, rief die Mitarbeiterin erstaunt, die am Haupteingang des Monheimer Rathauses saß und gleichzeitig die Telefonanlage bediente. »Vielleicht versuchen Sie es mal im Wahlamt«, kam ihr die rettende Idee. »Da gehen Sie hier geradeaus durchs Bürgerbüro bis zum Treppenhaus, dann in den ersten Stock links, Zimmer 123.«

Der Mitarbeiter im Wahlamt war äußerst freundlich, aber trotzdem überrascht: »Eine Partei? Wofür wollen Sie das denn wissen? Vielleicht für die Schule?« – »Na ja, so ähnlich«, gab ich mich etwas einsilbig. Schließlich wussten wir noch gar nicht, ob wir tatsächlich eine Partei gründen würden. Ich sollte erst einmal Informationen einholen. »Dafür müsste im Prinzip das Amtsgericht zuständig sein. Für die Teilnahme an Kommunalwahlen reicht ja schon die Gründung einer unabhängigen Wählervereinigung aus. Das ist quasi ein Verein, der bei Wahlen antritt. Aber ganz ehrlich: Damit kenne ich mich nicht so richtig aus. Wir sind hier im Rathaus nur für die Entgegennahme von Kandidatenlisten und das örtliche Wahlgeschehen verantwortlich«, erzählte mir der Wahlamtsmitarbeiter. Anschließend gab er mir noch eine Kopie des Kommunalwahlgesetzes mit und den Tipp, es beim Amtsgericht zu versuchen. »Ach ja«, sagte er, »bei dieser Wahl dürfen übrigens zum ersten Mal auch 16- und 17-Jährige wählen. Davon erhofft sich der Gesetzgeber, dass Jugendliche mehr Interesse am kommunalpolitischen Geschehen entwickeln.« Dass die nächste Wahl zum Monheimer Stadtrat am 12. September 1999 stattfinden würde, erfuhr ich auch noch. Ich bedankte mich artig für die vielen Informationen. »Und wenn Sie noch etwas wissen möchten, kommen Sie ruhig wieder vorbei«, rief er mir beim Hinausgehen zu – wahrscheinlich immer noch im Glauben, ich würde das alles für ein Schulprojekt oder ein Referat im Politikunterricht wissen wollen.

Welcher Jugendliche würde schon aus eigenem Antrieb heraus beim städtischen Wahlamt Informationen zum Kommunalwahlgesetz einholen? Wenn man 16 Jahre alt ist, hat man andere Dinge im Kopf, als sich mit Kommunalpolitik zu beschäftigen. Insofern waren schon unsere Überlegungen zur Theatergruppe eher ungewöhnlich. Als 16-Jähriger ist man normalerweise genervt von seinen Eltern. Man ist verliebt. Oder man liegt nach der Schule auf dem Sofa rum und guckt irgendwelchen Quatsch im Fernsehen. Politik braucht man für ein solches Leben mit Sicherheit nicht, schon gar keine Kommunalpolitik, die auch bei vielen älteren Menschen als langweilig und uninteressant gilt.

Im Prinzip waren wir nicht anders. Uns packte aus einer gewissen Langeweile heraus höchstens der Enthusiasmus, etwas völlig Verrücktes, das ausgesprochen Altersuntypische zu tun. Das war in etwa eine Stimmung, wie man sie aus dem Kinofilm *Der Club der toten Dichter* kennt. In diesem Film kommt Robin Williams als neuer Lehrer an eine streng konservative Schule und begeistert seine Schüler mit unkonventionellen Methoden für Literatur. Plötzlich fangen die Schüler an, Shakespeare zu lesen und eigene Gedichte zu schreiben.

Unsere Motivation unterschied sich davon nicht wesentlich. Uns fehlte eigentlich nur ein Robin Williams, der uns mit seiner Leidenschaft ansteckte – vielleicht auch der Bezug zur Poesie, denn wir wollten keine Gedichte schreiben.

Der Gedanke, einen eigenen Klub zu gründen, gefiel uns außerordentlich gut. Obwohl die wenigsten von uns den Film mit Robin Williams überhaupt gesehen haben werden. Und was dieser Klub am Ende für ein Ziel verfolgen würde, war für uns eigentlich auch eher nebensächlich. Im Mittelpunkt stand das Gemeinschaftserlebnis. Wir hätten uns genauso gut zum Kartenspielen treffen können.

Nun war es eben eine Partei, was vielleicht auch daran lag, dass ich meinen Rechercheauftrag im Monheimer Rathaus äußerst gewissenhaft erledigt hatte. Die anderen erschienen mit weit weniger ausgearbeiteten Ergebnissen zu unserem nächsten Termin.

»Prima«, sagte ich in die Runde, die sich nicht weiter verändert hatte. Wir saßen immer noch zu fünft im Wohnzimmer von Holgers Eltern, die gerade auf Wochenendurlaub waren. »Jetzt, wo wir alle die Satzung unterzeichnet und die Partei ganz offiziell gegründet haben, können wir gleich unsere erste ordentliche Mitgliederversammlung abhalten. Kommen wir zur Vorstandswahl. Wer wird Vorsitzender?« Holger meldete sich mit einer ähnlichen Armbewegung wie in der Schule, sprach dann aber, ohne drangenommen worden zu sein: »Ich schlage Rana vor.« Beim Schreiben der Satzung hatten wir uns schon darauf verständigt, dass er den Vorsitz übernehmen sollte. Ich war auch kurz im Gespräch, habe den anderen dann aber zu verstehen gegeben, dass ich mich lieber um die Kassenführung kümmern würde. »Es ist sehr wichtig, dass mit der Kasse alles in Ordnung ist«, war mein Argument, mit dem ich sie relativ schnell überzeugen konnte.

Rana erschien uns außerdem als idealer Vorsitzender. In der Schule war er für seine ausführlichen Unterrichtsbeiträge bekannt. Er ging keiner Grundsatzdebatte aus dem Weg. Philosophie, Geschichte und Sozialwissenschaften waren seine Lieblingsfächer. Rana hatte eigentlich immer eine Meinung, ob es zu Schopenhauer, Helmut Kohl oder *Oasis* war. Seine Eltern waren, wie bei uns allen, sehr interessiert an dem, was ihr Sohn machte. Bei Rana kam jedoch noch hinzu, dass seine Familie überdurchschnittlich viel Wert auf Toleranz und Weltoffenheit legte und sehr international orientiert war. Sein Vater war Inder. Ein sehr ruhiger, intellektuell wirkender Mann. Auch Ranas Mutter war still und feingeistig in ihrem Auftreten. Ranas älterer Bruder studierte in London. Seine ältere Schwester hatte das Auslandssemester in England noch vor sich. »Das ist heutzutage völlig normal, quasi eine Grundvoraussetzung, um einen guten Job zu bekommen«, fand Rana.

Kennengelernt habe ich Rana beim Schüleraustausch mit Frankreich. Wir waren die einzigen Jungs unter den deutschen Teilnehmern. Das verbindet. Als es um die Zuordnung der Gastfamilien ging, war Ranas Vater verstimmt darüber, dass unser Französischlehrer Ranas Familie den einzigen Schwarzen aus der französischen Schülergruppe zugeteilt hatte. Bei nur zwei Jungs in der deutschen wie in der französischen Gruppe gab es jedoch nicht viele Kombinationsmöglichkeiten, und unser Lehrer konnte Ranas Vater sehr schnell davon überzeugen, dass die Wahl der Gastfamilien sich allein auf die Interessen und Hobbys bezog, die unsere französischen Austauschschüler und wir in einem speziellen Fragebogen angegeben hatten.

»Gibt es weitere Kandidaten?«, fragte ich in die Runde unserer ersten offiziellen Mitgliederversammlung. »Was machen wir denn«, wollte Holger wissen, »wenn wir nur einen Kandidaten haben? Sieht das nicht doof aus bei der Wahl? Wir können ja schlecht dagegen stimmen, wenn es nur einen Kandidaten gibt. Wer soll sonst Vorsitzender werden? Und wenn wir alle dafür sind, sieht das im Protokoll irgendwie undemokratisch aus.« – »Richtig«, stimmte ich ihm zu, »wir brauchen noch einen zweiten Kandidaten.« Sebastian räusperte sich: »Ich schlage Daniel O. vor.« – »Glaubt aber nicht, dass ich das mache«, meldete der sich sofort zu Wort. »Ist ja nur, damit wir auch richtig wählen können«, beruhigte Holger ihn. »Na gut, dann bin ich einverstanden«, antwortete Daniel.

»Wir haben also zwei Kandidaten für das Amt des Vorsitzenden«, fuhr ich mit der Abstimmung fort. »Möchte jemand, dass wir geheim abstimmen?« Niemand meldete sich. »Wer ist für Rana?« Alle außer Rana hoben die Hand. »Wer stimmt für Daniel? – Das ist nur Rana«, stellte ich fest. »Damit ist Rana zum Vorsitzenden gewählt. Nimmst du die Wahl an?« – »Ja, das tue ich«, antwortete Rana, dessen Stimme im allgemeinen Klopfgeräusch fast unterging.

Juliane wurde in Abwesenheit zur stellvertretenden Vorsitzenden gewählt. Sie war die Einzige, die bei der Kommunalwahl im September schon 18 Jahre alt sein würde – das Mindestalter, um für den Stadtrat zu kandidieren. Ich wurde erwartungsgemäß zum Kassierer bestimmt, Holger zum Schriftführer. Daniel O., mein langjähriger bester Kumpel, wurde Beisitzer.

Nachdem Rana und Holger mich angesprochen hatten, ob ich Lust hätte, mich mit ihnen zu treffen, um bei einem noch näher zu bestimmenden Projekt dabei zu sein, habe ich Daniel einfach mitgenommen. Wir kennen uns schon seit der Grundschulzeit. Wir gingen in dieselbe Klasse, waren später gemeinsam im Schwimmverein und sind auch im Gymnasium die meiste Zeit gemeinsam unterwegs gewesen. Die anderen sprachen dann oft von »den zwei Daniels«. Um uns zu unterscheiden, fügte man unseren Namen immer ein O. oder ein Z. hinzu, die Anfangsbuchstaben unserer Nachnamen. Richtige Spitznamen hatten wir nicht.

Wir waren quasi unzertrennlich, haben zusammen Supermarkt gespielt und dabei ganze Kinderzimmereinrichtungen verscherbelt, sind im Neubaugebiet in unseren Jeans die Schlammhügel heruntergerutscht und haben nach Fahrradunfällen verzweifelte Heimwege angetreten. Ein einziges Mal hat Daniel mich im Stich gelassen: Als zwei Jungs mir auf dem Spielplatz mein Fahrrad wegnehmen wollten und ich mich – wild entschlossen, es niemals herzugeben – daran festklammerte. Daniel hatte die Biege gemacht, vielleicht um sein eigenes Rad zu retten. Wir waren sechs Jahre alt. Ich habe ihm diese Sache schnell verziehen, zumal ich mein Fahrrad erfolgreich verteidigen konnte. Sozial hatte er mir ansonsten etwas voraus. Während ich als Einzelkind aufwuchs, hatte Daniel eine kleine Schwester. Ich war fassungslos, wie erbittert die beiden miteinander streiten konnten – und sich im Anschluss daran wieder versöhnten.

Nach der Vorstandswahl stimmten wir über den Namen ab, den wir der Partei geben wollten. Zwar stand der schon in unserer Satzung, aber in den Wochen zuvor hatte es so viel Streit darüber gegeben, dass wir noch einmal eine endgültige Abstimmung durchführen wollten.

Neben PETO standen noch die Namen »Apollo '98« und »Illabefacti« zur Auswahl. »Apollo '98« hätte ganz gut die Aufbruchsstim-

Daniel O. und Daniel Z.: Als Kinder unzertrennlich, gehören »die zwei Daniels« später zum Gründungsteam von PETO.

mung ausgedrückt, die uns alle erfasst hatte. Wie die Amerikaner bei ihren Mondmissionen, so wollten auch wir gemeinsam etwas ganz Neues und Aufregendes erleben. Nur der Zusatz »'98« störte uns. Er klang wie bei einem Fußballverein: »Schalke 04« oder »Hannover 96«. Das wollten wir lieber vermeiden. »Apollo« ohne Zusatz ging aber auch nicht, dann hätte man uns zuerst mit dem Gott aus der griechisch-römischen Mythologie in Verbindung gebracht.

»Illabefacti« wäre dagegen ganz passend gewesen. Das lateinische Wort heißt übersetzt »die Unerschütterlichen«. Rana hatte es durch Zufall beim Blättern im Lateinlexikon gefunden. Weil uns keine guten Ideen kamen, hatten wir das lateinisch-deutsche Wörterbuch bemüht. Viele Markennamen sind bekanntlich aus dem Lateinischen abgeleitet, zum Beispiel »Volvo« – »ich rolle«, »Nivea« – »die Schneeweiße« oder »Audi« – »horch!«, nach dem Firmengründer August Horch. Da musste doch auch für uns etwas Geeignetes dabei sein. Schließlich fiel die Wahl dann auf »peto«, was übersetzt »ich fordere« heißt und unserer Meinung nach ganz gut zu einer Partei passte.

Dass Juliane unsere Spitzenkandidatin bei der Kommunalwahl werden würde, haben wir ebenfalls schon vor der offiziellen Parteigründung beschlossen. Wer sonst aus unserer Gruppe sollte auch kandidieren? Wo doch niemand von uns außer Juliane bis zur Wahl 18 Jahre alt sein würde. Wirklich gefragt, ob sie das eigentlich wollte, haben wir sie nie, zumindest durfte sie nicht Nein sagen. Sie musste einfach kandidieren, wenn sie unser gerade begonnenes Projekt nicht gleich zum Scheitern verurteilen und die große Spielverderberin abgeben wollte.

Wäre sie damals schon eine echte Politikerin gewesen, hätte sie wahrscheinlich gesagt: »Das Amt wurde an mich herangetragen.« Oder sie hätte sich geräuspert und mit ernster, aber auch entschlossener Miene verlautbaren lassen: »Der Vorstand hat mich gebeten, dass ich mich für die Kandidatur zur Verfügung stelle. Natürlich habe ich sofort Ja gesagt.« Tatsächlich war sie keine Politikerin, sondern eine ganz normale 17-Jährige, so wie wir ganz normale Teenager waren, die zufällig gerade eine verrückte Idee verfolgten und daran eine diebische Freude entwickelten. Eine 18-Jährige, die für den Monheimer Stadtrat kandidiert. Hatte es so etwas schon einmal gegeben? Ich glaube nicht. Und auch Juliane wusste wohl nicht so genau, was sie davon halten sollte, denn ihre spontane Reaktion bei einem unserer ersten Treffen auf die von mir skizzierte Vorstellung »Juliane im Stadtrat …« lautete: »der Witz überhaupt«.

Wenn wir nicht gerade mit verrückten Parteigründungsideen beschäftigt waren, trafen Juliane und ich uns gelegentlich zum Badmintonspielen im *Sportpark*, einem kleinen Fitnesscenter, das versteckt in einem Monheimer Gewerbegebiet von ihrem Stiefvater betrieben wurde. Dort verbrachte Juliane einen Großteil ihrer Freizeit, auf dem Spinning-Fahrrad, bei Aerobic-Kursen oder beim Badmintonspielen mit Freunden, die sie alle in den *Sportpark* einlud.

Julianes Eltern waren kurz vor der Wende aus der DDR geflohen, hatten sich danach aber getrennt. Juliane lebte mit ihrer älteren Schwester bei ihrer Mutter. Den sächsischen Akzent hatte sie sich sehr schnell abgewöhnt. Jetzt war sie unsere Spitzenkandidatin für die Kommunalwahl.

Ein Brief vom Bundeswahlleiter

Zwei Wochen nach der Gründungsversammlung trafen wir uns zu unserer nächsten Mitgliederversammlung, dieses Mal zu Hause bei Daniel. Gleich zu Beginn gab Rana bekannt, dass Sebastian ausgetreten sei: »Er hat mich angerufen und erklärt, dass er sich nicht mehr in der Lage sieht, weiter Mitglied zu sein.« – »Das ist schade«, fand Daniel. Juliane, Holger und ich nickten. Jetzt waren wir nur noch zu fünft.

Als Einziger von uns verfügte Sebastian schon über politische Erfahrung, zuerst als Mitglied in der Jungen Union, seit November 1998 auch als Mitglied in der CDU. Zu diesem Zeitpunkt saßen wir schon das erste Mal zusammen und planten unseren eigenen politischen Klub. Was ihn bewog, gleichzeitig auch bei PETO mitzumachen, obwohl er doch schon CDU-Mitglied war, weiß Sebastian heute selbst nicht mehr so genau. Vielleicht war er auf der Suche nach Gleichgesinnten. Als Mitglied in einer politischen Jugendorganisation macht man sich schnell verdächtig, ein Außenseiter zu sein. Insofern muss es für Sebastian sehr angenehm gewesen sein, plötzlich Leute wie uns in seiner Jahrgangsstufe gefunden zu haben, die auch politisch aktiv werden wollten.

Wahrscheinlich ging es Sebastian aber auch nur wie allen anderen Gründungsmitgliedern: Wir wollten einfach gemeinsam etwas Spannendes erleben. Als er dann merkte, dass wir es tatsächlich ernst meinten und Juliane für die Stadtratswahl nominieren wollten, musste er sich entscheiden: Weiter Mitglied in der CDU bleiben, in die er ja nicht grundlos eingetreten war, oder bei unserem politischen Abenteuer mitmachen, dessen Ausgang im Ungewissen lag? Sebastians Loyalität zur CDU und zur Jungen Union war stärker. Er trat aus unserer gerade erst gegründeten Partei PETO aus, bevor die CDU ihn wegen seines Mitwirkens in konkurrierenden politischen Organisationen ausschließen konnte.

Spaßeshalber erklärten wir ihn daraufhin zur »unabhängig beratenden Vertrauensperson in Europaangelegenheiten«. Der Titel machte überhaupt keinen Sinn, aber zumindest konnten wir Sebastian das Gefühl geben, in einer gewissen Art und Weise weiter dazuzugehören. Dass er die Gründungssatzung mitunterzeichnet hatte, hielten wir auf Sebastians Wunsch hin geheim. So sprachen wir in der Folgezeit immer nur von fünf Gründungsmitgliedern und niemals von den sechs, die es wirklich waren.

In der Anfangszeit glaubte ich noch, Sebastian hätte uns vielleicht für die CDU abwerben wollen und wäre ausgetreten, weil er merkte, dass ihm das nicht gelingen würde. Tatsächlich hat er das jedoch nie versucht. Wahrscheinlich hätte es auch nicht geklappt, denn Rana und ich hätten – wenn wir damals schon gedurft hätten – wahrscheinlich eher die SPD oder die Grünen gewählt. Der Bundestagswahlkampf von 1998, ein halbes Jahr vor unserer Parteigründung, war der erste, den wir bewusst miterlebt hatten. Helmut Kohl oder Gerhard Schröder: die personifizierte Langeweile gegen den erhofften Aufbruch. Wir mussten nicht lange überlegen, Rana und ich waren für Gerhard Schröder.

Sebastian dagegen war für Helmut Kohl. Die Bundestagswahl 1998 muss ihn wahnsinnig enttäuscht haben. Er bewunderte Helmut Kohl als »Kanzler der Wiedervereinigung«. Zum Geburtstag hatten ihm seine Freunde von der Jungen Union ein großes Wahlplakat mit der Unterschrift von Helmut Kohl besorgt. »Für Sebastian«, lautete die Widmung. »Herzlichen Glückwunsch zum Geburtstag, Ihr Helmut Kohl«, stand darunter. Sebastian bedeutete dieses Plakat sehr viel. Er hatte es bei sich zu Hause an die Innenseite der Tür zu seinem Dachbodenzimmer geklebt. Gemeinsam mit seinen Eltern und seiner kleinen Schwester wohnte er in einem kleinen Einfamilienhaus in Monheim. Mit dem Fahrrad fuhr er die gleiche Strecke zur Schule wie ich. Trotzdem waren wir selten gemeinsam unterwegs, dafür war der Weg zu kurz. Außerdem fuhr ich morgens immer viel zu spät los, was dazu führte, dass ich selten pünktlich in der Schule ankam. Sebastian dagegen machte sich nach seiner morgendlichen *FAZ*-Lektüre immer sehr rechtzeitig auf den Weg. Er war überhaupt ein sehr ordentlicher Schüler, ohne dabei als Strebertyp zu gelten. Trotzdem wirkte er oft älter als wir. Wenn er zu Hause an seinem schweren dunklen Schreibtisch mit dem schwarzen Ledersessel saß und in Gedanken versunken an der kleinen weißen Beethoven-Büste, die auf seinem Schreibtisch stand, vorbeisah, ähnelte er fast ein wenig seinem Vorbild Helmut Kohl.

Dass Gerhard Schröder jetzt das Amt des Bundeskanzlers übernahm, hatte für uns etwas Revolutionäres. Es erschien beinahe wie ein Putsch, schließlich hatten wir in unserem Leben noch nie einen anderen Bundeskanzler außer Helmut Kohl erlebt. Während Sebastian um die Ergebnisse der »geistig-moralischen Wende« fürchten musste, waren Rana und ich vom Wechsel in Bonn und dem frischen Anstrich, den die Republik bekam, äußerst angetan. Einer unserer Wellensittiche, die meine Eltern und ich zu Hause hielten, hieß Joschka. Es war ein grüner Sittich.

Neben dem Austritt von Sebastian hatten wir plötzlich aber noch ein ganz anderes Problem: Der Bundeswahlleiter in Wiesbaden machte uns darauf aufmerksam, dass für Parteien ein eigenes Gesetz existiert. Das Parteiengesetz enthalte verschiedene Mindestvoraussetzungen, die wir erfüllen müssten, um tatsächlich an Wahlen teilnehmen zu können.

Dass es überhaupt einen Bundeswahlleiter gibt, hatten wir vom Finanzamt erfahren. Dorthin hatte uns das Amtsgericht geschickt. Wir blickten langsam nicht mehr durch.

Beim Amtsgericht, von dem wir die Mustersatzung für gemeinnützige Vereine bekommen hatten, hieß es, wir könnten entweder als unabhängige Wählervereinigung oder als Partei an der Kommunalwahl teilnehmen. Als unabhängige Wählervereinigung bräuchten wir jedoch mindestens sieben volljährige Gründungsmitglieder, sonst gäbe es keine Eintragung im Vereinsregister. Diese sieben volljährigen Gründungsmitglieder konnten wir jedoch nicht vorweisen. Unsere Eltern wollten wir auch nicht um Hilfe bitten. Außerdem hatten wir gehört, dass man für die Beurkundung der Unterschriften der sieben Gründungsmitglieder einen Notar bräuchte, der bis zu 100 Mark an Gebühren verlangen würde. Also entschieden wir uns für eine Partei. Bei der Nachfrage im Finanzamt, wie wir Spendenbescheinigungen ausstellen müssten und ob wir eine Steuernummer bräuchten, bekamen wir dann den Tipp, dass es einen Bundeswahlleiter gebe, der für Parteien zuständig sei.

Der schrieb uns jetzt einen mehrseitigen Brief mit Hinweisen zu Parteigründungen und schickte gleich noch eine Ausgabe des Parteiengesetzes in der aktuell gültigen Fassung mit. Hinsichtlich der Mitgliederzahlen einer Partei, lasen wir da, hätte das Bundesverfassungsgericht eine Partei mit vierhundert Mitgliedern als solche anerkannt. Bei einer anderen Partei sei im Jahr 1970 die Parteieigenschaft mit nur 55 Mitgliedern allerdings vom Wahlprüfungsausschuss des Bundestags abgelehnt worden. Eine politische Vereinigung müsse gemäß § 2 Absatz 1 des Parteiengesetzes »nach der Zahl ihrer Mitglieder und ihrem Hervortreten in der Öffentlichkeit eine ausreichende Gewähr für die Ernsthaftigkeit ihrer Zielsetzung bieten«, sonst gelte sie nicht als Partei.

Außerdem bekamen wir eine Liste mit insgesamt 99 Parteien, die ihre Unterlagen beim Bundeswahlleiter ordnungsgemäß hinterlegt hatten. Von »Ab jetzt … Bündnis für Deutschland« bis zur »Wählergemeinschaft Schleswig-Holstein« war fast das ganze Alphabet vertreten. Wenn die es alle geschafft hatten, sollten wir das auch hinbekommen, dachten wir uns.

»Was soll das mit der Mitgliederzahl jetzt heißen?«, fragte Holger, nachdem er den Brief gelesen hatte. »Reichen dann auch schon zweihundert Mitglieder?« – »Das schreibt er nicht«, stellte Rana fest. »Er sagt ja nur, dass 55 Mitglieder zu wenig sind und vierhundert reichen.« – »Dann brauchen wir, um wirklich sicherzugehen, wohl auch vierhundert Mitglieder«, befand Holger mit einem leisen Seufzen.

»Ich habe schon mal Beitrittsformulare vorbereitet«, warf ich in die Runde ein. »Wir sollten demnächst mit der Mitgliederwerbung beginnen.« – »Aber nicht zu früh«, unterbrach mich Holger. »Wir müssen unsere Satzung schließlich auch noch in einigen anderen Punkten überarbeiten.«

Am Telefon hatte mir ein Mitarbeiter des Bundeswahlleiters erklärt, dass man eine Partei mindestens für ein ganzes Bundesland gründen müsse. Nur in einer einzelnen Stadt aktiv zu sein, sei nicht möglich. Unsere Regelung, dass »das Tätigkeitsgebiet« unserer Partei »das Gebiet der Stadt Monheim am Rhein« umfassen sollte, war also zu kurz gegriffen.

Wir machten uns an die Arbeit. Unsere neue Satzung bekam jetzt den Titel »Organisationsstatut«. Wir legten als »Tätigkeitsgebiet« das »Land Nordrhein-Westfalen« fest. Wir bastelten drei »Regionalverbände«, die wir »NRW-Nord«, »NRW-Ost« und »NRW-Südwest« nannten und die so zugeschnitten waren, dass Monheim und seine Nachbarstädte im Norden und Süden, nämlich Düsseldorf und Leverkusen, jeweils zu einem anderen der drei Regionalverbände gehörten. Auf diese Weise konnten wir Mitglieder in allen drei von uns erdachten Regionen anwerben, ohne weite Wege zu haben.

Außerdem bildeten wir Schiedsgerichte, die Streitigkeiten zwischen Mitgliedern und dem Vorstand entscheiden sollten, weil es das Parteiengesetz so verlangte. Wir mussten sogenannte Ordnungsmaßnahmen gegen Mitglieder und Regionalverbände regeln, um Parteiausschlussverfahren durchführen zu können, und wir brauchten eine Finanzordnung, um das Verfahren für unsere jährlichen Rechenschaftsberichte festzulegen. »So ein Aufwand«, stöhnte Juliane. Vielleicht hätten wir doch eine unabhängige Wählervereinigung gründen sollen. Aber das Parteiengesetz vom Bundeswahlleiter gab es zumindest kostenlos. Wir arbeiteten es von vorn bis hinten wie eine Checkliste durch.

Mit der Mitgliederwerbung ließen wir uns allerdings noch Zeit. Der Klub, den wir eröffnet hatten, sollte sich gar nicht unbedingt vergrößern. Neue Mitglieder wollten wir erst einladen, wenn wir ein

Parteiprogramm geschrieben hätten. »Damit die Neuen uns nicht überstimmen«, wie Holger einmal sagte.

Und als hätten wir mit der Satzung nicht schon genug Arbeit, machten wir uns nun daran, unser Programm zu formulieren. Langsam fing die Parteiarbeit an, Zeit und Nerven zu kosten. Wenn unsere Parteigründung jedoch mehr als eine fixe Idee sein sollte, die man schnell wieder aufgibt, wenn es anstrengend wird, mussten wir das in Kauf nehmen. Wir waren fest entschlossen, die Hürden, die sich uns in den Weg stellten, zu bewältigen. Zeit genug hatten wir allemal. In der elften Klasse waren wir, was die Schule betraf, nicht wirklich ausgelastet. Der Unterricht begann morgens um zehn vor acht und endete mittags meistens um kurz nach eins. Die restlichen Stunden des Tages waren Freizeit. Hausaufgaben machten wir selten. Insofern waren wir sehr flexibel und konnten auch mal einen ganzen Nachmittag damit verbringen, für die Partei ein Wahlprogramm zu schreiben.

In der Politik brauche es mehr Bürgerbeteiligung, städtische Sportplätze und Sporthallen sollten auch für vereinsungebundene Kinder und Jugendliche geöffnet werden, und es müssten mehr Flächen für legale Graffiti-Malerei her, schrieben wir in das zwölfseitige Programmheft. Wir forderten außerdem die öffentliche Unterstützung von Schulverschönerungsmaßnahmen, einen Umweltpreis, regelmäßige Müllsammelaktionen, Hundeklos, ein Solarprogramm des städtischen E-Werks, dichtere Bustakte abends und am Wochenende, günstigere Bustickets für Jugendliche, mehr Fahrradwege, mehr Tempo-30-Zonen, die Einrichtung einer städtischen Beschäftigungsgesellschaft und mehr Läden in der Innenstadt. Für ganz Nordrhein-Westfalen eignete sich das Parteiprogramm zwar nicht, aber die Angabe dieses Tätigkeitsgebiets in der Satzung war ohnehin nur als Ablenkungsmanöver für den Bundeswahlleiter gedacht.

Der erste große Auftritt

Allein wären wir wahrscheinlich nie darauf gekommen, eine Presseinformation über unsere Parteigründung herauszugeben. Dass Anfang März 1999 trotzdem ein Artikel über uns in der Zeitung erschien, war eher Zufall. Aus Neugier, wie es die anderen machten, und weil uns das Thema einigermaßen interessant erschien, gingen wir Ende Februar auf eine Veranstaltung der Monheimer CDU zum Thema »Doppelte Staatsbürgerschaft«. Dort wurden wir von der Presse quasi »entdeckt«.

Am Eingang des Cafés *Kulisse* lagen einige Unterschriftenlisten gegen die Einführung der doppelten Staatsbürgerschaft aus, die vor allem im hessischen Landtagswahlkampf verwendet wurden. »Ja zur Integration, Nein zur doppelten Staatsangehörigkeit«, hieß es in der Überschrift der Listen. Der Monheimer Stadtverband der CDU beteiligte sich eigentlich nicht an der Aktion, weil er sie für »zu populistisch« hielt. Wer wollte, konnte sich aber dennoch eintragen. So stark war die Aversion unserer lokalen CDU gegen den hessischen Populismus dann doch nicht.

Normalerweise dient die *Kulisse*, die sich direkt neben der Schulaula des Otto-Hahn-Gymnasiums befindet, nach Theateraufführungen des städtischen Kulturamtes als Anlaufstelle für durstige Kulturinteressierte. Heute hatte die CDU sie angemietet, um Stimmung gegen die von der rot-grünen Bundesregierung geplante Änderung des Staatsbürgerschaftsrechts zu machen, denn die geplanten Neuerungen hielt man auch in der Monheimer CDU für nicht akzeptabel.

Zuerst erfuhren wir, welche Änderungen Otto Schily, der neue SPD-Innenminister, plante: Kinder, die in Deutschland geboren worden sind, sollten leichter die deutsche Staatsbürgerschaft erhalten. Außerdem sollte jeder, der sich mindestens acht Jahre legal in Deutschland aufgehalten hatte, ebenfalls einen Anspruch auf Einbürgerung erhalten. Und niemand sollte gezwungen sein, seine bisherige Staatsangehörigkeit aufzugeben, um die deutsche erhalten zu können.

»Das kann doch gar nicht funktionieren mit zwei Staatsbürgerschaften«, befand ein Anwesender, der sich zu Wort gemeldet hatte, um eine Frage zu stellen. »Gleichzeitig evangelisch und katholisch, das geht auch nicht. Bei manchen Dingen im Leben muss man sich eben entscheiden.« Ob es nicht ein viel besseres Zeichen der Integration wäre, wenn ein hier lebender Ausländer seine alte Staatsbürgerschaft aufgäbe, anstatt die doppelte anzustreben, lautete die rhetorische Frage an das Podium aus CDU-Mitgliedern und Integrationsexperten.

Dann meldete sich Rana, der die gesamte Diskussion aufmerksam und mit sichtbarem Unmut verfolgt hatte: »Mein Name ist Rana. Ich bin Vorsitzender einer gerade gegründeten Partei, die im September an den Kommunalwahlen teilnehmen wird.« Alle Blicke waren auf ihn gerichtet. »Warum erzählt er das?«, fragte ich mich und dachte darüber nach, ob es nicht geeignetere Anlässe für unser Outing gegeben hätte. »In dieser Veranstaltung wird immer wieder über Integration gesprochen«, fuhr Rana fort. »Mich würde interessieren, was die CDU hier in Monheim tut, um die Integration von Ausländern zu verbessern. Besonders im Berliner Viertel müsste viel mehr getan werden.«

Der Moderator der CDU räusperte sich. »Nun ja«, setzte er an, »da stimme ich Ihnen voll zu.« Das Berliner Viertel ist eine große Wohnsiedlung, die in den 1960er- und 1970er-Jahren entstanden ist. Rund 25 Prozent der Monheimer Gesamtbevölkerung leben dort. Bei vielen Außenstehenden hat der Stadtteil ein schlechtes Image. Viele Familien, die in der Anfangszeit dort wohnten, haben das Viertel nach und nach verlassen. An ihre Stelle traten zunehmend Migranten und Familien, die auf Sozialleistungen angewiesen sind.

»Da gibt es Cafés, die nur von Ausländern besucht werden«, warf ein anderer Zuhörer in die Diskussion ein, um seine Feststellung gleich noch um einen schlimmen Verdacht zu ergänzen: »Die wollen sich ja gar nicht integrieren. Schließlich vermeiden sie in ihren Cafés jeden Kontakt mit Deutschen.«

Die CDU, hörten wir, befürworte in Bezug auf das Berliner Viertel langfristig angelegte Umbaumaßnahmen und bauliche Umfeldverbesserungen. Dann würde sich die Situation für alle dort Lebenden verbessern, egal ob es sich um Deutsche oder Ausländer handele. Ob denn schon mal jemand mit Ausländern aus dem Berliner Viertel über den Stand der Integrationsbemühungen gesprochen hätte, wollte Rana wissen. »Vielleicht treffen sich die Ausländer ja nur deshalb in ihren eigenen Bistros, weil es sonst kaum öffentliche Einrichtungen dort gibt«, mutmaßte Rana.

Der CDU-Bürgermeisterkandidat Thomas Dünchheim beantwortete Ranas Frage nach Gesprächen mit den Betroffenen nicht direkt, aber er machte einen interessanten Vorschlag: »Wie wäre es denn, wenn wir uns mal in eines der türkischen Cafés im Berliner Viertel setzen würden und dort mit den Gästen sprechen?« Das war eine Idee, die uns sehr gefiel. Wir boten an, das Treffen zu organisieren.

Nach der Veranstaltung kam eine Mitarbeiterin der *Rheinischen Post* auf uns zu. »Diese Sache mit der neu gegründeten Partei müssen Sie mir genauer erklären«, sprach sie uns an. »Ich würde gern einen Artikel darüber für unsere Lokalausgabe schreiben.« Wir vereinbarten einen Termin, und kurz darauf erschien der erste Zeitungsartikel über uns in der Presse. »Monheimer Jugendliche gründen Partei PETO«, lautete die Überschrift. Darunter waren wir vor dem Haupteingang des Monheimer Rathauses abgebildet. Ob wir nicht an der Tür rütteln könnten, wie Gerhard Schröder einst zu seinen Juso-Zeiten am Bonner Kanzleramt, hatte uns der Fotograf gefragt, nach dem Motto: »Hier wollen wir rein!« Dann entschied er sich aber doch für ein normales Gruppenfoto unter dem Schriftzug am Nebeneingang.

Der Eingang zum Monheimer Rathaus entwickelte sich zur beliebten Kulisse für Pressefotos. Hier posieren die frisch gewählten Ratsmitglieder Juliane und Maike (Mitte, von l. n. r.) zusammen mit Daniel (l.) und Holger (r.).

Am selben Tag, als der Zeitungsartikel über uns erschien, erhielt ich einen Anruf von der *Westdeutschen Zeitung*. »Ich versuche schon seit Wochen herauszufinden, was an dem Gerücht dran ist, dass sich in Monheim eine neue Partei gründet, und jetzt lese ich heute Morgen in der *Rheinischen Post*, dass Sie eines der Gründungsmitglieder sind«, erzählte mir der Lokalredakteur am anderen Ende der Leitung. Noch einen Tag später bekam ich einen Anruf von der *Neuen Rhein Zeitung (NRZ)*. Man könnte meinen, wir würden der konservativen Presse den Vorzug geben. Warum sonst hätten die *Rheinische Post* und die *Westdeutsche Zeitung* schon über unsere Gründung berichtet, während wir die *Neue Rhein Zeitung* überhaupt nicht informiert hätten? Ich entschuldigte mich mehrfach. Immerhin wurde nun auch dort über uns berichtet.

Was das Treffen mit türkischen Cafébesuchern betraf, wurden wir ebenfalls aktiv. Ein paar Tage nach dem Abend bei der CDU stand ich im *Serkan Bistro* und versuchte den Inhaber, der scheinbar nicht so recht verstand, was ich von ihm wollte, davon zu überzeugen, dass er uns, einer neu gegründeten Schülerpartei, unbedingt sein Café für eine Diskussionsveranstaltung mit der CDU zum Thema »Integration« zur Verfügung stellen sollte. Vier ältere Männer, die an einem der schmucklosen quadratischen Holztische ein Würfelspiel spielten, beobachteten mich misstrauisch. Im Hintergrund liefen in einem Fernseher die türkischen Nachrichten. Die große Fensterfront war mit Gardinen verhängt.

Nein, das ginge auf keinen Fall, erklärte mir der Bistrochef, der, dem Namen des Cafés nach zu urteilen, Serkan heißen musste. »Wir werden Ihre Kunden mit Sicherheit nicht stören«, beteuerte ich, »außerdem ist ja niemand gezwungen, sich an der Diskussion zu beteiligen.« Wir würden uns einfach an einen separaten Tisch setzen und sehen, wer Lust hätte, mit uns zu sprechen. »Na gut, ihr könnt kommen«, gab Herr Serkan schließlich nach. »Die Gruppe darf aber nicht zu groß sein, damit der normale Cafébetrieb nicht gestört wird.« Ich versprach es feierlich und bestellte Herrn Dünchheim von der CDU sowie die örtlichen Lokalzeitungen zur vereinbarten Zeit ins Bistro.

Die Diskussion gestaltete sich schwierig. Gemeinsam mit dem CDU-Bürgermeisterkandidaten Thomas Dünchheim, dem Ratsmitglied Karl-Heinz Göbel, ebenfalls von der CDU, und einigen Presseleuten saßen Holger, Juliane und ich an einem länglichen Tisch im *Serkan Bistro*. Die türkischen Würfelspieler waren auch wieder da, interessierten sich aber nicht sonderlich für uns, ebenso wie die anderen Bistrogäste, die immer mal wieder zu uns herüberschauten und durch ihr Mienenspiel deutlich zum Ausdruck brachten, dass sie sich fragten, was wir eigentlich in ihrem Bistro wollten. Zum Kartenspielen waren wir offensichtlich nicht gekommen.

»Vielleicht sollte man die anderen Gäste mal an der Diskussion beteiligten«, regte die Lokalredakteurin der *Rheinischen Post* an, nachdem wir mit der CDU einige Zeit lang bekannte Argumente ausgetauscht hatten. Ich nahm meinen Mut zusammen und ging zu den Würfelspielern herüber. »Haben Sie vielleicht Lust, uns Ihre Meinung zur Integration im Berliner Viertel zu sagen?«, fragte ich vorsichtig. »Integration? Davon kann ich hier wenig erkennen«, antwortete der jüngste der vier Würfelspieler spontan. Entgegen meinen Erwartungen setzten die vier sich zu uns herüber. Nun wurden auch die anderen Gäste inklusive Herrn Serkan aufmerksam.

»In unserem Haus wohnt kein einziger Deutscher mehr«, erzählte der Würfelspieler, der sich als Herr Görür vorstellte. »Das ist nicht gut für das Viertel«, ergänzte ein Mazedonier namens Kuc, der von der Seite an unseren Tisch herantrat. »Meine Tochter hat die Mittlere Reife, aber sie hat Schwierigkeiten, einen Job zu finden, weil sie nicht perfekt Deutsch spricht.« – »Wir haben außerdem viele Probleme mit Marokkanern in unserer Straße«, merkte Herr Görür an. »Die halten sich einfach nicht an die Ruhezeiten.«

Herr Dünchheim fragte Herrn Görür und Herrn Kuc, seit wann sie schon im Berliner Viertel lebten. »Seit 1975«, antworteten beide. »Seitdem ist es schlechter geworden«, fügte Herr Görür hinzu. Mittlerweile hatten sich rund zehn Männer an unserem Tisch versammelt, die zustimmend nickten, wenn Herr Görür sprach.

»Die Stadt muss sich wieder mehr um das Viertel kümmern«, forderte Herr Dünchheim, die Hand entschlossen zu einer Faust geballt. »Die Probleme sind nicht nur in städtebaulichen Fehlplanungen begründet, sondern auch in Unsauberkeit, einem Mangel an Hausmeistern und Streitigkeiten zwischen verschiedenen Mietparteien«, konstatierte der CDU-Kandidat, bevor er eine kurze Pause machte und dann – etwas nachdenklicher – sagte: »Vielleicht sollte man sogar darüber nachdenken, Leerstände so zu organisieren, dass man einzelne Gebäude ganz freizieht, um sie abzureißen und die Lücken sinnvoller zu nutzen.«

Herr Kuc signalisierte Zustimmung, während die Lokalreporter fleißig mitschrieben. Die Gäste des *Serkan Bistro* freuten sich, weil sich jemand mit ihren Sorgen auseinandersetzte, und auch die Reporter waren zufrieden. Als wir uns eine ganze Zeit später verabschiedeten, sagte mir Herr Serkan noch: »Kommt gerne mal wieder vorbei.« Von dieser Art Wahlkampfauftritt konnten wir noch einiges lernen.

Unbekannte Spezies sucht Raum für eine Mitgliederversammlung

Endlich fingen wir an, neue Parteimitglieder zu werben. Nach den ersten Berichten in der Zeitung, vor allem auch in den wöchentlich erscheinenden kostenlosen Anzeigenblättern, wussten plötzlich die meisten in unserer Schule Bescheid. Auch die Lehrer fragten uns, was genau wir vorhätten.

Wir verteilten einen ganzen Stapel Beitrittsformulare. »Ich möchte der Partei PETO mit Sitz in Monheim am Rhein beitreten und stelle deshalb diesen Aufnahmeantrag«, lautete die Formulierung auf den Vordrucken, die wir uns beim Beitrittsantrag der SPD abgeschaut hatten. Am Schluss verlangten wir bei »noch nicht volljährigen Antragsstellern« auch die Unterschriften »beider Erziehungsberechtigten« – was eigentlich unnötig war, wie wir Jahre später herausfanden. Über einen Parteibeitritt darf man nämlich schon im Alter von 14 Jahren selbstständig entscheiden, sofern damit keine Beitragspflicht verbunden ist. Auch über seine Religionszugehörigkeit darf man ab 14 selbst bestimmen. Die Beitrittsbereitschaft potenzieller Mitglieder wurde durch die erforderlichen Unterschriften der Eltern zum Glück nicht eingeschränkt. So landeten innerhalb kürzester Zeit mehrere Dutzend vollständig ausgefüllte Beitrittserklärungen bei uns. Wir gaben alle Daten in eine Computerliste ein und hefteten die Formulare in alphabetischer Reihenfolge ab. Der Bundeswahlleiter würde sicher bald prüfen wollen, wie viele Mitglieder wir schon hatten.

Holger sollte sich um einen Raum für unsere nächste Mitgliederversammlung kümmern. Es war die erste, die in einem größeren Rahmen stattfinden würde. Solange wir nur zu fünft waren, konnten wir uns reihum bei uns zu Hause treffen. Mit inzwischen 38 Mitgliedern – so viele waren wir, als wir die Einladungsschreiben für unsere Mitgliederversammlung vorbereiteten – war das natürlich nicht mehr möglich.

»Das Haus der Jugend können wir nicht bekommen«, berichtete Holger mir während der großen Pause von seinem Versuch, einen geeigneten Raum zu finden. Das Haus der Jugend, das direkt gegenüber unserer Schule lag, erschien uns ideal. Dort würde es nicht so förmlich zugehen wie in der Volkshochschule oder im Bürgerhaus, wo sich regelmäßig Vereine und unterschiedlichste Bürgergruppen trafen. Die Wände waren bunt gestaltet. Neben mehreren Sitzgruppen, die wie in einem Café arrangiert waren, befand sich ein Billardtisch, und auf der anderen Seite des Raumes standen zwei Kickertische.

»Der Mitarbeiter im Haus der Jugend sagt, dass wir die Räumlichkeiten gerne montags- oder dienstagabends nutzen können. Nach 20 Uhr ist das Haus der Jugend frei. Aber die Stadtverwaltung hätte etwas dagegen.« – »Warum sollte die Stadtverwaltung etwas dagegen haben?«, fragte ich Holger verwundert. »Die haben gesagt, dass wir nur dann ins Haus der Jugend könnten, wenn der Bürgermeister sein Einverständnis gibt«, erklärte Holger das Problem.

Wollte unser alter Schulleiter uns nicht im Haus der Jugend haben, weil er bei den Kommunalwahlen Konkurrenz für die SPD durch die neue, von seinen ehemaligen Schülern gegründete Jugendpartei fürchtete? An und für sich wäre das ein gutes Zeichen. Wir werden ernst genommen, dachten wir uns, ohne die genauen Hintergründe zu kennen, die einer Nutzung der Räumlichkeiten entgegenstehen sollten. Andererseits beschlich uns ein ungutes Gefühl. Würden der Bürgermeister und vielleicht auch andere Parteien uns Steine in den Weg legen, um zu verhindern, dass wir bei der Wahl gut abschneiden?

Wir schnappten uns das Parteiengesetz und besorgten uns einen Termin in der Bürgersprechstunde unseres alten Schulleiters. Im Parteiengesetz, das der Bundeswahlleiter uns freundlicherweise zugeschickt hatte, ist in Paragraf 5 geregelt, dass alle Parteien von Behörden und öffentlichen Einrichtungen gleich behandelt werden müssen. Wenn also die CDU in der zur Schulaula gehörenden *Kulisse* eine Veranstaltung zur doppelten Staatsbürgerschaft organisieren durfte und die SPD regelmäßig in der Volkshochschule tagte, müsste die Stadtverwaltung uns prinzipiell auch das Haus der Jugend oder andere Räumlichkeiten zur Verfügung stellen.

Sicherheitshalber hatte ich mir die Stelle mit dem Gleichbehandlungsparagrafen im Parteiengesetz markiert, als ich in die Sprechstunde des Bürgermeisters ging. Nach einer kurzen Wartezeit auf altmodischen, mit dunkelgrünem Leder gepolsterten Holzstühlen wurde ich im Bürgermeisterbüro empfangen. Neben unserem alten Schulleiter Dr. Hans-Dieter Kursawe, seinerzeit Mathe- und Erdkundelehrer, saß eine junge Frau mit langen blonden Haaren, die in ein stilsicheres Businesskostüm gekleidet war und sich als persönliche Referentin des Bürgermeisters vorstellte.

Schon nach fünf Minuten war ich wieder draußen. Das Parteiengesetz hatte ich gar nicht erst aus der Tasche holen müssen. Ich möge doch Verständnis dafür haben, dass die Stadtverwaltung nicht jedem, der es beantragt, sofort städtische Räume zur Verfügung stellt, so Herr Kursawe. Schließlich hätte es sich ja auch um eine rechtsradikale Partei handeln können, die sich da um das Haus der Jugend bemüht, erklärte er mir. »Wir wussten ja nicht, wer sich hinter der Anfrage verbirgt. Bei Ihnen und der Schülergruppe ist das natürlich kein Problem. Klären Sie einfach alles Weitere mit den Mitarbeitern im Haus der Jugend ab«, gab sich Herr Kursawe kooperativ. Ich bedankte mich artig und stand, nachdem Herr Kursawe sich noch erkundigt hatte, wie es denn in seiner alten Schule so läuft, wieder vor der Tür des Büros. Zu Hause angekommen, rief ich sofort bei Holger an: »Alles nur ein Missverständnis. Wir können das Haus der Jugend für die Mitgliederversammlung haben.« Holger, unser designierter Vorsitzender für den neu kreierten Regionalverband NRW-Südwest, war erleichtert. Als leidenschaftlicher *Star-Trek*-Fan kannte er sich mit Kommunikationsproblemen zwischen verschiedenen Kulturen aus. Hier fragte sich eine pflichtbewusste Stadtverwaltung, um welche unbekannte Spezies es sich da wohl handelte, die das Haus der Jugend nutzen wollte. Am Ende wurden wir als friedliebend und in keiner Weise rechtsradikal eingestuft und durften den Raum haben.

In der Partei kümmerte sich Holger wie kaum ein anderer. Mit seiner verrückten Zettelwirtschaft fiel er in der Schule zwar meistens als potenzieller Chaot auf, trotzdem war Holger extrem zuverlässig. In Bezug auf seine *Star-Trek*-Leidenschaft beschränkte er sich übrigens nicht allein auf die Filme, die er fast alle auf Video aufgenommen hatte und immer mal wieder mit Begeisterung ansah. Er sammelte außerdem noch Plastikfiguren von Captain Kirk und seiner Crew, mit denen er bei sich zu Hause eine ganze Regalreihe füllte. Wie wir alle war Holger in erster Linie motiviert durch eine Mischung aus Abenteuerlust und Langeweile. Wir waren alle weder durch die Schule noch durch Mitgliedschaften in irgendwelchen Sportvereinen derart ausgelastet, dass wir nachmittags keine Zeit für verrückte Ideen gehabt hätten. Im Gegenteil: Uns fehlte ein gutes Projekt, für das wir unsere reichlich vorhandene Freizeit verwenden konnten.

Allein aus diesem Grund hatten Holger und Rana unser erstes Treffen einberufen. Wie sehr die Langeweile unsere Antriebsfeder war, zeigte sich auch daran, dass wir zwischendurch sogar eine kleine Band zusammenstellten und gemeinsam Musik machten. Für uns war das kein Widerspruch oder Gegensatz zur Parteigründung, denn in beiden Fällen drehte es sich um eine gewisse Form der Freizeitgestaltung.

Mit mindestens dem gleichen Eifer, mit dem sich Holger für *Star Trek* begeistern konnte, widmete er sich auch der Musik. Weil ihm das Klavier allein nicht mehr reichte, hatte er in der Monheimer Musikschule vor Kurzem noch mit dem Saxofonunterricht begonnen. Mittlerweile spielte er sogar in der Bigband der Musikschule. Rana sorgte mit seiner Oboe, die er sonst hauptsächlich im Schulorchester zum Einsatz brachte, für melodische Kontrapunkte, Juliane und ich übernahmen den Gitarrenpart. Von den Gründungsmitgliedern, die noch dabei waren, konnte nur Daniel O. kein Instrument spielen. Da er als Sänger nicht zur Verfügung stand, trafen wir uns ohne ihn zum Proben. An seiner Stelle ergänzte Sebastian die Band mit seinem Keyboard (allerdings ein anderer Sebastian als der, der zuvor aus unserer Partei ausgetreten war).

Wir trafen uns bei Sebastian zu Hause im Keller und spielten von *Radiohead* über *Oasis* bis hin zu Guildo Horn verschiedene Stücke, die wir gut fanden. Holger war dafür zuständig, die Melodien aus den von uns ausgewählten Stücken herauszuhören. Ich kümmerte mich um die Harmonien.

Um auch noch Theater zu spielen, wie wir es zwischenzeitlich ebenfalls erwogen hatten, waren wir nicht mutig genug. Dabei hätte uns auch ein solches Projekt durchaus interessiert. Bei einem Theaterstück, das wir einmal mit unserer Lateinklasse aufgeführt hatten, spielte Holger den bösen Wolf. Daniel O. war einer der sieben Zwerge und ich hatte meinen Auftritt als Hänsel aus »Hänsel und Gretel«. Wir hatten eine Menge Spaß mit dem Theaterstück, das die Grimm'sche Märchenwelt auf die Schippe nahm. Doch jetzt machten wir eben Politik.

»Ich bereite dann mal die Einladungsschreiben für die Mitgliederversammlung vor«, sagte Holger am Telefon, bevor er auflegte. Als wir uns am nächsten Morgen wieder in der Schule trafen, hatte er vierzig Kopien für alle Mitglieder dabei. »Wir laden euch herzlich zu unserer Mitgliederversammlung am 11.03.1999 um 20 Uhr ins Haus der Jugend, Tempelhofer Str. 17, ein«, lautete der Text. Die Namen der Mitglieder hatte Holger alle von Hand auf die gedruckten Einladungen geschrieben. »Ich habe es einfach nicht hinbekommen, diese Serienbrieffunktion im Computer einzustellen«, meinte er mit einem flüchtigen Schulterzucken.

Auf Spendenfang im Schuhgeschäft

Wie finanzieren Parteien ihren Wahlkampf? Klare Sache: durch Mitgliedsbeiträge und Spenden.

Was die Mitgliedsbeiträge betrifft, sah es in unserer Kasse leider ziemlich mau aus. Zum Jahreswechsel betrug der Kassenstand ganze zwölf Mark. Jedes der sechs Gründungsmitglieder hatte zwei Mark Mitgliedsbeitrag für den Dezember eingezahlt. Im März und April kamen dann zwar einige Mitglieder – darunter zum Glück auch einige zahlende – dazu, für die große Kampagne reichte das aber immer noch nicht. Unser »Jahreswirtschaftsplan 1999«, den wir auf der Mitgliederversammlung im März verabschiedet hatten, setzte als Ziel mindestens 35 beitragszahlende Mitglieder voraus. Bei einem taschengeldfreundlichen Beitrag von zwei Mark monatlich, der darüber hinaus auch noch freiwillig war, kam eben nicht viel zusammen. Von den rund sechzig Mitgliedern, die wir bis Ende April angeworben hatten, zahlten nur etwa zwanzig Leute ihren Mitgliedsbeitrag.

Blieb also nur Einnahmequelle Nummer zwei: Spenden. Da unsere Aufopferungsbereitschaft nicht so weit ging, dass wir alle unsere Ersparnisse für eine zweifelhafte politische Karriere geopfert hätten, machten wir es wie die Malteser: Wir gingen Spenden sammeln.

Daniel und ich hatten uns nach der Schule verabredet, um verschiedene Einzelhändler abzuklappern. Ausgerüstet mit einer Kopie des ersten Zeitungsartikels, der über uns erschienen war, einigen Wahlprogrammen und dem Schreiben des Finanzamts, in dem wir eine Steuernummer zugewiesen bekommen hatten, machten wir uns auf den Weg. Unser Ziel war das Baumberger Einkaufszentrum. Wir begannen im Fahrradladen. »Guten Tag«, sagte ich freundlich. »Wir sind von der neu gegründeten Jugendpartei PETO und wir wollen im September bei der Kommunalwahl für den Monheimer Stadtrat antreten. Vielleicht haben Sie schon in der Zeitung von uns gelesen.« Die Fahrradhändlerin schwieg. Ob sie ahnte, dass wir Spenden sammelten? Nach einer kurzen Pause fuhr ich fort: »Mittlerweile machen in unserer Partei rund sechzig Jugendliche im Alter zwischen 16 und 19 Jahren mit. Um unseren Wahlkampf finanzieren zu können, sind wir allerdings auf Spenden angewiesen. Könnten Sie sich eventuell vorstellen, unsere Partei mit einem kleinen Beitrag zu unterstützen?«

»Das tut mir leid«, antwortete die Fahrradhändlerin knapp. »Mein Mann und ich, wir bekommen so viele Anfragen. Da haben wir leider keine Möglichkeiten.« – »Na gut.« Mit dieser Antwort hatten wir fast schon gerechnet. Warum auch sollte uns ein Einzelhändler Geld geben? Andererseits sahen wir kaum Alternativen zur Spendenakquise. Schließlich konnten wir unsere Parteiprogramme nicht verkaufen, und die Werbung, die wir machen wollten, musste irgendwie finanziert werden. Zwar wollten wir unseren Wahlkampf mit bescheidensten Mitteln bestreiten, aber ein kleines Budget brauchten wir dann doch.

»Wir können ja Flugblätter verteilen, um die Partei bekannt zu machen. Das ist doch viel günstiger, als Plakate zu drucken«, hatte Miriam vorgeschlagen. Wir fertigten also einen Entwurf an, den wir auf der Mitgliederversammlung am kommenden Donnerstag präsentieren wollten. Das Flugblatt sollte an alle Haushalte verteilt werden. Aus Kostengründen hatten wir das Flugblatt im Format DIN A6 und schwarz-weiß konzipiert. Auf eine normale A4-Seite sollten so vier Exemplare nebeneinander passen. Einige Eltern von Mitgliedern hatten schon angeboten, hundert oder hundertfünfzig Kopien auf ihrer Arbeitsstelle für uns zu machen. Das wären dann immerhin jeweils vier- bis sechshundert Flugblätter gewesen. Was wir darüber hinaus noch an Kopien brauchten, wollten wir im Copyshop anfertigen lassen.

Wir verließen den Fahrradladen und verabschiedeten uns freundlich. Die ganze Aktion war Daniel und mir ziemlich peinlich, aufge-

Ganz normale Schüler: Alle PETO-Mitglieder drücken zum Zeitpunkt der Parteigründung noch die Schulbank.

ben wollten wir aber noch nicht. Beim Gemüsehändler präsentierte ich den gleichen Spruch wie im Fahrradladen. Das Geschäft wurde gerade vom Sohn der türkischen Eigentümerfamilie beaufsichtigt. Er war ungefähr in unserem Alter, was das Betteln nicht leichter machte. Ich kannte ihn aus der Grundschule, wusste aber nicht sicher, ob er in der Klasse über oder unter uns gewesen war. »Nein, wir spenden nichts«, war auch seine eindeutige Antwort. »Vielleicht hast du ja unabhängig davon Lust, selbst mitzumachen. Sollen wir dir ein Beitrittsformular geben?«, wagte ich einen erneuten Anlauf. »Ich glaube eher nicht, aber ein Formular könnt ihr mir ja hierlassen«, erwiderte er uns eher ausweichend.

»Was soll's«, dachten wir. »Wir lassen uns nicht unterkriegen und gehen in den nächsten Laden.« In dem kleinen Blumengeschäft befanden sich gerade keine Kunden, was uns durchaus entgegenkam. Die Floristin war mit einem Strauß beschäftigt, an dessen unterem Ende sie die Stängel kürzte. »Ihr seid mir sympathisch«, lautete ihre überraschende Antwort auf unsere Spendenanfrage. Ihre Hand griff zielstrebig in die Kasse. »Ich gebe euch 20 Mark, mehr ist leider nicht drin.« – »Das ist doch super«, sagte ich beinahe gerührt von unserem ersten Erfolg. Wir bedankten uns überschwänglich und setzten die Runde durchs Einkaufszentrum fort.

In der Eisdiele bekamen wir eine Abfuhr, die Bäckerei und den Supermarkt ließen wir gleich aus, weil wir uns bei Filialen größerer Ketten keine Hoffnung machten. In der Apotheke hatten wir dagegen Glück. »Ich spende 100 Mark«, flüsterte uns die Apothekerin so leise zu, dass wir unseren Ohren kaum trauten. Anscheinend sollten die zwei älteren Kunden, die sich gerade in der Apotheke aufhielten, nicht mitbekommen, wie hier ihre Rezeptgebühr reinvestiert wurde. Wir konnten es gar nicht fassen: »Vielen Dank, damit hätten wir nicht gerechnet. Natürlich bekommen Sie noch eine ordentliche Spendenquittung.« Bis dahin bestätigten wir die Zahlung auf einem provisorischen Quittungsblock.

Unser nächstes Ziel bestand in einem Schreibwarenladen, in dem wir allerdings kein Gehör fanden. Auch im Tabakgeschäft erhielten wir eine Absage. Im Reisebüro hatten wir wieder Glück: 50 Mark war dem Inhaber die politische Nachwuchsförderung wert. Anschließend versuchten wir es noch im Schuhladen. Die Inhaberin zeigte sich interessiert: »Das finde ich ausgesprochen gut, wenn sich junge Menschen wie Sie politisch betätigen. An welchen Betrag hatten Sie denn gedacht?« – »Das müssen natürlich Sie entscheiden«, antwortete ich. »Schon ein kleiner Betrag wäre eine große Hilfe. Im Blumenladen haben wir zum Beispiel 20 Mark bekommen, woanders auch 50.«

»Bitte?«, schallte es uns darauf entgegen. »Was glaubt ihr eigentlich, wie viel Paar Schuhe ich verkaufen muss, um 50 Mark zu verdienen?«

Oje. Daniel und ich schauten uns an. War es zu forsch, diese Beträge zu nennen? »Wenn ihr nach fünf Mark gefragt hättet, würde ich euch vielleicht etwas geben.« Die Einzelhändlerin schien immer noch um Fassung zu ringen. Wir entschuldigten uns. Sie könne ja selbst entscheiden, wie viel sie spenden wolle. Ich versuchte außerdem zu erklären, dass die Spenden steuerlich absetzbar sind. »Nein, das finde ich schon ziemlich unverschämt«, blieb die Ladeninhaberin kategorisch, während wir uns kleinlaut verabschiedeten. »Unter diesen Umständen gebe ich sicher nichts«, rief sie uns noch hinterher.

Schade, das hatte sie wohl in den falschen Hals bekommen. Zum Schluss ließen wir das Einkaufszentrum links liegen und versuchten unser Glück bei drei Autohändlern am Baumberger Stadtrand. Im ersten Autohaus wurden wir gar nicht erst zum Geschäftsführer vorgelassen, im zweiten hörte man sich unseren Spruch immerhin höflich an, bevor man ablehnte. Im dritten Autohaus bekamen wir 50 Mark bar auf die Hand. »Ich finde das gut, was ihr macht, aber erzählt nicht weiter, dass ihr von mir Geld bekommen habt. Ich habe einige Kunden, die anderen Parteien nahestehen. Da würde es sich mit Sicherheit negativ auswirken, wenn herauskäme, dass ich euch bei eurem Wahlkampf finanziell unterstützt habe.«

Ganze 220 Mark hatte dieser Nachmittag eingebracht – mehr als wir insgeheim gehofft hatten. Heute hatten wir allerdings auch gelernt, dass Wahlkampf kein leichtes Geschäft ist, schon gar nicht, wenn man neben dem Versuch, Wählerstimmen zu gewinnen, die Menschen auch noch um ihr Geld anpumpt.

Immerhin war unsere erste Flugblattaktion gesichert. Mit den eingesammelten 220 Mark konnten wir rund 4000 Kopien machen lassen. In den folgenden Tagen wollten Holger und Florian außerdem noch die Geschäfte im Monheimer Zentrum abklappern. Vielleicht würde es ja auch ihnen gelingen, die eine oder andere Spende einzusammeln.

Eine schizophrene Flugblattaktion

Die Gestaltung der Flyer, die wir den 25 Anwesenden auf unserer letzten Mitgliederversammlung präsentiert hatten, war eher sachlich-informativ als aufregend. Im Vorstand war eine Mehrheit der Meinung, dass unbedingt ein Bild auf das Flugblatt müsse. Auf der Suche nach einer halbwegs passablen Grafik hatte ich auf dem Computer zwischen den vielen Cliparts, die zum Schreibprogramm gehören, einen kleinen Wegweiser entdeckt und als Beschriftung die Bezeichnungen »links«, »rechts« und »Neue Mitte« hineingebastelt. Die Grafik gab dem Flugblatt zumindest einen halbwegs politischen Anspruch. Seit Gerhard Schröder Kanzler geworden war, sprachen alle von der »Neuen Mitte«. Diese Mitte schien so breit zu sein, dass auch wir noch darin unterkommen konnten. Was sich genau hinter dem Begriff verbarg, war uns – wie wahrscheinlich den meisten anderen Menschen auch – nicht so richtig klar, aber er klang erfolgversprechend, denn viele sagten, Schröder wäre nur deshalb Kanzler geworden, weil es ihm gelungen sei, die »Neue Mitte« anzusprechen. Das wollten wir auch. Mehr noch: Wir wollten die »Neue Mitte« anführen. »Wir sind vorne« lautete deshalb unser Wahlspruch auf dem Flyer.

»Da muss unbedingt rein, dass man schon ab 16 wählen darf«, schlug Holger vor. »Das wissen doch die wenigsten. Und wenn die Älteren das lesen, dann können sie sich ausrechnen, dass unsere Chancen, in den Stadtrat einzuziehen, gar nicht schlecht stehen.«

Jetzt mussten wir nur noch unsere Eltern fragen, ob sie etwas dagegen hätten, wenn unsere Telefonnummern auf dem Flugblatt veröffentlicht würden. Meine waren nicht sonderlich begeistert. Auch

PETO

PETO - das ist die neue Partei in Monheim am Rhein!
Anfang des Jahres 1999 von Monheimer Jugendlichen gegründet, mischt PETO heute schon kräftig in der kommunalen Politik mit.
Wir nutzen als junge Partei die Chance, daß bei der Wahl zum Monheimer Stadtrat, die am 12. September 1999 stattfindet, auch 16- und 17-jährige wahlberechtigt sein werden.
PETO setzt sich für junge Ideen ein, die allen Altersklassen gerecht werden. Dabei bleiben wir völlig frei von jeglichen Ideologien, denn wir ordnen uns weder rechts noch links ein. - Wir sind vorne und weisen in eine neue Richtung, die Klarheit statt Verwirrung schafft.
Geben Sie uns am 12. September 1999 Ihre Stimme, damit sich entscheidet, daß PETO für Monheim am Rhein in den Stadtrat einzieht!
Interessierte, egal welchen Alters, können sich in der lokalen Presse, bei politischen Diskussionsveranstaltungen oder direkt bei uns über PETO informieren:

Wir sind vorne!

Holger Radenbach, Tel.: 5 56 65
Daniel Zimmermann, Tel.: 93 09 09

Das erste PETO-Flugblatt, das im Vorfeld der Stadtratswahlen 1999 in allen Monheimer Briefkästen landete.

Holgers Eltern waren skeptisch und fragten sich, ob es sinnvoll wäre, allen Monheimer Haushalten die Telefonnummer der Familie in den Briefkasten zu stecken. Aber schließlich stimmten sie zu. »Wir müssen den Leuten doch irgendeine Möglichkeit geben, uns zu kontaktieren. Außerdem wirkt es unseriös, wenn wir Flyer verteilen, auf denen wir keinen eindeutigen Ansprechpartner angeben«, erklärte ich meinen Eltern. Was sollten sie darauf noch erwidern?

Nach der Verteilung ließen die ersten Anrufe nicht lange auf sich warten. Wir nahmen vor allem Beschwerden über unsere Flugblattaktion entgegen. Holgers Mutter hatte es am Telefon schon mit einem erbosten Wähler zu tun, der darauf hinwies, dass sein Briefkasten mit einem Aufkleber »Reklame verboten« versehen sei. Er wolle auf keinen Fall noch einmal Werbung von uns in seinem Briefkasten vorfinden.

Um unsere potenziellen Wählerinnen und Wähler zu erreichen, hatten wir solche Aufkleber bisher ignoriert und die Flugblätter trotzdem eingeworfen. In manchen Mehrfamilienhäusern war bis zu ein Drittel aller Briefkästen mit solchen Schildern beklebt. In vielen Einfamilienhausgebieten sah es nicht besser aus. Wenn wir die alle ausgelassen hätten, wären sicher nicht viele Menschen auf unsere neu gegründete Partei aufmerksam geworden. »Wir verteilen ja keine Werbung, sondern lediglich politische Informationen«, hatten Holger und ich uns verständigt. Wir sahen darin eine gute Rechtfertigung, auch Briefkästen zu bestücken, deren Eigentümer von Werbebotschaften eigentlich verschont bleiben wollten. »Politische Information« – das war dann auch die Ausrede, die wir benutzten, wenn uns Nachbarn oder die potenziellen Empfänger der Wahlwerbung vom Flugblattverteilen abhalten wollten.

An einem Haus, dessen Eigentümer sich telefonisch bei mir beschwert hatte und den ich ebenfalls mit dem Verweis, bei unseren Flugblättern handele es sich lediglich um »politische Informationen«, zu besänftigen versuchte, entdeckte ich bei der nächsten Flugblattverteilung eine ganz neue Beschriftung. Der alte Aufkleber war von einem etwas größeren überdeckt. »Keine Reklame, Wahlwerbung, politische Informationen oder Ähnliches« lautete die neue Aufschrift, an die ich mich dann doch lieber halten wollte.

Als bei mir zu Hause wieder einmal das Telefon klingelte, meldete sich am anderen Ende der Leitung ein Mann in gebrochenem Deutsch: »Guten Tag. Ich habe Information über Ihre Partei in Briefkasten gefunden.« – »Ja, diese Flugblätter haben wir vor Kurzem verteilt«, antwortete ich, gespannt darauf, was der Anrufer wünschen könnte. Er wollte sich nicht beschweren. Im Gegenteil: »Ich möchte gern mehr über die Partei erfahren«, hörte ich ihn zu meiner Freude sagen. Besonders gut habe ihm der Wegweiser mit den Richtungen »rechts«, »links« und »Neue Mitte« gefallen. Ob wir ihn nicht einmal besuchen kommen könnten. »Warum nicht?«, dachte ich. Als er dann noch erklärte, er könne sich vorstellen, für unseren Wahlkampf zu spenden, zückte ich sofort den Terminkalender.

Ein paar Tage später klingelten Holger und ich an seiner Wohnungstür. Die Adresse kannte ich. Hier war die Flugblattverteilung nicht so einfach gewesen. Aber wir wollten das Treffen nicht mit Vorurteilen beginnen. Unser Interessent wohnte in der Anne-Frank-Straße in einem anonymen Wohnblock aus den frühen Siebzigern. Rund einhundert Briefkästen hingen in dem engen Hausflur zwischen Treppe und Aufzug. Beim Verteilen der Flugblätter hatte ich mich mit einer Bewohnerin im Erdgeschoss angelegt, die mich davon abhalten wollte, die Briefkästen mit Flugblättern zu bestücken. »Die landen später alle hier auf dem Boden. Sie glauben gar nicht, was ich täglich einsammle. Da kann man sich wirklich dranhalten.« – »Lassen Sie doch den jungen Mann in Ruhe«, nahm mich eine andere Bewohnerin im Vorbeigehen in Schutz, »der macht schließlich nur seine Arbeit.« Dann schaute sie in meine Richtung: »Außerdem kriegt er Ärger mit seinem Chef, wenn er die Zettelchen nicht ordentlich verteilt. Das wird doch kontrolliert, nicht wahr?« Ich nickte freundlich und warf weiter Flugblätter in die Briefkästen.

Als Holger und ich nun ein zweites Mal in das Haus kamen, um unseren Anrufer zu besuchen, ahnten wir nichts Böses. Auch als wir auf seinem Sofa Platz genommen hatten und das Wahlprogramm auspackten, schien noch alles normal. »Wir haben Ihnen unser Wahlprogramm mitgebracht. Darin haben wir alles aufgeschrieben, was wir im Stadtrat erreichen wollen«, begann Holger mit der Werbung für unsere Ideen. »Bis jetzt haben wir schon 72 Mitglieder, täglich kommen neue dazu«, ergänzte ich, um die Ernsthaftigkeit unseres Anliegens anhand der Zahl der Mitwirkenden zu unterstreichen.

Der Mann zeigte sich interessiert und stellte uns ein paar Fragen, die wir gewissenhaft beantworteten. Dann erzählte er von seiner Freundin, die als Krankenschwester arbeitete und deshalb wenig zu Hause war, und von seiner Leidenschaft für Messer. »Ich habe tolle Messer hier. Wollt ihr Messer sehen?«, fragte er sichtlich entzückt von dem Gedanken, dass wir uns vielleicht auch für Messer interessieren könnten. Wir lehnten freundlich ab, während wir leicht irritiert auf unseren Sesseln herumrutschten: »Lieber nicht, machen Sie sich keine Mühe.« Von einer möglichen Parteispende war mittlerweile keine Rede mehr. Uns wurde nicht direkt mulmig, aber etwas eigenartig fanden wir den Mann, bei dem wir hier zu Gast waren, schon. Ob er sich wirklich für die Partei interessierte?

Mich nannte er immer wieder Gabriel. »Wie Erzengel Gabriel, ein toller Name.« Dann zeigte er uns seinen Balkon. Die Aussicht aus der dritten Etage war trostlos bis bescheiden. »Schaut euch an das, Holger und Gabriel.« Mittlerweile war ich es leid, ihn zu korrigieren. Er zeigte mit dem Finger auf eine tennisballgroße, durchsichtige Kugel. »Diese Glaskugel steht schon lange hier am Fenster.« Zusammen mit einem leeren Aschenbecher war sie auch das Einzige, was sich auf der lang gestreckten Fensterbank im Wohnzimmer befand. Ein paar Pflanzen wären sicher hübsch gewesen. »Sie nimmt auf alle Strahlen der Sonne«, erfuhren wir. Holger und ich sahen uns skeptisch an. Vielleicht erfreute der Mann sich an den schönen Lichtspielen, die er bei Sonnenschein in der Kugel beobachtete. »Eines Tages nehme ich sie«, erklärte er weiter, während er das Gesagte dadurch unterstrich, dass er die Kugel tatsächlich von der Fensterbank hob und sie mit ausgestreckten Armen leicht über Kopfhöhe in Richtung Wohnzimmerfenster hielt, »und dann werfe ich sie vom Balkon. Ganz Monheim wird sich verwandeln in Feuerball. Das ist Ende der Welt.«

Holgers Gesichtsausdruck sagte mir: »Lass uns abhauen.« Auch ich bekam es nun mit der Angst zu tun. An wen waren wir hier nur geraten? Wie konnten wir außerdem noch so blöd sein, einen völlig unbekannten Menschen zu Hause zu besuchen? Niemand wusste, wo wir waren. Unseren Eltern hatten wir gesagt, dass wir weiter Flugblätter verteilen wollten, was im Anschluss an den Hausbesuch auch geplant war. »Tschüss und weg«, dachten Holger und ich uns jetzt. Auf keinen Fall wollten wir noch die Messer sehen. »Wir haben jetzt leider noch etwas anderes vor«, versuchte Holger den Abschied einzuleiten. »Das ist aber schade«, antwortete der Mann. »Ich hätte euch gerne noch ein paar Fotos von meiner Freundin gezeigt. Möchtet ihr nicht noch etwas trinken? Wasser oder einen Saft?« – »Vielen Dank, aber wir müssen jetzt wirklich gehen.«

Auf dem Weg zum Flur blieb der Mann an der Küchentür stehen. »Ich darf nicht vergessen, Medikamente zu nehmen.« Unser Blick fiel auf einen kleinen Brotkorb voller weißer Tablettenschachteln. Im Flur hielt er erneut an. »Macht ihr Kampfsport?« Wir schüttelten den Kopf. »Ihr solltet machen. Ich habe hier in diesem Flur schon gekämpft mit fünf Polizisten. Und sie haben nicht geschafft, mich festzuhalten.« Wir heuchelten Bewunderung. In diesem Moment griff der Mann an seine obere Schneidezahnreihe und entfernte mit einem leichten Ruck eine Zahnprothese. »Seht ihr, diese Zähne ich damals habe verloren.«

Holger wandte sich erschrocken ab. »Wir sind schon spät dran«, sagte er in meine Richtung. »Stimmt, wir müssen wirklich los. Es hat uns gefreut, Sie kennenzulernen.« – »Wie viele Mitglieder, sagtet ihr, hat Partei bis jetzt? 72?« – »Ja, 72.« – »Dann sind es ab heute 73. Besucht mich bald wieder«, rief uns der Mann zum Abschied zu, während er in der Wohnungstür stand und uns beobachtete, wie wir in Richtung Treppe gingen. Dort angekommen, fingen wir an zu rennen. Die Treppe hinunter, schnell raus aus diesem Haus, weg von dieser Wohnung. Erst als wir bei mir zu Hause ankamen, fragte Holger: »Was war das für ein Typ? Hast du gesehen, wie viele Medikamente in seinem Brotkorb lagen?«

Später erkundigten wir uns bei der Baumberger Apothekerin, die uns mit 100 Mark gesponsert hatte, um was für Medikamente es sich gehandelt haben könnte. Holger hatte sich zwei Namen gemerkt. Paranoide Schizophrenie lautete die Ferndiagnose der Apothekerin, die uns betroffen ansah, als wir nach der Krankheit fragten, an der unser angeblicher Interessent wohl gelitten hatte. Wahrscheinlich war der Mann harmlos. Trotzdem nahmen wir uns an diesem Tag vor, Unbekannte von nun an nur noch in der Eisdiele zu treffen.

Aus Fehlern lernt man

Nach dem ersten Anlauf im Januar 1999 stellten wir sehr bald fest, dass unser Wahlprogramm den Anforderungen eines seriösen Kommunalwahlkampfs nicht gewachsen war. Oder anders gesagt: In den ersten Monaten unserer politischen Karriere hatten wir eine Menge gelernt. Inzwischen waren wir uns sicher, dass wir unsere Ziele noch einmal überarbeiten mussten.

Unser neues Wahlprogramm sollte weniger provokativ daherkommen. Wir wollten versuchen, es gefälliger zu machen. In der ersten Version hieß es zum Beispiel im Einleitungstext noch: »Wir treten in ganz Nordrhein-Westfalen mit unseren jungen Ideen an, denn wir glauben, dass es zu viele ›alte‹ Politiker gibt, die die Interessen der jungen Menschen nicht wirklich vertreten können.« Bei genauerem Hinsehen erschien uns dieser Satz dann später etwas zu radikal. Vor allem der erzeugte Kontrast zwischen jungen und alten Menschen musste raus. »Versöhnen statt spalten«, hätte Johannes Rau wohl gesagt. Wir formulierten also neu: »Wir glauben, dass viele Politiker die Interessen der jungen Menschen nicht wirklich vertreten, deshalb nehmen wir unsere Zukunft selbst in die Hand.« Dem konnten sich auch ältere Menschen anschließen, die in irgendeiner Form politikverdrossen waren. »Neue Politiker braucht das Land«, lautete nun sinngemäß die Devise.

Der Programmpunkt »Nordrhein-Westfalen« musste ebenfalls dran glauben. Während wir unser erstes Programm noch unter dem Eindruck des Parteiengesetzes formuliert hatten, das vorsieht, Parteien müssten mindestens auf Landesebene aktiv sein, war uns mittlerweile völlig klar, dass wir schon in Monheim genug Probleme haben würden, an der Wahl teilzunehmen. In dieser Situation wäre es wenig ratsam gewesen, weitere Baustellen zu eröffnen.

Eine andere Formulierung, die wir unbedingt ändern wollten, weil wir mit ihr schon gehörig auf die Nase gefallen waren, war unser fragwürdiges Konzept zur Verbesserung der öffentlichen Sicherheit: »Es darf nicht sein, dass Monheimer Bürgerinnen und Bürger sich nachts nicht mehr auf die Straße trauen, weil sie sich bedroht fühlen. Wir denken nicht, dass es reicht, das Angstgefühl der Menschen allein durch die Präsenz von Sicherheitskräften bekämpfen zu wollen. Solche Maßnahmen sehen wir als Notlösung für Gegenden an, in denen man sich nicht anders zu helfen weiß. Wir wünschen uns zivile Personen – vielleicht sogar Arbeitslose – denen man auf diese Weise einen Job verschaffen könnte. Sie sollten für ihre ›Streifengänge‹ ein Handy in die Hand bekommen und so für mehr Sicherheit sorgen.«

Abgesehen davon, dass wir selbst nicht so genau erklären konnten, worin der Unterschied zwischen »Sicherheitskräften« und den von uns geforderten »zivilen Personen« lag, bereitete uns vor allem die Forderung nach Arbeitslosen, die auf diese Weise einen »Job« bekommen sollten, Probleme. War es wirklich wünschenswert, ehemalige Maschinenschlosser, Bürokaufleute oder Berufskraftfahrer mit Handys auszurüsten und in den dunklen Ecken der Stadt auf Streife zu schicken? Je länger wir darüber nachdachten, desto klarer wurde uns selbst, dass wir damit nicht viel erreichen würden. Im Gegenteil: Wir brachten uns nur in argumentative Schwierigkeiten. Objektiv betrachtet erschien es uns nicht mehr besonders klug, sicherheitstechnisch völlig unausgebildete Menschen durch Monheim patrouillieren und mit Handys in der Tasche Sheriff spielen zu lassen.

Bei einer Diskussionsveranstaltung im *Sojus* erlebten wir diese argumentativen Schwierigkeiten sehr deutlich. Dort, wo wir mehr als zehn Jahre später unseren 30-Prozent-Wahlerfolg feiern sollten, hatten wir Mitte 1999 einen unserer ersten peinlichen Auftritte. Eigentlich waren wir eingeladen worden, um uns und unser Programm für die Kommunalwahl vorzustellen. Aus dem von uns erhofften Werbetermin wurde jedoch sehr schnell eine erste realpolitische Bewährungsprobe, denn auf kritische Nachfragen waren wir nicht vorbereitet.

»Wie stellt ihr euch denn die Sache mit den Arbeitslosen und den Handys vor?«, fragte einer der rund vierzig Teilnehmer, die im Schnitt fünf bis zehn Jahre älter waren als wir und die hören wollten, was wir vorhatten. »Nun ja, äh …« Ich geriet sofort ins Schleudern. Da hatte der Fragesteller während der Veranstaltung beim zufälligen Blättern in den ausliegenden Programmheften aber auch gleich die dämlichste Stelle entdeckt. Holger stand mir bei: »Also eigentlich wollen wir ja nur die Zivilcourage der Leute fördern. Dass man hinsieht, wenn etwas passiert, und dass man Hilfe organisiert.« – »Aber hier steht doch, dass ihr Arbeitslosen auf diese Weise einen Job verschaffen wollt«, ließ unser mit einem dunkelgrauen Kapuzenpulli gekleideter Kritiker nicht locker. »Sollen die sich freiwillig melden oder wollt ihr ihnen auch gleich noch die Arbeitslosenhilfe kürzen, wenn sie da nicht mitmachen?«, legte sein Nachbar nach, der sich mit dem linken Ellenbogen lässig auf die Theke neben ihm stützte, während er in der rechten Hand eine halb volle Bierflasche hielt. »Das wäre ja nur eine Möglichkeit, um Leute zu finden, die Zeit für so etwas haben. Im Prinzip kann jeder mitmachen, der einfach die Augen aufhalten möchte«, kam nun auch Holger in leichte Erklärungsnöte.

»Wo sollen denn überhaupt die Ecken in Monheim sein, die so gefährlich sind, dass sich da niemand hintraut, wenn ich mal fragen darf?«, schaltete sich der Kapuzenpulliträger wieder ein. »Uns geht es gar nicht darum, ob es tatsächlich solche Gefahrenzonen gibt, sondern vor allem darum, das Sicherheitsgefühl der Menschen zu verbessern. Das ist ja oft sehr subjektiv«, versuchte ich uns rauszureden. Ob wir die Skeptiker damit überzeugen konnten, ist fraglich. Wahrscheinlich hielten sie uns einfach für 16-jährige Quatschköpfe, die sich komische Dinge ausdenken. Zumindest fühlten wir uns am Ende der Veranstaltung so. Dass es auch Leute geben könnte, die nicht gut fänden, was wir machten, hatten wir überhaupt nicht in Erwägung gezogen.

Doch dieser Abend sollte uns eine Lehre sein. Den ursprünglichen Abschnitt zur Sicherheit strichen wir komplett aus dem Wahlprogramm. Dort, wo es vorher unter anderem hieß, es dürfe nicht sein, »dass Monheimer Bürgerinnen und Bürger sich nachts nicht mehr auf die Straße trauen, weil sie sich bedroht fühlen«, schrieben wir jetzt: »Niemand würde Monheim am Rhein zu einer gefährlichen Stadt zählen, wird sie doch oftmals von Kleinstadtcharakter dominiert. Dennoch bietet es sich an, einige Schritte zu unternehmen, damit das auch so bleibt.«

Ganz im Sinne Konrad Adenauers: »Was interessiert mich mein Geschwätz von gestern«, hatten wir wenig Skrupel, unser einmal formuliertes Wahlprogramm noch deutlich zu ändern. Allein der auf unsere Einschätzung zur örtlichen Sicherheitslage folgende Appell an die Zivilcourage der Menschen und unser Vorschlag, mehr Anti-Aggressions-Workshops anzubieten, blieben unverändert bestehen.

Hinzu kamen städtische Politikbereiche, an die wir in der ersten Programmversion einfach nicht gedacht hatten, zum Beispiel die Wirtschaftsförderung. »Ein Teil des Gewerbegebietes am Rhein sollte Monheimer Firmen angeboten werden. Dann muss man versuchen, weitere Unternehmen nach Monheim zu ziehen«, hieß es von nun an in unserem Parteiprogramm. Hatten die Mitarbeiter der Monheimer Wirtschaftsförderungsgesellschaft überhaupt schon einmal daran gedacht, in diese Richtung zu arbeiten? Wahrscheinlich schon. Da unsere Kreativität in Sachen Wirtschaftsförderung jedoch begrenzt war und wir uns kaum vorstellen konnten, dass es vielleicht einfach an Firmen mangeln könnte, die an den bestehenden Grundstücksangeboten interessiert sein würden, kamen wir am Ende zu dem Schluss, dass es nichts nütze, nur große Firmen zu suchen. Vielmehr sei ein »ausgewogenes Verhältnis zwischen kleinen und mittleren sowie wenigen größeren Betrieben« anzusiedeln, so unser Vorschlag.

Unser Wahlprogramm war mit dieser und den übrigen Änderungen sicher noch nicht perfekt, aber wir fühlten uns besser vorbereitet als mit der vorherigen Version. Wir hofften, weniger angreifbar zu sein. Nachdem wir uns die erste Programmfassung relativ spontan und unbefangen ausgedacht hatten, waren wir zwischenzeitlich auf dem Boden der Tatsachen angekommen. Unsere ersten politischen Erfahrungen halfen uns dabei, ein Programm zu schreiben, das wirklichkeitsnäher und durchdachter war als die erste Fassung. Die heiße Wahlkampfphase konnte beginnen.

Plakatständer von der CDU und ein vergeigter Internetauftritt

Unseren Wahlkampf begannen wir am letzten Sonntag der Sommerferien mit einer Fahrradtour. Von heute an waren es noch genau sechs Wochen bis zur Wahl. Wir starteten um 11 Uhr 30 am Monheimer Klärwerk, das direkt am Knipprather Wald liegt. Neben einigen PETO-Mitgliedern, die mitfahren wollten, hatten sich auch sechs rüstige Rentner angemeldet. Anscheinend fanden sie das Angebot, das wir ihnen machten, sehr verlockend. Das war es ja auch, denn in der Teilnahmegebühr in Höhe von nur acht Mark war der Eintritt in das Mettmanner Neandertal-Museum schon enthalten. Außerdem gab es kurz vor dem Museum ein Picknick, das meine Eltern für die Gruppe vorbereitet hatten.

Alles war perfekt organisiert. Wir hatten sogar Werkzeug und Fahrradflicksets dabei, falls einer der Mitfahrenden einen Platten bekommen sollte. Vom Klärwerk aus fuhren wir zuerst durch den Wald in Richtung Düsseldorfer Süden. Von dort aus ging es weiter nach Hilden, wo meine Eltern mit dem Picknick auf uns warteten. Die Rentner waren begeistert. Fruchtsäfte, Kaffee, Brötchen und hart gekochte Eier waren auf einem langen Tapeziertisch bereits für uns angerichtet. Nachdem sich alle satt gegessen hatten, fuhren wir zum Museum. Dort erfuhren wir alles Wissenswerte über die Geschichte des Neandertalers und seiner anderen steinzeitlichen Verwandten. Gegen 17 Uhr erreichten wir dann wieder den Ausgangspunkt unserer gemeinsamen Tour, das Monheimer Klärwerk. Wir waren uns sicher, dass wir heute sechs neue Wählerstimmen gewonnen hatten. Zumindest fragten einige der Teilnehmer, ob wir solch eine Fahrradtour denn demnächst wieder anbieten würden. Wir wussten es noch nicht ganz genau, denn zunächst wollten wir uns unserem Plakatwahlkampf widmen.

Für den hatten wir schon im Mai, also rund fünf Monate vor der Wahl, zwanzig Plakatständer von der CDU geschenkt bekommen. Da der Monheimer CDU-Stadtverband für seinen Kommunalwahlkampf mehrere Hundert Plakatständer in einer stabilen Metallausführung angeschafft hatte, sollten die alten Holzständer der Partei entsorgt werden. Der CDU-Bürgermeisterkandidat Thomas Dünchheim versprach uns zwanzig Stück für unseren eigenen Wahlkampf, weil er hoffte, dass wir seine Kandidatur bei der Bürgermeisterwahl unterstützen würden. Wir hielten uns zwar in dieser Angelegenheit zurück und gaben keine Wahlempfehlung für einen der Bürgermeisterkandidaten ab, die zwanzig Plakatständer der CDU nahmen wir jedoch trotzdem gerne an.

»Passt aber auf, dass die CDU nicht hinterher behauptet, ihr hättet ihre Plakate einfach überklebt«, warnte uns mein Vater, als ich ihm von dem Geschenk erzählte. Daran hatten wir noch gar nicht gedacht. War das Angebot vielleicht eine Falle? Warum sollte die CDU einer anderen Partei beim Wahlkampf helfen? Wir waren plötzlich äußerst skeptisch.

Da hatte Holger die rettende Idee. »Wir kaufen der CDU die Ständer einfach für eine Mark ab«, schlug er vor. Auf diese Art und Weise wären wir überhaupt nicht angreifbar, denn schließlich hätten wir die Ständer dann rechtmäßig gekauft. Ich schrieb also eine Quittung über eine Mark auf einen kleinen Zettel und machte mich auf den Weg zu dem Vorstandsmitglied der CDU, das für die Plakatständer zuständig und uns als Ansprechpartner genannt worden war.

»Bevor wir die Ständer aus eurem Lager abholen, wollen wir das gerne schriftlich fixieren«, erklärte ich dem CDU-Vertreter, der mit Ende zwanzig nur ein paar Jahre älter war als ich und mir vor einiger Zeit das Du angeboten hatte. »Ihr seid ja verrückt. Was soll ich denn mit eurer Mark?«, antwortete er überrascht. »Die müsste ich ja von unserem Kassierer als Einnahme verbuchen lassen. Sonst heißt es nachher, ich hätte Geld unterschlagen.« Ich schaute ihn an. Er schien das durchaus ernst zu meinen. Seine Probleme waren mir jedoch relativ egal. Mir ging es ja nur darum, seine Unterschrift auf meiner vorbereiteten Quittung mitnehmen zu können, um später einen Beweis dafür zu haben, dass die Plakatständer uns gehörten. Die eine Mark legte ich demonstrativ auf seinen Küchentisch. »Na gut, gib das Zettelchen schon her«, gab er schließlich nach. Dass wir die Ständer bekommen sollten, war schließlich schon vorher fest ausgemacht gewesen.

Zusammen mit meinem Vater fuhr ich am nächsten Tag zu einem Bauernhof am Ortsrand, in dessen Scheune die CDU ihre Ständer lagerte. Da ich selbst, wie auch Holger und die anderen, noch keinen Führerschein hatte, musste mein Vater fahren. Wir luden den ersten Teil der Plakatständer in den Ford Fiesta meiner Eltern ein. Obwohl wir die Rückbank umgeklappt hatten, ragten die Ständer nach hinten rund einen halben Meter aus dem Kofferraum heraus. In ihrer Breite passten sie gerade eben in das Auto hinein. »Na ja, wir haben es ja zum Glück nicht weit«, sagte mein Vater mit einem skeptischen Blick auf die aus dem Auto herausragende Ladung. Alle zwanzig Ständer konnten wir jedoch nicht mitnehmen. Ins Auto passten maximal 15 Stück hinein. Wir mussten also zweimal fahren. Der Landwirt, der uns die Scheune aufgeschlossen hatte, schaute unserem Kleintransport amüsiert hinterher. »Wir kommen noch ein zweites Mal«, rief ich ihm quer über den Hof zu. Er nickte kurz und ging zurück zu seinem Traktor, an dem er gerade irgendetwas reparierte.

In der Garage meiner Eltern begannen Holger, Florian und ich dann damit, die alten CDU-Plakate von den Ständern abzureißen, was sich leider als ausgesprochen schwierig erwies. »Wenn man die Plakate vorher einweicht, dann geht es bestimmt viel leichter«, schlug Florian vor. Das Einweichen funktionierte sogar ziemlich gut, aber leider führte es auch dazu, dass der Garagenhof, über den wir uns mittlerweile fast in Gänze ausgebreitet hatten, großflächig von einer mit dem Besen überhaupt nicht mehr zusammenkehrbaren Wasser-Papier-Pampe bedeckt war.

Wir arbeiteten uns Schicht um Schicht voran. Auf einigen Plakatständern entdeckten wir in der letzten Schicht noch Wahlplakate aus den späten 1980er-Jahren. »Warum überkleben wir die Plakate nicht einfach?«, fragte Holger irgendwann, als wir an der Menge der abzulösenden Plakatdrucke fast verzweifelten. »Das Papier von unseren Plakaten ist zu dünn. Die CDU-Motive scheinen da durch«, antwortete ich. Es nutzte eben nichts, alles musste runter.

Unsere eigenen Plakate, mit denen wir die Ständer überkleben wollten, hatten wir mit einem Schreibprogramm am Computer gestaltet. Wir druckten die fertigen Plakatmotive in DIN A4 aus und ließen sie dann im Copyshop vergrößern. Entsprechend handgemacht wirkte dann auch das Ergebnis. Dafür war der Preis unschlagbar. Für jeden Druck zahlten wir zwölf Mark. Und wir konnten die Plakate in sehr kleinen Auflagen erstellen lassen. Von einigen Motiven gab es nur vier oder fünf Drucke.

Unsere Sprüche lauteten: »8000 junge Leute in Monheim am Rhein brauchen eine Interessenvertretung!«, »Innovation, Kreativität, Spontaneität sollen keine Fremdwörter bleiben!« oder »Wir sind vorne! Wir sind die junge Alternative!«

Damit waren wir sicherlich nicht so kreativ, wie wir auf einem der Plakate selber behaupteten, aber in ihrem unkonventionell schlichten schwarz-weißen Design fielen die Plakate unheimlich auf. Dass wir insgesamt nur zwanzig Ständer aufgestellt hatten, glaubte uns kaum jemand.

Für die letzten vier Wochen bis zur Kommunalwahl hatten wir uns dann noch etwas Besonderes ausgedacht: Wir kochten jeweils mittwochnachmittags im Haus der Jugend heißes Wasser für Tee auf, den wir dann den Bürgermeisterkandidaten der anderen Parteien servierten. Entgegen unseren Erwartungen kamen sie alle, um mit uns Tee zu trinken und über aktuelle politische Themen zu plauschen. Wir nannten das Konzept »Tea Time«. In jeder Woche war ein anderer Bürgermeisterkandidat eingeladen. Alle Kandidaten waren mit den zur Wahl stehenden Teesorten durchaus zufrieden – bis auf den amtierenden Bürgermeister, unseren ehemaligen Schulleiter. Er hätte gern eine Tasse Kaffee getrunken, aber nach unserem Hinweis, dass ausschließlich Tee zur Verfügung stünde, akzeptierte er leicht murrend den angebotenen Schwarztee.

Inhaltlich kam bei den »Tea Times« allerdings wenig heraus. Wir lernten hauptsächlich die Positionen der anderen Parteien kennen, die wir aus dem Wahlkampf und den Lokalzeitungen, die wir neuerdings sehr aufmerksam lasen, größtenteils schon kannten. Auch das öffentliche Interesse war gering. Zwar hatten wir durch Pressemitteilungen und mit Flugblättern auf die Veranstaltungen aufmerksam gemacht. Neben einem harten Kern von PETO-Mitgliedern und den jeweils eingeladenen Kandidaten verirrte sich jedoch kaum jemand ins Haus der Jugend.

Ansonsten gingen wir den Wahlkampf eher unvorbereitet an. Während die anderen Parteien schon seit Wochen jeden Samstag Infostände in der Monheimer und Baumberger Fußgängerzone veranstalteten und verbissen um jede Wählerstimme kämpften, schliefen wir samstags meistens aus. Jugendliche in unserem damaligen Alter sind samstagsmorgens eher selten auf dem Wochenmarkt anzutreffen. Dass die anderen Parteien dort regelmäßig mit Infoständen vertreten waren, hatten wir überhaupt nicht mitbekommen.

»Der Herr Pruin von den Grünen hat mich gefragt, warum wir keine Infostände machen«, erzählte mir Holger etwa drei Wochen vor der Wahl. »Was für Infostände?«, fragte ich verwundert. »Die stehen wohl jede Woche mit Sonnenschirmen und Tapeziertischen in der Fußgängerzone und verteilen Wahlprogramme und Kugelschreiber«, klärte Holger mich auf.

»Hmm, dann sollten wir das wohl auch machen«, erwiderte ich.

Maike und Holger bastelten aus einem alten hölzernen Tapeziertisch einen Stand zusammen. Die Vorderseite verkleideten sie mit alten Tapetenresten, auf die sie »PETO« und »Wir sind vorne!« schrieben. Als Infomaterial diente ihnen unser Mini-Flyer in DIN A6, den wir schon vor Monaten an alle Haushalte verteilt hatten. Außerdem hielten sie einen kleinen Stapel Wahlprogramme und für jeden Wahlkreis ein Infoblatt bereit, auf dem sich unsere jeweilige

Kandidatin beziehungsweise der dortige Kandidat kurz vorstellte. Mit dem Werbematerial der anderen Parteien konnten wir natürlich nicht konkurrieren. Besonders gut waren die Grünen ausgerüstet, hier gab es von Fahrradflicksets über Streichhölzer bis hin zu Bleistiften alles, was das Wählerherz begehrt. Die übrigen Parteien konzentrierten sich dagegen hauptsächlich auf die werbetechnischen Klassiker: Kugelschreiber, Notizblöcke und Luftballons für die Kleinen.

Auch mit dem Wahlkampf im Internet hatten wir kein Glück. Wer ein paar Wochen vor der Wahl die Internetseite *www.peto.de* aufrief, fand dort nicht, wie eigentlich versprochen, Informationen über unsere Jugendpartei und deren Wahlprogramm, sondern Hinweise eines »Klinik-Zentrums Mühlengrund« zur sogenannten »Petõ-Methode«. Der ungarische Arzt Dr. András Petõ (gesprochen: Andrasch Petö), so konnte man dort lesen, hatte in den 1950er- und 1960er-Jahren eine spezielle Methode zur Behandlung von Bewegungsstörungen, die durch Schädigungen des Gehirns oder des Rückenmarks hervorgerufen werden, entwickelt. Auf *www.peto.de* informierte das »Klinik-Zentrum Mühlengrund« gemeinsam mit dem Budapester »Petõ-Institut« über die Behandlungsmöglichkeiten, die sich interessierten Patienten im nordhessischen Bad Wildungen boten.

Dass die Sache mit unserem Internetauftritt nach hinten losgegangen war, erfuhren wir erst aus der Zeitung. Von unseren Vorstandsmitgliedern verfügte noch niemand über einen Internetzugang. Deshalb hatten wir im Vertrauen auf unseren Mitschüler Thomas, der sagte, er hätte sich um alles gekümmert, eine Pressemitteilung zu unserer Internetseite verschickt. Ob diese Seite tatsächlich existierte, hatte niemand von uns überprüft. Wie auch – ohne Internetanschluss?

Wir fühlten uns vor den Kopf gestoßen. Thomas hatte fest versprochen, dass er alles vorbereitet hätte. Ich hatte ihm in den letzten Wochen alle wichtigen Texte und unser Wahlprogramm auf Disketten mitgegeben. Mit diesem Material wollte er eine Internetseite erstellen. »Was ist denn da los?«, fragte ich ihn vorwurfsvoll mit dem Zeitungsschnipsel in der Hand, der in Form einer Glosse fröhlich über Zusammenhänge zwischen PETO und der ungarischen Heil-

PETO-Wahlplakat von 1999: Die ungewöhnliche Internetadresse ist dem Versäumnis eines Mitglieds geschuldet. Heute findet man die Partei unter *www.peto.de*.

behandlungsmethode spekulierte. »Wir haben uns auf dich verlassen. Du sagtest doch, du hättest dich um alles gekümmert und die Texte sofort ins Internet gestellt.« – »Das kann ich mir auch nicht erklären«, gab Thomas sich unschuldig. »Ich habe die Adresse *www.peto.de* wie vereinbart bestellt. Anscheinend war die schon vergeben.« – »Ja, die ist schon vergeben«, stellte ich fest, denn so viel verstand ich mittlerweile auch vom Internet. »Was machen wir jetzt?«, wollte ich von Thomas wissen. Er versprach, sich darum zu kümmern.

Zwei Tage später präsentierte er mir in der Schule dann stolz die Übergangslösung: Er habe jetzt eine provisorische Seite mit der Internetadresse *http://PETO.home.pages.de* eingerichtet. Ich schaute Thomas ungläubig an. Diese Adresse war eine Katastrophe. Wer bitte schön sollte sich das merken? Da half es auch nicht, dass er mich mit dem Hinweis zu trösten versuchte, die neue Adresse sei kostenlos. Wir hatten unseren Start im Internet schlicht und einfach vergeigt.

Zählkandidatin Wiebke – das große Fragezeichen

Etwa anderthalb Wochen vor der Wahl, genauer gesagt am Mittwoch, den 1. September 1999, erlebten wir pressetechnisch einen herben Rückschlag. Mein Müsli blieb mir geradezu im Hals stecken, als ich morgens beim Frühstück die Zeitung aufschlug. Dort, wo sich in der *Rheinischen Post* das Foto unserer Direktkandidatin für den letzten der zwanzig Wahlbezirke befinden sollte, prangte ein großes Fragezeichen.

In den drei Tageszeitungen mit Monheimer Lokalteil waren in den letzten Wochen alle Kandidatinnen und Kandidaten der Reihe nach vorgestellt worden. Die *Rheinische Post* und die *Neue Rhein Zeitung* hatten in Form von Serien jeden Wahlbezirk einzeln präsentiert. Dafür die erforderlichen Porträtfotos all unserer Kandidaten zusammenzubekommen, war ein riesiger Aufwand gewesen. Nur die wenigsten verfügten über Passfotos, die wir verwenden konnten. Von den meisten mussten erst noch Bilder angefertigt werden. Ich schnappte mir meine alte Kleinbildkamera mit 36er-Film, um in der Schule die nötigen Aufnahmen zu machen.

Als am 10. August in der *NRZ* der erste Teil der Serie erschien, standen wir noch ausgesprochen gut da. Außer uns hatten nur die SPD und die »Mündigen Bürger« eine Kandidateninformation bei der Redaktion eingereicht. »Leider können wir für den ersten Wahlbezirk nur drei Kandidaten vorstellen, da CDU, FDP und Grüne bisher nicht in der Lage gewesen sind, uns entsprechende Unterlagen einzureichen«, schrieb die *NRZ*, und wir freuten uns insgeheim.

Zum Ende hin waren jedoch wir diejenigen, die einen schlechten Eindruck hinterließen. Unsere beiden letzten Kandidatinnen in der

Reihenfolge der zwanzig Wahlbezirke wollten sich nämlich nicht so recht zu ihrer Kandidatur bekennen. Rana hatte ihnen wohl versprochen, dass sie für die Partei öffentlich nicht weiter in Erscheinung treten müssten. Als sie dann erfuhren, dass die Zeitungen alle Kandidatinnen und Kandidaten einzeln mit Foto vorstellen wollten, hätten sie ihre Kandidatur am liebsten zurückgezogen. Was sollten wir machen? Für Stefanie, die vorletzte der beiden Kandidatinnen, fand sich eine Lösung: Rana kopierte einfach ihr Porträt aus dem Abschlussfoto des Abiturjahrgangs heraus. Ihr gegenüber war das natürlich nicht besonders fair, denn Stefanie hatte uns ja ausdrücklich gesagt, dass sie nicht mit einem Foto in der Zeitung erscheinen wollte. Und auch technisch war das Ergebnis unserer Lösung mäßig, was auf der Hand liegt, wenn man das Porträt einer einzelnen Person aus einem Gruppenbild mit knapp über einhundert Leuten entnimmt; aber immerhin hatten wir ein Foto.

Bei Wiebke war uns Ähnliches leider nicht gelungen. Sie war damit die einzige Kandidatin, von der wir kein Bild vorweisen konnten. Anstelle des fehlenden Fotos druckte die *Rheinische Post* nun ein großes Fragezeichen, das auf der Lokalseite mehr noch als die bunte Krankenkassenwerbung ins Auge stach. Als wäre das überdimensionale Fragezeichen nicht schon Strafe genug für unsere unzureichende Wahlvorbereitung, gab es dazu noch einen gewürzten Kommentar der Redaktion. Unter der Überschrift »Unsere Meinung« kritisierte die *Rheinische Post*, dass eine Kandidatin, die kein Foto von sich hergeben wolle, damit ihre Unreife zur Schau stelle. Man vermisse die eigentlich erforderliche Selbstständigkeit einer 19-jährigen Abiturientin, die sich zur Wahl stellt. Die »Wahlkampfstrategen der PETO« hätten sich darum besser kümmern müssen.

Hier rächte sich, dass wir einige Leute geradezu überreden mussten, bei der Wahl für uns anzutreten. Vier von fünf Gründungsmitgliedern waren am Wahltag noch nicht 18. Im Vorstand und bei vielen Aktiven sah es nicht anders aus. Zwanzig Kandidatinnen und Kandidaten zu finden, um in jedem Wahlbezirk präsent zu sein, war gar nicht so einfach. Wir stellten Listen auf mit Leuten, die wir aus der Schule kannten, Holger fragte in der Big Band, Rana kannte ein paar Leute durch seine älteren Geschwister. Der Reihe nach sprachen wir Menschen an, die von sich aus nie auf die Idee gekommen wären, mitzumachen. Einige ließen sich zur Kandidatur überreden, um uns einen Gefallen zu tun, andere lehnten sofort ab. Nur wenige waren wirklich bereit, aktiv mitzumachen.

Viele Parteien kennen dieses Problem bei Kommunalwahlen. Auch bei den Grünen und der FDP werden immer wieder Kommunalwahlbezirke mit sogenannten Zählkandidaten gefüllt. Diese Kandidaten sind froh, wenn sie es nicht bis in den Rat schaffen. Dafür bescheren sie ihrer Partei einige Stimmen, die sich positiv auf das Gesamtergebnis auswirken, im Wahlbezirk selbst und insbesondere für die entsprechende Kandidatin oder den Kandidaten jedoch keine Folgen haben.

Die Erklärung dafür, dass Parteien gelegentlich Kandidaten aufstellen, die überhaupt nicht in den Stadtrat wollen, findet sich im nordrhein-westfälischen Kommunalwahlrecht: Für die Wahl zum Stadtrat hat jeder Wähler nur eine Stimme. Mit dieser Stimme wählt man den Direktkandidaten aus seinem Wahlbezirk und gleichzeitig auch die entsprechende Partei. Fehlt einer Partei in einem Wahlbezirk ein Direktkandidat, dann taucht diese Partei dort auf dem Stimmzettel erst gar nicht auf. Ihr gehen also alle Stimmen verloren, die sie sonst in diesem Bezirk sammeln könnte.

Im Prinzip ist dieses System besser als jede Fünf-Prozent-Hürde. Es gewährleistet, dass Parteien und Wählergruppen, die in einem Ort eine Chance haben wollen, auch die entsprechende Zahl motivierter Mitglieder mitbringen müssen. Für die kleinen Parteien, die sich keine Hoffnungen machen, Wahlbezirke direkt zu gewinnen, bedeutet das aber auch: Sie müssen viel mehr Kandidaten nominieren, als sie letztendlich Mitglieder in den Stadtrat entsenden. Kleine Parteien, die nach der Wahl in Monheim nur zwei oder drei Ratsmitglieder stellen, müssen trotzdem alle zwanzig Wahlbezirke mit Kandidatinnen und Kandidaten besetzen. Da entsprechend motivierte und qualifizierte Mitglieder in den meisten Ortsvereinen nicht zur Verfügung stehen, behilft man sich mit Zählkandidaten.

Bei uns war es nicht anders: Stefanie und Wiebke waren reine Zählkandidatinnen. Es bestand überhaupt keine Gefahr, dass eine der beiden ihren Wahlbezirk gewinnen könnte. Für uns war allein wichtig, dass die Bezirke besetzt waren und uns nicht wertvolle potenzielle Wählerstimmen verloren gingen.

Nach der Darstellung der *Rheinischen Post* so kurz vor der Wahl bestand natürlich noch weniger Gefahr, dass Wiebke ihren Bezirk gewinnen könnte. Aber für uns waren das große Fragezeichen und der dazugehörige Kommentar eine Katastrophe. Zwei Tage später erschien dann auch noch ein Leserbrief von Wiebkes Eltern. Von der Kandidatur ihrer Tochter hätten sie erst aus der Zeitung erfahren, dabei habe diese auf den Rat ihrer Eltern hin alle Zusagen rechtzeitig zurückgezogen, um sich besser auf das anstehende Abitur vorbereiten zu können. »Wir haben als Eltern in einem Telefongespräch mit dem zuständigen Mitglied der PETO-Partei die Absage unserer Tochter nochmals bestätigt«, schrieben sie an die Zeitung. »Auch als die Partei vor ungefähr drei Wochen ein weiteres Mal an uns herantrat, um ein Foto zu erbitten, wurde erneut betont, dass unsere Tochter unter keinen Umständen kandidiert. Im Grunde befürworten wir das politische Engagement Jugendlicher, jedoch kommt uns nun der Verdacht, dass dieser Altersklasse teilweise die Reife für politische Verantwortung fehlt.«

Jetzt standen wir endgültig wie die Deppen da. Mit ihrer Kritik hatten Wiebkes Eltern natürlich nicht unrecht. Wir hatten uns in dieser Angelegenheit einfach zu wenig gekümmert, hätten ihre Nominierung von Anfang an mit klaren Absprachen vorbereiten müssen. Und wenn wir schon der Meinung waren, dass Wiebke ihre Kandidatur nicht einfach zurückziehen konnte, dann hätten wir das spätestens, als es Probleme mit dem Foto gab, mit ihr und vor allem auch mit ihren Eltern offen besprechen müssen. »In einen Wahlvorschlag darf nur aufgenommen werden, wer seine Zustimmung schriftlich erteilt hat; die Zustimmung ist unwiderruflich«, heißt es im Kommunalwahlgesetz ausdrücklich. Insofern waren wir auf der sicheren Seite. Trotzdem waren das Fragezeichen und der Leserbrief von Wiebkes Eltern ein harter Ballast für unseren Wahlkampf. Wer wählt schon eine Partei, deren Kandidaten überhaupt nicht ernsthaft zur Verfügung stehen? Ich hätte heulen können.

Zehn Tage vor der Wahl wurde offenkundig, dass wir mit unserer Mannschaft überhaupt nicht das Potenzial hatten, mehrere Sitze im Rat zu besetzen. Von allen zwanzig Mitgliedern, die wir aufgestellt hatten, konnten sich höchstens vier oder fünf ernsthaft vorstellen, gewählt zu werden. Und ob die dann auch wirklich geeignet waren, stand auf einem anderen Blatt. Die Nummer mit den Zählkandidaten schien sich bitter zu rächen, das zeigte sich nun mehr als deutlich.

Die Wahlparty vor der Wahl

»Wir sollten mal eine Party veranstalten, um auf uns aufmerksam zu machen«, schlug Miriam, unsere Pressesprecherin, eines Tages vor. »Schließlich können wir nicht nur nörgeln, dass in Monheim nichts los ist. Wir sollten mit gutem Beispiel vorangehen und selber etwas organisieren.«

Eine ausgezeichnete Idee, fanden auch wir. Leider standen die beiden Veranstaltungsorte, die sich in Monheim am besten geeignet hätten, nicht zur Verfügung. Die Teiloffene Tür der katholischen Kirche, kurz *TOT*, wäre ideal gewesen. Dieser Jugendtreff verfügt über einen großen Kellerraum, der sich direkt unter dem Pfarrheim befindet. Er ist mit einer kleinen Bühne und einer Theke ausgestattet. Doch als Partei durften wir den Raum nicht nutzen. »Die Kirchengemeinde verhält sich parteipolitisch neutral«, hatte der Kirchenvorstand beschlossen. Gleiches galt für das *Sojus 7*. Der zuständige Kunst- und Kulturverein wollte sich mit seiner selbst verwalteten Jugendkultureinrichtung ebenfalls aus der Parteipolitik heraushalten. Die auch dort perfekt ausgestatteten Räumlichkeiten konnten wir also ebenfalls nicht haben.

»Wir machen das einfach draußen. Jetzt, wo es so warm ist, sollte das kein Problem sein«, hatte Holger die rettende Idee. Als Ort wählten wir die Baumberger Bürgerwiese. Zwischen einem großen Fußballplatz und dem Rhein befindet sich dort eine etwa 300 mal 300 Meter große Freifläche, die an ein kleines Schützenheim und einen Tennisklub grenzt. Sie wird regelmäßig gemäht und steht ein Mal pro Jahr für das Baumberger Sonnwendfest zur Verfügung. Außer einer gepflasterten Stelle für das Sonnwendfeuer und ein paar

Büschen und Sträuchern, die gelegentlich als wilde Toiletten missbraucht werden, gibt es dort sonst jedoch nichts.

Wie organisiert man also eine Open-Air-Party auf einer komplett leeren Wiese? Zuerst fragten wir einen Monheimer Bauern, ob er uns einen seiner Traktoranhänger als Bühne zur Verfügung stellen könnte. »Ihr könnt den alten Anhänger von meinem Großvater haben. Da muss ich allerdings erst noch den ganzen Müll, den ich darauf sammele, abladen und zum Schrottplatz fahren«, stellte uns der Landwirt die Nutzung in Aussicht.

Um die Musikanlage wollte Thomas sich kümmern. »Ich kenne da jemanden, der euch so eine Anlage leihen kann«, versicherte er uns in der Schule. Rana sprach einige unserer Mitschüler an, von denen wir wussten, dass sie in Bands spielten. Und Holger kümmerte sich bei der Stadtverwaltung um die erforderlichen Genehmigungen. Die Bands *NMST* und *Die Dornen* sagten spontan zu. Ein Baumberger Getränkehändler versprach, dass er uns mit Sitzbänken, Bier, Gläsern und alkoholfreien Getränken beliefern würde. Außerdem sollten wir noch einen ausklappbaren Spültisch bekommen, den wir als Theke benutzen konnten. Dabei achteten wir äußerst penibel auf unser Budget. Die Party durfte in keinem Fall mehr als 400 Mark kosten, was schwierig werden würde, denn allein den beiden Bands mussten wir schon 100 beziehungsweise 120 Mark als Gage zusagen.

Dafür sollte die Musikanlage nur einen symbolischen Preis kosten. Auch das Wasser zum Spülen der Gläser bekamen wir umsonst. Rana hatte seinen alten Lateinlehrer gefragt, der regelmäßig im nahe gelegenen Tennisverein trainierte. Wir würden einfach mehrere von unseren Eltern geliehene Gartenschläuche miteinander verbinden und sie an den Wasserhahn am Klubhaus anschließen. Strom könnten wir aus einem Verteilerkasten der Stadt bekommen, für den wir im städtischen Bauhof einen Schlüssel ausliehen. Wir waren zuversichtlich, dass für unsere »Wahlparty vor der Wahl«, wie wir sie nannten, alles bestens vorbereitet war.

Das änderte sich, als wir am Vorabend der Party von Thomas erfuhren, dass wir die Musikanlage, mit der wir fest gerechnet hatten, doch nicht bekommen konnten. »Tut mir leid«, sagte er mir, als ich ihn abends anrief, um abzusprechen, wann er am nächsten Tag zum Aufbau kommen sollte. Sein Bedauern nahm ich ihm nicht wirklich ab. »Mein Kumpel braucht die Anlage selbst. Der ist am Wochenende auf einer Party als DJ engagiert«, lautete die dünne Entschuldigung. Was sollten wir jetzt machen? Wir hatten uns wieder einmal auf Thomas verlassen und waren, wie schon bei der Internetseite, enttäuscht worden. Wie, um Himmels Willen, sollten wir freitagabends um neun Uhr eine Musikanlage für den nächsten Tag organisieren?

Zum Glück hatte Thomas noch eine Telefonnummer parat. »Rohm und Strankmann, die vermieten solche Sachen. Kostet auch nicht viel«, versuchte er mich zu trösten. Ich war der Verzweiflung nahe. Um kurz vor zehn rief ich die private Telefonnummer an, die Thomas mir gegeben hatte. »Rohm«, meldete sich eine weibliche Stimme. »Guten Abend, mein Name ist Daniel Zimmermann«, sagte ich vorsichtig. Die Angelegenheit war mir unglaublich peinlich. »Entschuldigen Sie die späte Störung. Ich habe Ihre Telefonnummer von Thomas bekommen«, fügte ich hinzu, als sei schon dieser Name Entschuldigung genug. Ich formulierte die alles entscheidende Frage: »Wir suchen unbedingt noch eine Musikanlage für morgen Abend. Können Sie uns helfen?«

»Bestimmt«, lautete die erlösende Antwort. Aber es könne nichts Großes sein, nur eine kleine Partyanlage mit zwei 400-Watt-Boxen sei noch frei, erfuhr ich. »Das ist uns völlig egal. Wichtig ist nur, dass wir überhaupt etwas haben«, rief ich freudig in den Telefonhörer. Wenn ich Frau Rohm in diesem Moment direkt gegenübergestanden hätte, wäre ich ihr wahrscheinlich vor Glück um den Hals gefallen.

Am nächsten Tag holte ich zusammen mit meinem Vater die Anlage ab. Es passte alles in den kleinen Ford Fiesta meiner Eltern. Zwar mussten wir die Sitzbank umklappen, aber die Lautsprecherboxen ließen sich mit einigen weiteren Holzkisten, in denen die Technik enthalten war, problemlos verstauen. Den Mietvertrag musste mein Vater unterzeichnen. »Wir vermieten nur an Volljährige«, lautete die Begründung von Frau Rohm. Für die Leihgebühr in Höhe von 120 Mark hatte ich mir einen Vorschuss aus der Parteikasse besorgt. Ich zahlte bar.

Auf der Bürgerwiese erwartete uns bereits Holger mit dem Getränkehändler. Auch der Bauer war schon da und hatte den versprochenen Traktoranhänger mitgebracht. Während zwei Mitarbeiter des Getränkelieferanten die gemieteten Bierbänke ausluden und gemeinsam mit den bestellten Getränken und der Spültheke zu einem großen Haufen stapelten, rollten wir die Gartenschläuche bis zum Vereinsheim des Tennisklubs aus.

Auch die ersten Bandmitglieder erschienen, um mit dem Aufbau zu beginnen. Als wir ihnen die rollende Bühne präsentierten, ernteten wir jedoch enttäuschte Blicke. »Viel zu klein«, befanden die Musiker mit einem geringschätzigen Blick auf den grün gestrichenen Anhänger, der gewiss schon bessere Zeiten gesehen hatte. »Da passt gerade mal unser Schlagzeug drauf«, gab der Sänger der Band *NMST* zu bedenken. »Dann müssen die anderen eben vor dem Anhänger stehen«, schlug ich zum Unmut der Musiker vor, die sich widerwillig ihrem Schicksal fügten.

Gegen 17 Uhr tauchte dann die Polizei auf der Bürgerwiese auf. Dabei hatte die Party noch gar nicht begonnen. Zu laut konnte es wohl kaum gewesen sein. »Wir haben die Beschwerde erhalten, dass hier Alkohol an Minderjährige ausgeschenkt wird«, wandte sich einer der beiden Polizisten an Holger. Wie gut, dass wir – wie vom Ordnungsamt verlangt – das Jugendschutzgesetz mit Reißzwecken an unserer hölzernen Spültheke befestigt hatten. »Das ist ausgeschlossen«, beteuerte Holger unsere Unschuld. Der kritische Blick der Polizisten fiel auf die hinter der Theke gestapelten Bierfässer. 300 Liter türmten sich hier, zusammen mit acht Kisten Cola und einigen weiteren Kisten Wasser und Fanta, ungekühlt zu einer kleinen Wand auf. Keiner der Anwesenden war älter als 18 Jahre.

»Na gut«, sagte der andere der beiden Polizisten, nachdem er sich die Ausschankgenehmigung des Monheimer Ordnungsamtes hatte

Während die allererste Veranstaltung ein organisatorisches Desaster war, sind die späteren PETO-Partys legendär.

zeigen lassen und unsere Personalausweise kontrolliert hatte, »wir können nicht erkennen, dass Sie hier Bier an unter 16-Jährige abgeben haben.« Und mit einem mahnenden Unterton fügte er hinzu: »Lassen Sie sich im Zweifelsfall immer einen Ausweis zeigen.« Wir gelobten feierlich, während des Abends auf das Alter der Trinkenden zu achten. Insgeheim fragten wir uns jedoch, wer wohl die Polizei zu uns geschickt haben könnte. »Das sind sicher die Leute von der Jungen Union gewesen, die gerade hier waren«, äußerte ich einen Verdacht – ohne allerdings wirklich zu wissen, wer versucht hatte, uns Schwierigkeiten zu bereiten.

Derweil kamen meine Eltern vorbei. »Wir wollten mal gucken, ob ihr zurechtkommt«, sagte meine Mutter besorgt. »Außerdem haben wir ein paar Campingfackeln für euch gekauft. Ihr habt doch gar kein Licht hier, oder?« Stimmt, daran hatten wir nicht gedacht. Wir stellten die Fackeln in einem Halbkreis rechts und links neben der improvisierten Traktoranhängerbühne auf.

Nach und nach kamen die ersten Besucher. Neben das Jugendschutzgesetz pinnten wir unsere mit dem Computer vorbereitete Getränkepreisliste: Bier, Cola und Fanta eine Mark, Wasser fünfzig Pfennig. Die Party konnte starten.

Zuerst spielten *Die Dornen*. Wer unter diesem Namen eine lautstarke Metal-Band erwartet hatte, wurde enttäuscht. *Die Dornen* bestanden aus zwei Mädchen, die auf ihren Gitarren melancholisch anmutende irische Volkslieder spielten und dazu sangen.

Im praktischen Einsatz stellte sich nun heraus, dass die von uns gemietete Musikanlage doch etwas zu schwach bemessen war. Die Hochzeitsgesellschaft im nahen Schützenheim übertönte mit ihrem Wolfgang-Petry-Hitmix unsere *Dornen* spielend. Ich musste hinübergehen und die Gesellschaft bitten, ihre Musik etwas leiser zu stellen.

Ansonsten verlief die Party ausgesprochen erfolgreich. Rund einhundert Jugendliche waren gekommen, um den *Dornen* und *NMST* zu lauschen. Die Fackeln sorgten für echte Lagerfeuerromantik und der Bierausschank lief auch sehr gut. Am Ende hatten wir zwar einige Schwierigkeiten mit mehreren betrunkenen Zwölftklässlern, die versuchten, sich mit unseren Campingfackeln zu duellieren. Als unsere Eltern gegen Mitternacht kamen, um uns beim Abtransport der leeren Bierfässer und der Musikanlage zu helfen, verschwanden die Raufbolde jedoch schnell.

In zwei Fahrten mit insgesamt drei Autos brachten wir die Bierbänke und das ganze andere Material in die Garage meiner Eltern und zu Daniel O. nach Hause. Von dort sollte der Getränkehändler am nächsten Tag die übrig gebliebenen Reste und das Leergut abholen.

Unser Limit von 400 Mark konnten wir leider nicht einhalten. Dazu reichten die Getränkeeinnahmen nicht aus, wie unsere Endabrechnung ergab.

Abrechnung

600 Werbeflugblätter, s/w, DIN A5	*- 24,00 DM*
Gage für Musikgruppe NMST	*- 120,00 DM*
Gage für Musikgruppe Die Dornen	*- 100,00 DM*
Miete der Musikanlage	*- 120,00 DM*
15 Camping-Petroleum-Fackeln	*- 45,00 DM*
5,75 Liter Petroleum	*- 34,27 DM*
Genehmigungsgebühren Stadtverwaltung	*- 60,00 DM*
2 Adapter für den Stromverteilerkasten	*- 59,80 DM*
Schlauchanschlussteile	*- 11,94 DM*
Aufwendungspauschale für Holger	*- 10,00 DM*
Aufwendungspauschale für Daniel	*- 5,00 DM*
Fladenbrote und Knabberzeug	*- 61,45 DM*
70 Liter Schlösser-Alt	*- 182,00 DM*
40 Liter Früh-Kölsch	*- 122,00 DM*
8 Flaschen Mineralwasser	*- 4,80 DM*
3 Flaschen Fanta	*- 6,81 DM*
20 Flaschen Cola	*- 45,40 DM*
Miete von 10 Sitzbankgarnituren	*- 80,00 DM*
Mietgebühr Spültisch	*- 20,00 DM*
10 zerbrochene Gläser	*- 10,00 DM*
verlorenes Pfand	*- 12,00 DM*
gefundene Bierflaschen	*+ 10,85 DM*
Einnahmen aus Getränkeverkauf	*+ 631,99 DM*
Gesamtkosten	***- 491,63 DM***

Ob wir nun 400 oder 500 Mark für die Open-Air-Party ausgegeben hatten, spielte letzten Endes aber keine Rolle mehr – dieser Abend hatte sich gelohnt. Irgendwie würde unsere Parteikasse die Mehrausgaben schon verkraften. Für unsere Zielgruppe von Erstwählern stellte die Veranstaltung genau das richtige Angebot dar. Miriams Idee hatte sich ausgezahlt, auch wenn wir den Abend und alle Vorbereitungen dazu mit mehr Glück als Verstand bewältigt hatten. Die Kommunalwahl konnte kommen.

Eine Umfrage, der niemand traut

Schon seit Wochen beschäftigte sich Holger zusammen mit anderen Mitschülern aus seinem Sozialwissenschafts-Leistungskurs mit einem besonderen Projekt: Das Ergebnis der Kommunalwahl sollte vorhergesagt werden. Herr Krapp, Holgers Sowi-Lehrer, hatte einen Datensatz mit eintausend Monheimer Telefonnummern besorgt. »Die rufen wir jetzt alle an«, erzählte mir Holger in der großen Pause voller Tatendrang. Er rechnete mir vor, wie es funktionieren sollte: »Bei rund zwanzig Leuten im LK entfallen auf jeden von uns etwa fünfzig Anrufe.« Mit tausend Befragten wäre die Umfrage sogar repräsentativ. In jedem Fall erhofften wir uns eine ungefähre Aussage über unsere Wahlchancen. Würden wir es schaffen, Juliane in den Stadtrat zu bringen?

Herr Krapp hatte versprochen, dass der Sowi-LK die Mehrzahl der Anrufe von zwei Schultelefonen aus erledigen könnte. Diejenigen, die von zu Hause aus telefonieren würden, sollten die Telefongebühren hinterher mit ihm abrechnen, indem sie alle geführten Gespräche auf der Telefonrechnung markierten. Holger telefonierte von zu Hause aus. Doch schon am zweiten Umfrage-Tag machte sich Ernüchterung breit. »Viele Leute wollen uns am Telefon nicht erzählen, was sie wählen. Und unter einigen Telefonnummern erreicht man einfach niemanden«, berichtete er mir in der Pause von seinen ersten Misserfolgen.

Nach einer Woche und vielen weiteren Anrufen hatte Holger seine Liste dann zwar abgearbeitet, aber nur 15 Angerufene hatten ihm bereitwillig Auskunft über ihr Wahlverhalten gegeben. Für Özgür, der auch in Herrn Krapps Sowi-LK war, hatte es sogar noch mehr

Schwierigkeiten gegeben. Kaum jemand wollte ihm am Telefon Informationen über seine Wahlentscheidung preisgeben. Viele Angerufenen machte wohl sein Name skeptisch, obwohl Özgür akzentfrei deutsch sprach. »Ich melde mich jetzt einfach mit Möller, wenn ich jemanden anrufe«, erklärte Özgür uns seine neue Strategie. »Das klappt viel besser. Vorher war es total frustrierend.«

»Zur besseren Kontrolle fragen wir noch die Wahlentscheidung der Angerufenen bei der letzten Kommunalwahl ab«, erklärte mir Holger, der plötzlich eine Menge über Statistik zu wissen schien. »Außerdem notieren wir das Alter der Interviewten, um die Ergebnisse repräsentativ auf alle Wahlberechtigten hochrechnen zu können.« Ich staunte.

Weil Holger das Ergebnis der Umfrage genauso brennend interessierte wie mich, hatte er sich gegenüber einigen anderen im LK sogar bereit erklärt, einen Teil ihrer Anrufe zu übernehmen. Am Ende der Aktion konnte der Kurs dann Ergebnisse von etwa zweihundert Angerufenen vorweisen, die zur Wahl gehen wollten und bereit waren, über ihre politischen Präferenzen zu sprechen. Das waren zwar weniger als die ursprünglich geplanten eintausend Monheimerinnen und Monheimer, für eine ungefähre Tendenz sollte es aber reichen.

»Es ist der Wahnsinn!«, jubilierte Holger nach der ersten groben Auswertung aller zweihundert Fragebogen. »Zwölf Leute wollen PETO wählen.« Das hörte sich erst einmal nicht besonders großartig an, aber umgerechnet auf die Anzahl der Befragten wären es etwa 5 bis 6 Prozent, überschlug ich im Kopf. »Damit hätten wir sogar zwei Sitze«, grinste Holger mich an. »Herr Krapp ist allerdings mit den Werten noch nicht zufrieden«, schob er nicht mehr ganz so fröhlich hinterher. »Warum? Haben die Grünen zu schlecht abgeschnitten?«, fragte ich in Anspielung darauf, dass Herr Krapp sich in der Schule immer wieder als überzeugter Umweltschützer zu erkennen gab und uns schon in der fünften Klasse eindringlich aufforderte, ausschließlich unlackierte Buntstifte zu verwenden. »Nein«, antwortete Holger. »Aber wir haben zu wenig Fragebogen von Leuten, die vor fünf Jahren die SPD gewählt haben.«

Um sicherzugehen, dass das Ergebnis der Telefonumfrage einigermaßen wahrheitsgetreu ausfiel, hatte Herr Krapp die Prüffrage zur letzten Kommunalwahl eingebaut. Und nachdem im Sowi-LK alle Umfrageergebnisse zusammengerechnet worden waren, ergab sich eine zu große Abweichung zwischen den Antworten auf die Frage, was die Angerufenen bei der letzten Wahl gewählt hatten, und den tatsächlichen Ergebnissen der Kommunalwahl von 1994.

Holger und die anderen mussten also weitertelefonieren. Ihre Begeisterung hielt sich in Grenzen, zumal sie mittlerweile erfahren hatten, dass sie ihre Telefongebühren doch nicht erstattet bekämen. Herr Krapp hatte Holger tief in die Augen geblickt, als der seine Kosten geltend machen wollte, und mit ernster Stimme gefragt: »7,60 Mark, soll ich das wirklich einreichen?« – »Dann eben nicht«, hatte Holger gegrummelt, der als Einziger von uns eine eigene Telefonnummer hatte und die Gespräche, die auf seinen Apparat entfielen, von seinem Taschengeld bezahlen musste.

Die Neugier wog jedoch schwerer als das Loch in der Taschengeldkasse. Und schließlich machte der Sowi-LK doch noch ein paar ehemalige SPD-Wähler ausfindig. Bei dieser Wahl wollten viele von ihnen anders abstimmen oder erst gar nicht zur Wahl gehen. Das Ergebnis der Umfrageaktion änderte sich nicht mehr. »Es kann doch nicht sein, dass die SPD mehr als 10 Prozentpunkte verliert«, zeigte sich Herr Krapp ratlos. Konnte man diesem Ergebnis wirklich trauen? Da die Umfrage schon vor Wochen im Lokalteil der *Westdeutschen Zeitung* angekündigt worden war, führte an der Veröffentlichung jedoch kein Weg vorbei. Der zuständige Lokalredakteur hatte mit Herrn Krapp sogar eine Kooperation vereinbart und sich die Umfrageergebnisse »exklusiv« gesichert. Jetzt bohrte er natürlich immer wieder nach, was denn nun herausgekommen sei.

Herr Krapp und die LK-Schüler entschlossen sich, die Ergebnisse zu runden. Aus den prognostizierten 6 Prozent für PETO wurden 3 bis 6 Prozent. So recht wollte eben niemand an unseren vorausberechneten Erfolg glauben. Für die SPD, die allem Anschein nach einen herben Verlust einstecken würde, gab es dagegen einen kleinen

Aufschlag. Man einigte sich darauf, dass die Stimmverluste auf keinen Fall größer als 10 Prozentpunkte sein konnten. Auch bei den Grünen wurde aufgerundet. Zwischen 8 und 12 Prozent könnte ihr Ergebnis betragen, war man der Ansicht. Worauf am Ende allerdings niemand mehr so genau achtete: Da nur bei PETO ab-, bei der SPD, den Grünen und der Wählervereinigung »Mündige Bürger Monheim am Rhein« aber aufgerundet wurde, stimmte die Summe schließlich nicht mehr ganz. Statt bei 100 Prozent lag das in der Zeitung veröffentlichte Gesamtergebnis plötzlich bei 103,5 bis 109,5 Prozent.

Eigentlich war das eine schöne Lösung, denn die einzelnen Parteien konnten mit den für sie prognostizierten Ergebnissen durchaus zufrieden sein. Vielleicht sollte man das für alle Wahlprognosen so einführen. Wenn sich am Wahlabend ohnehin alle Politiker im Fernsehen als Sieger verkaufen, könnte man die zu verteilenden Prozente doch einfach so weit heraufsetzen, bis keine Partei mehr Stimmverluste zu beklagen hätte. Alles wäre gut, denn es gäbe nur noch Gewinner und keine Verlierer. In diesem Fall waren die prognostizierten Verluste der SPD jedoch so hoch, dass man das Gesamtergebnis am besten auf 150 Prozent festgelegt hätte. Auch Schönfärberei stößt irgendwann an ihre Grenzen.

In offiziellen Stellungnahmen reagierte die SPD auf ihre Umfragewerte immerhin sehr gelassen. Unser ehemaliger Schulleiter, der nun als Bürgermeister für die SPD die absolute Mehrheit verteidigen sollte, erklärte, es sei noch nichts entschieden. Er gab sich weiter optimistisch. »Bei zweihundert Auswertungen kann man keine endgültigen Schlüsse ziehen. An einen so hohen SPD-Verlust glaube ich nicht«, äußerte er sich gegenüber der Lokalpresse.

Was er wohl gesagt hätte, wenn er mit dem wahren Umfrageergebnis konfrontiert worden wäre, fragten Holger und ich uns, als wir seine Stellungnahme in der Zeitung lasen. Gleiches galt für die »Mündigen Bürger Monheim am Rhein«. Auch sie wussten nichts von ihren wahren Umfragewerten. Unter den zweihundert befragten Personen gab es nur eine einzige Stimme für die »Mündigen Bürger«.

»Das wären 0,5 Prozent«, frohlockte Holger etwas schadenfroh. Der Sowi-LK korrigierte die offizielle Prognose daraufhin nach oben und gab das voraussichtliche Ergebnis der Wählervereinigung mit 0,5 bis 2,5 Prozent an.

Die »Mündigen Bürger« zeigten sich jedoch nicht besonders dankbar dafür. Im Gegenteil: Sie kochten vor Wut. In einem Leserbrief an die *Westdeutsche Zeitung* bezeichneten sie die Umfrage als »unglaublichen Vorgang«. Sie sei »unseriös« und nicht mehr als eine »Zufallsumfrage«. Winfried von Wallis, der Vorsitzende der »Mündigen Bürger«, nahm gleich die ganze Schule unter Beschuss: »Bemerkenswert ist, dass das städtische Gymnasium mit diesem gefährlichen Murks unmittelbar in den aktuellen Wahlkampf eingegriffen hat.« Und da er sich als Oberstaatsanwalt mit Gesetzen auskannte, stellte er mit Verweis auf das in Paragraf 35 der nordrhein-westfälischen Schulordnung festgelegte politische Neutralitätsgebot einen »klaren Verstoß gegen die Unparteilichkeit der Schulen« fest. Dass Holger und andere PETO-Mitglieder an der Umfrage beteiligt waren, schien ihm ebenfalls nicht ganz geheuer.

Die scharfen Worte von Herrn von Wallis erstaunten uns, denn einige Monate zuvor hatten wir die »Mündigen Bürger« noch als umgängliche Gruppe kennengelernt. Ihre Schriftführerin, Frau Grützmacher, hatte uns zu einer Vorstandssitzung eingeladen. Wir trafen uns im Gasthof *Zur Aue*, einem gutbürgerlichen Restaurant, das vorzüglich zur Altersgruppe der Anwesenden passte. Hier aß man Schweinemedaillons mit brauner Soße und Kroketten.

Wir staunten nicht schlecht, als der Vorsitzende von Wallis während der Vorstandssitzung spontan eine Spende in Höhe von 1000 Mark ankündigte. Damit wollte er für die »Mündigen Bürger« einen eigenen Wahlkampfbus beschaffen. »Nichts Großes« sollte es sein. Er hätte einen gebrauchten Ford Transit ins Auge gefasst, der sich vorzüglich zum Transportieren von Plakatständern eignen würde. Der Autohändler hätte ihm einen guten Preis gemacht und außerdem versprochen, das Auto nach der Wahl mit einem Abschlag von 2000 Mark wieder zurückzukaufen. Dass die Spendenbereitschaft des Vorsitzenden nicht ganz so spontan war, wie wir zunächst dachten, dämmerte uns, als sein Stellvertreter sich gleich im Anschluss zu Wort meldete und feierlich erklärte: »Winfried, das finde ich großartig von dir. Ich spende den gleichen Betrag! Lasst uns den Transporter ...« Die restlichen Worte gingen im Applaus der zwar wenigen, dafür aber umso lauter klatschenden »Mündigen Bürger« unter. Wie es nun schien, hatte der Wahlkampfbus seinen Zweck wohl verfehlt, zumindest wenn sich das Wahlergebnis der »Mündigen Bürger«, wie vorhergesagt, im Bereich zwischen 0,5 und 2,5 Prozent bewegen sollte.

Wir dagegen waren mit unserem Umfrageergebnis recht zufrieden. 3 bis 6 Prozent – das entsprach genau unseren Erwartungen. Sollte sich dieses Ergebnis bei der Wahl tatsächlich einstellen, könnten wir das als riesigen Erfolg feiern. Unser Ziel, ein Mitglied oder vielleicht sogar zwei in den Stadtrat zu entsenden, hätten wir damit erreicht. Trotzdem konnten wir nicht sicher sein, wie exakt die Vorhersage stimmen würde. Vielleicht hatte die Umfrage ja wirklich lediglich ein Zufallsergebnis geliefert, wie die »Mündigen Bürger« behaupteten. Selbst Herr Krapp war skeptisch und riet uns, dass wir uns nicht zu früh freuen sollten.

IM STADTRAT –
PETO DRÜCKT DIE OPPOSITIONSBANK

Der Tag der Entscheidung – unser Wahldebüt

Nachdem wir zum zweiten und letzten Mal einen Samstagvormittag mit unseren improvisierten Infoständen in der Fußgängerzone verbracht und neidisch auf das reichhaltige Angebot an Werbegeschenken bei den Grünen geblickt hatten, stand der Tag der Entscheidung bevor. Der 12. September 1999 sollte zeigen, ob die Hoffnungen, die wir uns nach der Umfrage von Holgers Sowi-LK auf einen oder vielleicht sogar zwei Sitze im Stadtrat machten, gerechtfertigt waren. Wir waren alle ziemlich aufgeregt!

Nachts hatte ich unglaublich schlecht geschlafen. Ich hatte geträumt, ich wäre versehentlich nicht wählen gegangen. Völlig gehetzt kam ich im Wahllokal an, aber es war schon viel zu spät. Die Wahlhelfer räumten gerade die ausgezählten Stimmzettel zusammen. Alles war vorbei. Wie konnte das passieren? Ich stand ohnmächtig im Türbogen des Wahllokals und schämte mich für meine Schusseligkeit.

Als ich morgens schweißgebadet aufwachte, war zum Glück noch genug Zeit, um wählen zu gehen – alles war nur ein böser Traum gewesen. Direkt nach dem Frühstück nahm ich meine Wahlbenachrichtigungskarte und fuhr mit dem Fahrrad zum Wahllokal in der nahe gelegenen Hauptschule. »Jetzt nur keinen Fehler machen«, dachte ich, als ich die vier verschiedenfarbigen Stimmzettel in der Hand hielt und mich hinter die graue Plastikwand begab. Zuerst machte ich mein Kreuz auf dem Stimmzettel für die Stadtratswahl. In meinem Wahlbezirk kandidierte Mona. Sie war, ähnlich wie Wiebke, eine reine Zählkandidatin und konnte sich wohl kaum vorstellen, tatsächlich in den Stadtrat einzuziehen. Aber sie war 19 Jahre alt, durfte also im Gegensatz zu Holger und mir sowie vielen anderen Parteimitgliedern schon kandidieren. Anders als Wiebke hatte Mona auch kein Problem damit, dass ihr Foto in der Zeitung veröffentlicht wurde. Die Flugblätter, die wir für sie hatten drucken lassen, verteilte sie zwar nicht selbst und auch sonst half sie bei unseren Wahlkampfterminen nicht groß mit, aber das war uns relativ egal. Hauptsache wir hatten eine Kandidatin für den Bezirk und gingen bei der Stimmverteilung nicht leer aus. Um die Flugblätter kümmerte ich mich an ihrer Stelle.

Während viele PETO-Mitglieder von der Stadtverwaltung als Wahlhelfer eingeteilt worden waren und teilweise schon um 7 Uhr 30 in ihrem Wahllokal erscheinen mussten, hatten Juliane und ich vormittags frei. Unsere Aufgabe an diesem Tag war es, die parteieigene Wahlparty vorzubereiten. Dafür hatten wir den Kellerraum der evangelischen Kirche in Baumberg gemietet, der normalerweise für die Jugendarbeit benutzt wird. Umgangssprachlich heißt die Kirche einfach »Bunker«, weil sie in den 1960er-Jahren aus blankem, unverkleidetem Beton in eigenwilligen kubischen Formen gebaut wurde und dadurch überhaupt nicht wie eine klassische Kirche aussieht.

Juliane und ich trafen uns nachmittags, um die Getränke zum »Bunker« zu bringen. Da Juliane pünktlich zu ihrem 18. Geburtstag die Führerscheinprüfung bestanden hatte, konnten wir den Transport mit ihrem kleinen roten Auto abwickeln. Wir bereiteten den Kellerraum vor, verstauten die Getränke in verschiedenen Kühlschränken, rückten Tische und Stühle zurecht und probierten aus, ob der kleine Fernseher, der rechts oben neben der Eingangstür unter der Decke hing, funktionierte. Ihn wollten wir abends im Hintergrund laufen lassen, weil der WDR angekündigt hatte, einen kurzen Fernsehbericht über uns im Rahmen der Wahlberichterstattung zu wiederholen. Der Beitrag war schon vor einigen Wochen gelaufen.

Gegen 18 Uhr trudelten die ersten Gäste ein. Wir waren alle sehr gespannt. Juliane hatte sich mittlerweile schon an den Gedanken gewöhnt, dass sie aller Voraussicht nach tatsächlich in den Rat gewählt werden würde. Dafür reichten uns rund fünfhundert Stimmen. Seit im Juli durch ein Urteil des nordrhein-westfälischen Verfassungsgerichtshofs die Fünf-Prozent-Hürde weggefallen war, rechneten auch die anderen Parteien fest mit unserem Einzug in den Stadtrat. Die *Rheinische Post* titelte in einem lokalen Bericht über den Wegfall der Fünf-Prozent-Hürde sogar: »Oberstufe reicht für Sitz im Rat«. Tatsächlich hätte die Anzahl sämtlicher Monheimer Oberstufenschüler ausgereicht, um PETO in den Stadtrat zu bringen.

Nach und nach stießen die ersten Wahlhelfer zu unserer Party. Einige hatten kleine Zettelchen dabei, auf denen sie die Wahlergebnisse aus ihrem Bezirk notiert hatten. Die Angaben waren jedoch so verschieden, dass wir kaum abschätzen konnten, wie das Gesamtergebnis ausfallen würde. Eigentlich sollte Rana uns anrufen, den wir damit beauftragt hatten, im Rathaus die Bekanntgabe der Ergebnisse zu verfolgen und uns so schnell wie möglich über das Handy seiner Schwester zu verständigen. Leider hatten wir dabei nicht bedacht, dass wir in den dicken Mauern des »Bunkers« keinen Handyempfang hatten. Holger lief von Zeit zu Zeit nach oben, um Rana anzurufen, der aber noch nichts Genaues sagen konnte, da die meisten Wahlbezirke noch nicht ausgezählt waren.

Irgendwann zwischen acht und halb neun erreichte uns dann die erlösende Nachricht. Holger grinste bis über beide Ohren, als er die auf einen Zettel gekritzelten Wahlergebnisse vorlas. Juliane drehte die Musik leise. Die gesamte Aufmerksamkeit der Anwesenden war auf Holger gerichtet. »Wir haben es geschafft!«, rief er. Jubel brach aus. Mittlerweile drängten sich rund einhundert Leute in dem kleinen Kellerraum, von denen wir viele gar nicht kannten. »31,2 Prozent für die SPD und 50,9 Prozent für die CDU. Die Grünen kommen auf 6,3 Prozent, PETO 6,1 Prozent«, las Holger vor. Dass die FDP und die »Mündigen Bürger« 2,3 und 3,2 Prozent der Stimmen erreicht hatten, ging im allgemeinen Jubel unter. »Das sind zwei Sitze!«, schrie Holger, als er sich gerade wieder verständlich machen konnte. Wir fielen uns in die Arme. Holger und ich hatten im Wahlkampf die meiste Zeit geopfert, hatten schon bei den Vorbereitungen Unterstützungsunterschriften gesammelt, PETO auf Podiumsdiskussionen vertreten und uns um alles Organisatorische gekümmert. Doch in den Rat zogen andere ein. Wir wurden erst ein Dreivierteljahr später 18 und durften nicht kandidieren.

Für Juliane und Maike, die die beiden ersten Plätze unserer Kandidatenliste belegten, hatte ich jeweils einen Blumenstrauß besorgt. Ebenso für Simone, die die dritte Kandidatin auf der Liste gewesen wäre, wenn wir noch mehr Stimmen bekommen hätten. Den Umfrageergebnissen zufolge wäre es zwar unwahrscheinlich gewesen, aber mit etwas Glück hätten wir durchaus einen dritten Sitz erringen können. Dafür hatten uns nur rund fünfzig Stimmen gefehlt, wie wir später ausrechneten.

Trotzdem hatten wir unser Ziel erreicht. Auch ohne den Wegfall der Fünf-Prozent-Hürde hätten wir es locker geschafft. 1087 Stimmen waren bei der Wahl für uns abgegeben worden – eine ganze Menge. Auf jeden Fall mehr als die Oberstufe, die laut der *Rheinischen Post* für einen Sitz im Rat ausgereicht hätte. Wer waren all diese Leute, die uns gewählt hatten und die zum großen Teil kaum mehr von uns wussten als das, was auf den schwarz-weißen Wahlplakaten und den kleinen Flugblättern über uns zu lesen war? Wir empfanden dieses Ergebnis als riesigen Vertrauensvorschuss – ob wir der Arbeit im Stadtrat überhaupt gewachsen waren, würde sich erst später zeigen.

Dünchheim setzt uns unter Druck

Juliane, Maike, Holger und ich waren auf dem Weg ins Fraktionsbüro. In einer Woche sollte die erste Ratssitzung nach der Kommunalwahl stattfinden. Wir waren alle ein bisschen aufgeregt und fragten uns, wie es laufen würde. Auf dem Flur begegnete uns der frisch gewählte Bürgermeister Thomas Dünchheim. Er ging zur CDU-Fraktionssitzung, die auf demselben Gang stattfand, auf dem auch unser neues Fraktionsbüro lag.

Die Stadtverwaltung hatte uns eine kleine Besenkammer zur Verfügung gestellt, die den Reinigungskräften bisher als Abstellraum für Putzmittel und Gerätschaften gedient hatte. Immerhin gab es ein Fenster. Nachdem die Milchglasfolie von der Scheibe entfernt worden war und ein von der Stadt beauftragter Maler die Wände frisch gestrichen hatte, wirkte unser kleines Büro sogar ganz annehmbar. An der linken Wand fand zwischen der Tür und dem Fenster ein Schreibtisch mit Computer und Telefon Platz. Auf der rechten Seite hatte man uns hinter die Tür einen runden Tisch mit fünf Stühlen gestellt. Es war eng, aber völlig ausreichend.

»Ah, die PETO-Fraktion«, begrüßte uns Thomas Dünchheim vor dem Eingang unseres neuen Büros. »Wissen Sie eigentlich schon, wen Sie zum stellvertretenden Bürgermeister wählen wollen?«, lautete seine erste Frage an uns. Die stellvertretenden Bürgermeister werden vom Stadtrat in dessen erster Sitzung gewählt. Bisher sorgte der Parteienproporz dafür, dass einer der beiden Posten von der CDU, der andere von der SPD besetzt wurde. Dieses Mal hatte die CDU jedoch andere Pläne. Wir waren uns noch nicht sicher, wie wir uns entscheiden sollten. Die Meinungen gingen auseinander. Einige waren für den SPD-Kandidaten, andere wollten lieber einen gemeinsamen Vorschlag von CDU und Grünen unterstützen. Die SPD hatte zwar die Wahl verloren, aber sie stellte die zweitgrößte Fraktion. Wenn der erste stellvertretende Bürgermeister von der CDU kam, warum sollte die SPD also keinen zweiten stellvertretenden Bürgermeister nominieren dürfen? Dass der erste stellvertretende Bürgermeister von der CDU sein würde, war klar. Durch ihre absolute Mehrheit konnte die CDU diesen Posten besetzen, ohne auf die Unterstützung einer anderen Fraktion angewiesen zu sein. Jetzt ging es also nur noch um das Amt des zweiten Stellvertreters. Stefan Pruin von den Grünen war ambitioniert genug, um sich für den Richtigen zu halten. Und er hatte die CDU auf seiner Seite, denn die wollte unbedingt verhindern, dass der Posten an die SPD gehen würde. Noch siegestrunken von ihrem großen Wahlerfolg, waren viele CDU-Leute der Meinung, dass man der SPD, die jahrzehntelang über die absolute Mehrheit verfügt hatte, jetzt noch mal eins auswischen sollte.

»Die haben uns in all den Jahren nie wirklich mitreden lassen. Warum sollten wir denen jetzt auch nur einen Posten lassen, den wir ihnen abnehmen könnten?«, lautete das Motto in Reihen der CDU-Fraktion. Für die SPD war es dagegen eine Frage des Prestiges. Sie hatte nicht nur die Position des Bürgermeisters eingebüßt, sondern war auch in der Anzahl ihrer Ratsmandate fast auf die Hälfte geschrumpft. Auf die Benennung eines stellvertretenden Bürgermeisters wollte die SPD nicht auch noch verzichten.

Mittendrin standen wir. Auf dem Flur. Mit dem Bürgermeister. Und am liebsten wäre es uns gewesen, wenn wir mit der Pöstchenschieberei der anderen Parteien nichts zu tun gehabt hätten. Schließlich ging es uns um Fahrradwege, das Jugendcafé und günstige Bustickets für junge Leute. Was interessierte uns, wer stellvertretender Bürgermeister werden würde?

Thomas Dünchheim, den frisch gewählten neuen Bürgermeister, interessierte dagegen schon, wer ihn vertreten würde – vielleicht sogar mehr noch als die Fahrradwege, das Jugendcafé oder die günstigen Bustickets. »Jetzt mal unter uns«, sagt er und sah uns dabei eindringlich an, »wenn ihr in den nächsten fünf Jahren auch nur einen PETO-Antrag durchbekommen wollt, dann solltet ihr da jetzt mitmachen.«

Wir waren sprachlos. Mit solch einer Drohung hatten wir nicht gerechnet. Mitmachen und Stefan Pruin, den Fraktionsvorsitzenden der Grünen, zum stellvertretenden Bürgermeister wählen oder zusehen, wie Entscheidungen ohne uns getroffen werden? Eine tolle Wahlmöglichkeit. Was würde die SPD dazu sagen?

Wir erfuhren es, als wir uns mit der SPD im Eiscafé Dolomiti trafen. »Das sind junge Leute. Die essen gerne Eis oder mögen vielleicht auch einen Kakao mit Sahne«, werden sich die SPD-Leute gedacht haben, als sie den Ort der Zusammenkunft vorschlugen. Harald Schmidt war dabei, der Mann, der stellvertretender Bürgermeister werden sollte, und Wally Hengsberger, die neue Fraktionsvorsitzende der SPD.

»Wie sieht es aus? Würdet ihr unseren Kandidaten unterstützen?«, ging es relativ schnell zur Sache, denn auch die SPD konnte rechnen. »Wenn es zur Kampfabstimmung kommt, dann schaffen wir es nicht allein.«

Für den ersten stellvertretenden Bürgermeister reichte die einfache Mehrheit. Will eine Gruppe von Ratsmitgliedern auch noch bestimmen, wer zweiter stellvertretender Bürgermeister wird, muss sie über mindestens zwei Drittel der Stimmen verfügen. Hat eine Fraktion – wie zu diesem Zeitpunkt die SPD im Monheimer Stadtrat – weniger als ein Drittel aller Stimmen im Rat, dann hat sie, sofern alle anderen sich einig sind, über den Posten des zweiten stellvertretenden Bürgermeisters nichts mitzuentscheiden. Erst beim dritten Stellvertreter käme sie wieder zum Zug; dafür reicht nämlich ein Viertel der Stimmen im Rat. Doch dieser Posten war nicht zu vergeben.

»Die anderen Fraktionen wollen, dass wir die Grünen unterstützen«, legten wir die Karten offen auf den Tisch. »Warum sollten die kleinen Parteien nicht einen eigenen stellvertretenden Bürgermeister stellen?«, fragte Holger die SPD-Vertreter. »Nun ja, die zweitstärkste

Fraktion nach der CDU sind wir«, fasste Harald Schmidt die Sachlage so kurz wie präzise zusammen. Dass die Grünen auch von der FDP und der Wählervereinigung »Mündige Bürger Monheim am Rhein« unterstützt werden würden, wusste mittlerweile sogar die SPD. Jetzt kam es allein auf die beiden PETO-Stimmen an. Juliane und Maike waren mit ihren 6 Prozent Stimmenanteil plötzlich begehrte Ratsfrauen, denn als Einzige hatten sie sich noch nicht entschieden. Alles hing davon ab, welchem der beiden Kandidaten sie ihre Stimmen geben würden.

»Wenn ihr für die Grünen stimmt, dann können wir natürlich nichts machen«, erklärte uns Harald Schmidt, während er seine Kaffeetasse zum Mund führte. Irgendwie hörte es sich an, als habe er schon resigniert. Vielleicht wollte er uns aber auch nur sagen, dass er uns die Entscheidung nicht abnehmen könne. Und damit hatte er natürlich recht. Wir befanden uns in einem echten Dilemma und mussten uns für eine der beiden Alternativen entscheiden. Selbst eine Enthaltung von Juliane und Maike wäre eine Entscheidung gewesen, denn dann hätte es schon für die SPD gereicht. In diesem Fall hätten sie auch sofort für Harald Schmidt und die SPD stimmen können.

Wir wussten nicht so recht, was wir tun sollten. Bisher lief alles so toll. Wir waren die Helden, hatten Fernsehauftritte am laufenden Band. Jeder klopfte uns auf die Schultern, weil wir geschafft hatten, was viele gar nicht für möglich gehalten hatten. Und nun das. Wir fühlten uns in die Mangel genommen von dem Bündnis aus CDU, Grünen, FDP und »Mündigen Bürgern«. »Wir sind eure Freunde«, war das unterschwellige Angebot, »aber wir können auch anders«, die offen ausgesprochene Drohung. Auf der anderen Seite stand die SPD, die uns zwar nichts anzubieten hatte, die aber zumindest einen moralischen Anspruch auf das Amt des zweiten stellvertretenden Bürgermeisters reklamierte.

Was tun? Nach endlosen Diskussionen fiel die Entscheidung. Wir gaben nach. Der Druck war zu groß. Schließlich wollten wir nicht fünf Jahre lang nur dabeisitzen und zusehen, wie die anderen Politik machten. Was war mit dem Jugendcafé, den günstigen Bustickets?

Und außerdem wollte der Schmidt das doch gar nicht hundertprozentig, sonst hätte er engagierter für sich geworben. Hatte er nicht gesagt, der Posten wäre ihm gar nicht so wichtig? Vielleicht wäre es ihm mit ein bisschen mehr Kampfgeist gelungen, uns von sich zu überzeugen.

Doch das Problem war noch nicht ausgestanden. »Der Pruin ist ein Unsympath«, befand Juliane und sprach uns damit allen aus der Seele. Wir erinnerten uns noch gut an die »Klodeckelgeschichte«. Er hätte keine Lust, mit uns über die Farbe der Klodeckel im Rathaus zu diskutieren, hatte Pruin im Laufe des Wahlkampfs einmal über uns gesagt, um uns als unkoordinierte Schülergruppe herabzuqualifizieren, der einfach der Blick für das Wesentliche fehlt. Diese Aussage hatten wir ihm nicht verziehen.

»Seid ihr mir jetzt böse?«, fragte er mich mit leicht ironischem Unterton am Rande einer anderen Wahlkampfveranstaltung, nachdem ich ihn auf seine Äußerung angesprochen hatte. Ja, wir waren böse. Stefan Pruin fanden wir arrogant. Maike und Juliane hatten keine große Lust, ihn zum stellvertretenden Bürgermeister zu wählen. Wahrscheinlich mochten wir ihn auch deshalb nicht, weil er uns immer wieder deutlich zu verstehen gab, dass wir eigentlich keine Ahnung hatten.

Juliane hatte die rettende Idee: »Wir sagen denen, dass wir eine Frau als stellvertretende Bürgermeisterin wollen.« Zu unserem Glück gab es auch in den Reihen der CDU Vorbehalte gegen Stefan Pruin, sodass Julianes Idee auf fruchtbaren Boden fiel. Pruin musste seiner Fraktionskollegin Andrea Stamm den Vortritt lassen. In der ersten Ratssitzung wurde sie erwartungsgemäß zusammen mit dem Kandidaten der CDU zur stellvertretenden Bürgermeisterin gewählt. Dünchheim und die CDU feierten den absoluten Triumph über die SPD, die Grünen beklatschten ihre stellvertretende Bürgermeisterin und die SPD war stocksauer, denn sie ging leer aus.

PETO habe sich »dem Machtwort der CDU« unterworfen, geißelte Manfred Klein, der Ortsvereinsvorsitzende der SPD, unser Abstimmungsverhalten kurz darauf in einer Pressemitteilung. Und als wäre er bei unserem Flurgespräch mit dem Bürgermeister dabei gewesen, schrieb Klein weiter: »Dünchheim hat mit seiner Machtpolitik mithilfe von PETO leichtes Spiel. Für ihn ging es darum, in jedem Fall zu verhindern, dass die SPD durch einen stellvertretenden Bürgermeister vertreten wird.«

Dass die SPD uns öffentlich so scharf kritisierte, erschrak uns. Waren das die gleichen Leute, deren Kandidat uns in der Eisdiele erklärt hatte, er könne nichts machen, wenn Juliane und Maike für die Grünen stimmen würden? Von der Unterstützung durch PETO würden nun die Grünen als »Trittbrettfahrer der CDU« profitieren, teilte Klein auch in die Richtung der Grünen kräftig aus. Dass eine Partei mit rund 7 Prozent der Wählerstimmen eine stellvertretende Bürgermeisterin stellen dürfe, bezeichnete er ironisch als »demokratische Meisterleistung«.

Vor allem auf uns hatte sich Manfred Klein eingeschossen. Die FDP und die Wählervereinigung »Mündige Bürger Monheim am Rhein«, von denen die Grünen ebenfalls unterstützt worden waren, kamen in der SPD-Mitteilung nur am Rande vor. »PETO, lateinisch: ich fordere, so will der Name sagen, frischen Wind, Ehrlichkeit, Jugend im Stadtparlament, Moral«, interpretierte Klein gegenüber den Monheimer Lokalzeitungen unseren Anspruch an die Tätigkeit von Juliane und Maike, um dann als Fazit festzuhalten, dass in diesem Fall »Anspruch auf Moral und Wirklichkeit von Machtpolitik allzu weit auseinanderfallen«.

Dass die SPD vor allem uns so heftig angriff, war überzogen, denn schließlich hatte sie die Wahl in erster Linie gegen die CDU verloren. Wir spielten mit unseren 6,1 Prozent nur eine untergeordnete Rolle. Trotzdem traf uns die Kritik der SPD. Wir fühlten uns in gewisser Hinsicht ertappt. Schließlich hatten wir uns der Erpressung der CDU gebeugt. Mich beschlich ein ungutes Gefühl.

Kurze Zeit nach der Wahl der stellvertretenden Bürgermeister erreichte uns die erste Austrittserklärung. Mario, der als passives Mitglied immerhin an einigen Mitgliederversammlungen teilgenommen hatte, wollte nicht länger dabei sein. Zählt man Sebastians Mitteilung, dass er lieber bei der CDU bleiben wollte, nicht mit, handelte es sich um den ersten Austritt überhaupt. »Liebe PETO-Mitglieder«, schrieb Mario, »nach den Vorkommnissen der letzten (ersten) Sitzung des Monheimer Stadtrates scheint es mir unmöglich, die Partei PETO weiterhin durch meine Mitgliedschaft zu unterstützen. Ich hatte von der Partei eigentlich einen gewissen Idealismus und eine Unabhängigkeit erwartet, an denen sich auch in einer ›Machtposition‹ nichts ändern würde. In diesem Punkt wurde ich jedoch leider sehr enttäuscht. Daher erkläre ich zum nächstmöglichen Zeitpunkt meinen Austritt aus PETO.«

Diese Zeilen trafen mich sehr. In diesem Moment hätte ich es Mario am liebsten gleichgetan. Was nutzte der ganze Aufwand, den wir seit der Gründung mit all ihren Formalitäten und vor allem auch im Wahlkampf betrieben hatten, wenn wir uns jetzt von den anderen Parteien so sehr unter Druck setzen ließen? Nach der Wahl der stellvertretenden Bürgermeister waren wir nur noch ein Spielball der anderen Fraktionen.

Natürlich hatten Maike und Juliane ihre Gründe, für Andrea Stamm zu stimmen: Sie saßen nicht im Rat, um fünf Jahre lang tapfer zur Opposition zu halten. Wenn sie sich mit PETO-Anträgen durchsetzen wollten, waren sie auch auf die Stimmen der CDU angewiesen. Ob die sich an ihr Versprechen halten würde, uns als Gegenleistung für das Mitwirken bei der Wahl der stellvertretenden Bürgermeister in unseren Anträgen zu unterstützen, war jedoch äußerst fraglich.

Politik braucht einen langen Atem

Unser Tatendrang war gewaltig. Die verschiedenen Punkte unseres Wahlprogramms wollten wir so schnell wie möglich in Anträge umsetzen. Zuerst kümmerten wir uns um die Monheimer Fahrradwege. Wir konnten zum Beispiel nicht verstehen, warum ein sehr langer Straßenabschnitt im Stadtzentrum ausschließlich als Fußgängerzone ausgewiesen war. Unserer Meinung nach eignete sich die Straße auch zum Fahrradfahren.

Daraus wurde unser erster Antrag im Stadtrat. Wir nannten ihn »Konzept zur Einrichtung eines Fahrradweges am Rathaus-Center«. Wahrscheinlich wäre es am einfachsten gewesen, ein entsprechendes Konzept von der Stadtverwaltung ausarbeiten zu lassen. Auf diese Idee kamen wir jedoch gar nicht. Stattdessen wurden wir selbst aktiv und beschrieben minutiös, wie wir uns den neuen Radweg vorstellten: »Dieses Konzept sieht vor, einen in beide Fahrtrichtungen befahrbaren Fahrradweg vom Rathaus bis zum Ernst-Reuter-Platz anzulegen. Der Weg soll mit dem Fahrradweg Krischerstraße an der Ecke Alte Schulstraße/Rathausplatz verbunden werden und eine Breite von circa 2 Metern besitzen. An der Engstelle Eingang des Rathauses/ABC-Schuhe ist eine vorübergehende Verschmälerung auf circa 1,5 Meter notwendig.« In aller Ausführlichkeit beschrieben wir dann, wie der neue Radweg verlaufen sollte, nämlich »auf der halbrechten Seite durch die Unterführung an der Post (wieder mit notwendiger Verschmälerung und S-Form) vorbei auf den Ernst-Reuter-Platz, wo er an der Bücherstube Rossbach vorbei nach rechts Richtung Schöneberger Straße und nach links Richtung Tempelhofer Straße abzweigt«.

Auch über die Optik hatten wir uns Gedanken gemacht. »Die Beschichtung sollte ein Rot- beziehungsweise Grauton sein, um ihn vom Fußgängerbereich deutlich zu unterscheiden.« Zum Glück setzten sich die anderen Fraktionen im Stadtrat jedoch nicht über die genaue Farbe des Radwegs mit uns auseinander, sondern erklärten, dass sie der Anregung positiv gegenüberstünden. Nur die SPD war dagegen. Sie hielt es für zu gefährlich, in der Fußgängerzone eine Radspur anzulegen. Nach einer kurzen Diskussion einigten sich die Ratsmitglieder dann darauf, dass der Ausschuss für Stadtplanung, Umwelt, Bau- und Verkehrswesen zuständig sei und unser Antrag zur weiteren Beratung dorthin vertagt werden sollte. Holger und ich verfolgten die Ratssitzung vom Zuschauerbereich aus. Wir freuten uns und waren froh, dass Maike und Juliane nicht den SPD-Kandidaten zum stellvertretenden Bürgermeister gewählt hatten.

Auf die weitere Beratung unseres Antrags im Ausschuss für Stadtplanung, Umwelt, Bau- und Verkehrswesen mussten wir dann allerdings sehr lange warten. Da der Antrag in der Tagesordnung der nächsten Sitzung fast ganz am Schluss aufgeführt war, wurde er noch ein weiteres Mal vertagt. Erst am 26. Januar 2000, fast vier Monate nachdem wir den Antrag gestellt hatten, beschäftigte sich der Verkehrsausschuss mit dem Thema. Jetzt war eine Mehrheit der Ausschussmitglieder der Meinung, man müsse sich die Örtlichkeiten vor einer weiteren Diskussion erst einmal genauer ansehen. Ein Ortstermin mit der Polizei wurde vereinbart.

Die Polizei begrüßte das Vorhaben zwar, nach weiteren fünf Monaten erfuhren wir dann jedoch, dass sich die Eigentümer des benachbarten Einkaufszentrums gegen eine Freigabe des Radverkehrs ausgesprochen hätten. Da sich ein großer Teil der Fußgängerzone gar nicht in städtischem Eigentum befände, so erklärte man uns, könnte die Stadt ohne eine schriftliche Zustimmung der Eigentümer das Fahrradfahren leider nicht erlauben.

»Das war wohl nichts«, ärgerten wir uns, als wir von dem unerfreulichen Ergebnis erfuhren. Wir mussten uns also damit zufriedengeben, dass man in der Fußgängerzone auch weiterhin nicht Fahrrad fahren durfte.

Einem zweiten Antrag, den wir gleich zu Beginn der Wahlperiode stellten, erging es nicht viel besser. Wir schlugen dem Stadtrat vor, ein Jugend- und Schülercafé im Stadtteil Baumberg einzurichten. Auch hierüber äußerten sich die anderen Fraktionen positiv. Der Antrag wurde dann jedoch in den städtischen Jugendhilfeausschuss vertagt, der sich einige Monate später mit der Idee befasste und die Stadtverwaltung beauftragte, ein entsprechendes Konzept auszuarbeiten.

Auf dieses Konzept warteten wir vier Jahre. Die Stadtverwaltung vertröstete uns in dieser Zeit immer wieder mit Zwischenberichten und unterschiedlichsten Ausführungen über die gerade auftretenden Probleme. Mal gab es keinen geeigneten Raum, mal wusste man nicht, wer das Café betreiben sollte. Als beides vorhanden war, fehlte das Geld. Dann kam die Frage auf, ob das Jugendcafé überhaupt erforderlich sei, denn schließlich gäbe es in beiden Ortsteilen ein eigenes Jugendzentrum. Im Sommer 2004 zeichnete sich dann jedoch eine Lösung ab und wir wurden vom Jugendamt zur Eröffnung des Cafés eingeladen.

Wer zu Beginn der Wahlperiode welchen stellvertretenden Bürgermeister gewählt hatte, spielte im weiteren Verlauf der Ratsarbeit übrigens keine Rolle mehr. Zwar stellten wir fest, dass sich die CDU-Fraktion durchaus wohlwollend mit unseren Vorschlägen beschäftigte; wenn sie einer anderen Meinung war als wir, nutzte uns das jedoch auch nichts.

Ein einziges Mal gelang es uns sogar, alle anderen Fraktionen gegen einen Antrag von uns aufzubringen. Der von uns beantragte Tagesordnungspunkt lautete: »Diskussion über die Zuwendungen an Ratsmitglieder«. Juliane und Maike taten mir im Nachhinein leid. Der Antrag war so offensichtlich aussichtslos, dass wir ihn erst gar nicht hätten stellen sollen. Wir hatten vorgeschlagen, dass die Ratsmitglieder einen Teil der ihnen zustehenden Aufwandsentschädigung an die Stadt zurückspenden, »um Haushaltslöcher zu stopfen«. Gemäß der sogenannten »Verordnung über die Entschädigung der Mitglieder kommunaler Vertretungen und Ausschüsse«, kurz »Entschädigungsverordnung«, erhalten alle Ratsmitglieder in Nordrhein-Westfalen einen festgelegten monatlichen Satz, der je nach Einwohnerzahl des jeweiligen Ortes variiert und in Monheim rund 250 Euro beträgt.

Bei durchschnittlich fünf bis zehn Sitzungen im Monat, die teilweise bis in die späten Abendstunden dauern, entspricht diese Entschädigung keinem besonders guten Stundenlohn. Einen Teil des Geldes führen die Ratsmitglieder außerdem an die Ortsvereine ihrer Parteien ab, die damit die lokale Parteiarbeit finanzieren.

Erwartungsgemäß fand sich kein Ratsmitglied, dass unseren Antrag unterstützen wollte. Die Fraktionsvorsitzende der SPD wies in der Diskussion sogar ausdrücklich darauf hin, dass sich im Stadtrat niemand »eine goldene Nase« verdiene. Die anderen Fraktionen äußerten sich ähnlich.

Auch unsere Anregung, die Ratsmitglieder könnten doch zumindest auf freiwilliger Basis örtliche Vereine und gemeinnützige Einrichtungen durch Spenden unterstützen, wurde mit dem Hinweis abgelehnt, dass jedes Ratsmitglied selbst entscheiden müsse, wie es seine Aufwandsentschädigung verwende.

Im Protokoll der Sitzung wurde daraufhin festgehalten, »dass dieser Antrag von einer sympathischen Zielsetzung getragen ist, als nützlicher Denkanstoß zu begreifen ist und damit seinen Sinn erfüllt hat.« Eine weitere Beschlussfassung erfolgte nicht.

PETO sucht Verstärkung

Maike und Juliane zogen sich nacheinander aus der Ratsarbeit zurück. Nach der anfänglichen Euphorie machte sich bei uns allen Ernüchterung breit. Durch die Mehrheitsverhältnisse im Rat mit einer absoluten Mehrheit von CDU-Mitgliedern waren wir mit unseren Anträgen allein von deren Wohlwollen abhängig. Das frustrierte uns. Hinzu kam, dass die Stadt sich in einer äußerst schwierigen Haushaltslage befand, die es unmöglich machte, Geschenke zu verteilen. Und natürlich wachte die CDU sehr genau darüber, dass das wenige vorhandene Geld dort eingesetzt wurde, wo sie es für richtig hielt.

Dabei hatten wir noch Glück, dass die anderen Parteien uns bei Diskussionen im Rat oder im Rahmen ihrer Pressearbeit nicht offen angriffen. Dass zwei unserer Mitglieder im Stadtrat vertreten waren, wurde von den übrigen Fraktionen hingenommen. In den politischen Auseinandersetzungen, die hauptsächlich zwischen der CDU und der SPD abliefen und in denen sich manchmal auch die Grünen zu Wort meldeten, spielten wir keine Rolle. Das fanden wir nicht weiter schlimm, da wir einem offenen Schlagabtausch argumentativ häufig gar nicht hätten standhalten können.

Wahrscheinlich gingen die anderen Parteien ohnehin davon aus, dass sie uns spätestens nach der nächsten Wahl wieder los wären, was auch durchaus möglich erschien. Anders als bei der SPD oder der CDU, die über viele Mitglieder mit langjähriger politischer Erfahrung und einer festen Verbindung zum Ort verfügten, standen wir vor dem Problem, dass viele derjenigen, die gerade ihr Abitur gemacht hatten, Monheim den Rücken kehrten, weil sie anderswo studieren wollten. Ob es uns nach dem Rückzug von Maike und

Juliane gelingen würde, die komplette Wahlperiode mit Nachrückern zu überbrücken, war zeitweise völlig offen. Für Maike zog Nils, der ein Jahr vor uns Abi gemacht hatte, in den Rat ein. Da er nach seinem Zivildienst aber nach Freiburg ging, um dort zu studieren, stand er gerade einmal für ein halbes Jahr zur Verfügung. Im Sommer 2001 legte er zeitgleich mit Juliane sein Ratsmandat nieder.

Jetzt standen wir vor einem völligen Neuanfang. Die nächsten Nachrücker auf unserer immer kürzer werdenden Kandidatenliste waren Sascha und Gerardo. Falls einer der beiden in den nächsten Jahren ebenfalls abgesprungen wäre, hätten wir ein echtes Problem gehabt, denn es standen kaum weitere Mitglieder zur Verfügung und während einer laufenden Wahlperiode sind Änderungen oder Ergänzungen der einmal festgelegten Liste nicht mehr möglich. Insofern war es auch egal, dass Holger und ich, genauso wie die anderen Gründungsmitglieder, mittlerweile 18 Jahre alt geworden waren. Da wir 1999 wegen unseres Alters nicht auf die Liste der PETO-Kandidaten aufgenommen werden konnten, war uns jede Möglichkeit, innerhalb der laufenden Wahlperiode in den Rat nachzurücken, verwehrt.

Sascha, der in unserer Schule die gleiche Jahrgangsstufe besucht hatte wie wir, arbeitete als Zivi in einem Altenheim in Baumberg. Nach seinem Zivildienst wollte er Jura in Köln studieren. Da er vorhatte, zunächst weiter bei seinen Eltern zu wohnen und von Monheim aus zur Uni zu pendeln, konnten wir uns längerfristig auf ihn verlassen. Gerardo hatte ein Jahr vor uns sein Abitur gemacht. Nun absolvierte er in Köln eine Ausbildung zum Buchhändler. Auch er wohnte weiter in Monheim und versprach, bis zum Ende der Wahlperiode durchzuhalten. Personell war unsere Besetzung im Rat damit für die nächsten drei Jahre gesichert.

Da unser politischer Einfluss dort jedoch durch die eindeutigen Mehrheitsverhältnisse beschränkt blieb und wir außerdem noch auf Ergebnisse bezüglich unseres Jugendcafés und anderer Anträge warteten, gingen wir dazu über, Aktionen und Veranstaltung außerhalb der politischen Ratsarbeit zu organisieren. Wir planten Diskussionsrunden mit Jugendlichen, führten ein Sport- und Spielfest durch, für

Politischer Karneval in Monheim am Rhein: die PETO-Fraktion auf dem Rosenmontagszug 2004

das wir eine Straße in der Innenstadt sperren ließen, und nahmen mit einer kleinen Gruppe von PETO-Mitgliedern am Monheimer Rosenmontagszug teil. Aktionen wie diese halfen uns, die frustrierenden Erlebnisse aus der bisher wenig erfolgreichen Ratsarbeit zu kompensieren. Wir wollten zumindest nicht in völlige Inaktivität verfallen.

Ob wir bei der nächsten Kommunalwahl, die 2004 stattfinden würde, wieder antreten sollten oder nicht, darüber gingen die Meinungen indes weit auseinander. »Wir sollten das Projekt lieber anständig beenden, bevor wir in der nächsten Wahlperiode irgendwann die gleichen Probleme haben wie jetzt«, plädierte vor allem Holger für ein schnelles Ende. »Nichts wäre peinlicher als zwei leere Ratssitze, wenn uns irgendwann die Nachrücker ausgehen.« Die Erfahrung, dass wir schon jetzt haarscharf an diesem Szenario vorbeigeschrammt waren, ließ uns vorsichtig werden. »Ich wüsste außerdem gerne, wer 2004 für uns kandidieren soll. Die meisten Leute hören doch auf«, konstatierte

Holger. Er sah wenig Chancen für einen Fortbestand von PETO. Er selbst hatte sich erfolgreich bei der Polizei beworben. Seine Studienphasen fanden an der Fachhochschule für öffentliche Verwaltung in Köln statt. Zwischendurch machte er Praktika bei verschiedenen Polizeidienststellen. Für die Parteiarbeit blieb ihm dadurch nur noch wenig Zeit, obwohl er immerhin weiter in Monheim wohnte.

Andere Mitglieder zogen ganz weg. Juliane zum Beispiel ging nach Wiesbaden. Auch das war ein Grund dafür, dass sie nicht mehr dem Stadtrat angehören konnte. Für Florian und mich änderte sich dagegen wenig. Nach unserem Zivildienst, den Florian in einem Monheimer Altenheim und ich in der örtlichen »Biologischen Station Urdenbacher Kämpe« abgeleistet hatten, fingen wir an zu studieren. Florian entschied sich für Jura in Düsseldorf, ich schrieb mich in Köln für Französisch und Physik auf Lehramt ein.

Sowohl Florian als auch ich wohnten weiter bei unseren Eltern. Zur Uni pendelten wir. Da uns beiden der Fortbestand von PETO wichtiger war als ein straffes Studium, nahmen wir uns für die Parteitermine gern Zeit und ließen – falls erforderlich – auch mal die ein oder andere Vorlesung ausfallen.

»Wir müssen vor die Schulen«, meinte Florian, »dann finden wir auch wieder neue Mitglieder.« Auch ich war der Ansicht, dass man die Partei nicht einfach auflösen konnte. Das wäre einfach zu schade gewesen. »Wir sollten es wenigstens versuchen. Wenn wir nicht genügend motivierte Kandidaten für die Bezirke zusammenbekommen, können wir immer noch aufgeben«, schlug ich vor. Während Holger sich aus den Vorbereitungen größtenteils heraushielt, bastelten Florian und ich gemeinsam mit anderen an einem Konzept, das wir »PETO sucht Verstärkung« nannten.

Michael, der seit etwa einem Jahr dabei war und mittlerweile unsere Homepage betreute, gestaltete unter der Adresse *www.peto-sucht-verstaerkung.de* eine spezielle Internetseite. Dort riefen wir zum Mitmachen auf und boten außerdem eine kostenlose, auf sechs Monate befristete Probemitgliedschaft an. Im gesamten Stadtgebiet klebten wir parallel dazu Plakate, die Holger und Sebastian in einem Kanu

Erfolgreiche Verstärkungsaktion: Nach kurzfristigen Überlegungen, die Partei aufzulösen, kann PETO 2004 erneut starken Zuwachs verzeichnen.

zeigten. Darunter der Spruch: »Wir holen dich ins Boot!« Das Foto hatten wir während einer mehrtägigen Kanutour aufgenommen, die wir gemeinsam mit allen Vorstands- und Fraktionsmitgliedern auf dem niedersächsischen Flüsschen Hase unternommen hatten. Wir verteilten Beitrittsformulare im gleichen Design wie die Plakate vor den Monheimer Schulen und luden interessierte Jugendliche zu einer Infoveranstaltung in die Volkshochschule ein. Dort servierten wir allen Teilnehmern kostenlos Pizza und dazu mundgerecht vorbereitete Informationen über die Monheimer Kommunalpolitik.

Die Rechnung ging auf. Unsere Verstärkungsaktion war äußerst erfolgreich. Innerhalb von nur zwei Monaten traten zwanzig Probemitglieder bei, die wir von nun an regelmäßig zu unseren Vorstands- und Fraktionssitzungen einluden und per E-Mail über alle möglichen Termine informierten. Unsere Teilnahme an der Wahl schien gesichert. Zwar waren noch nicht alle neuen Mitglieder schon alt genug, um selbst zu kandidieren, zusammen mit einigen älteren Mitgliedern kamen wir jedoch auf genug Kandidatinnen und Kandidaten.

»Wir müssen auf jeden Fall die Erfahrungen nutzen, die wir in den letzten fünf Jahren gemacht haben«, meinte Florian. »Das heißt, dass wir nicht nur neue Leute aufstellen können, sondern dass auch ein paar Ältere dabei sein müssen, die schon länger mitmachen.« Mit den »Älteren« waren in diesem Fall Kandidaten wie Florian und ich gemeint. Wir waren damals, bei der Wahl 2004, beide 22 Jahre alt. Zum Ende der Wahlperiode mit dann 27 Jahren immer noch im Stadtrat und der PETO-Fraktion aktiv zu sein, konnten wir uns kaum vorstellen. »Dann wären wir doch für eine Jugendpartei viel zu alt«, befanden Florian und ich übereinstimmend. »Wenn wir jetzt kandidieren, dann tun wir das in erster Linie, um die Neuen einzuarbeiten«, gab Florian die Strategie vor. »Zur Hälfte der Wahlperiode machen wir Platz für Nachrücker«, erklärten wir auf der Mitgliederversammlung, auf der Mitte Juli 2004, etwa zehn Wochen vor der Kommunalwahl, unsere Kandidatenliste für den Stadtrat zusammengestellt wurde.

Damit es bei der Kandidatenkür besonders gerecht zuging, hatten wir uns ein spezielles Abstimmungssystem ausgedacht. Auf eigens vorbereiteten Stimmzetteln waren zunächst alle potenziellen Kandidatinnen und Kandidaten in alphabetischer Reihenfolge aufgelistet. Nun konnte jedes Mitglied auf seinem Stimmzettel null bis drei Punkte an die einzelnen Kandidaten vergeben. Bei der Auswertung bildeten wir dann Summen für jede Person auf der Kandidatenliste und erstellten eine Rangfolge nach Punkten. Ein bisschen liefen diese Abstimmungen auf unseren Mitgliederversammlungen, den Parteitagen, immer wie Klassensprecherwahlen ab. In diesem Fall führten Florian und ich die Liste an. Wir weigerten uns jedoch, als Spitzenkandidaten aufzutreten. »Das sollen jüngere Mitglieder machen«, schlugen wir vor. Die Wahl fiel auf Karsten, der mit 19 Jahren die Anforderungen einer Jugendpartei unserer Meinung nach besser erfüllte als Florian oder ich. Da wir relativ überzeugt davon waren, wieder zwei Mitglieder in den Stadtrat entsenden zu können, aber nicht wussten, ob es auch für einen dritten, vielleicht sogar einen vierten Sitz reichen würde, sollte der zweite Listenplatz mit einem Mitglied besetzt werden, das schon länger dabei war. Die Mitglieder wählten mehrheitlich mich. Auf dem dritten und vierten Platz folgten dann wieder neue Leute: Lisa und Sven gehörten mit ihren 20 und 19 Jahren der Partei noch nicht so lange an.

Mit einem dritten Sitz im Rat wären wir sehr zufrieden gewesen, auf einen vierten Sitz hofften wir nur insgeheim. Mit ein bisschen Glück hielten wir ihn aber für möglich. Florian musste sich deshalb mit dem fünften Platz auf unserer Liste begnügen. Er sollte zu den ersten Nachrückern gehören, falls es Schwierigkeiten gäbe. Dass er es auf Anhieb in den Rat schaffen könnte, daran glaubte niemand von uns. Insgesamt hatten wir 17 Kandidaten auf unserer Liste.

Nach der Nominierung der Kandidaten verabschiedeten wir unser neues Wahlprogramm, das wir während der letzten Wochen in verschiedenen Arbeitsgruppen eifrig diskutiert hatten. Hier machten sich die letzten fünf Jahre im Stadtrat bezahlt, denn im Gegensatz zu unserer Programmarbeit vor der letzten Kommunalwahl wussten wir jetzt schon besser, welche Themen den Stadtrat und seine Mitglieder regelmäßig beschäftigten. Wir teilten unser Programm in sechs große Kapitel ein: »Jugend«, »Sport- und Spielplätze«, »Kultur«, »Verkehr«, »Natur und Umwelt« sowie »Finanzen, Wirtschaft und Arbeit«. Und wir waren ein wenig stolz darauf, dass wir inhaltlich zu allen Kapiteln mehrere kurze, in sich schlüssige Unterabschnitte geschrieben hatten. Vor fünf Jahren war das wesentlich schwieriger gewesen. Anstatt wie damals unser Programm mitten im Wahlkampf umzuschreiben beziehungsweise einzelne Stellen nachzubessern, konnten wir uns nun ganz auf unseren Werbefeldzug konzentrieren, den wir ebenfalls erheblich professioneller angingen als beim letzten Mal. Frisbeescheiben, Kugelschreiber und Kondome sollten die Monheimer Wählerinnen und Wähler von uns überzeugen. Als besondere Attraktion backten wir an unseren Infoständen Waffeln. Diese lecker duftenden Werbemittel verteilten wir kostenlos an Passanten. Damit klar war, von wem die Waffeln kamen, streuten wir mit Schablonen unser PETO-Logo auf die Waffeln. Diese Art der Wahlwerbung kam bei unseren potenziellen Wählerinnen und Wählern ausgesprochen gut an.

Kreative Wahlwerbung: Mithilfe einer Schablone wird der PETO-Schriftzug auf die frisch gebackenen Waffeln gestreut.

Waffelrezept:

1,5 kg Butter

1,2 kg Zucker

6 Päckchen Vanillinzucker

1 Esslöffel Salz und

1 Liter pasteurisiertes Vollei

schaumig rühren.

3 kg Mehl mit
3 Päckchen Backpulver
vermischen und abwechselnd mit
2,5 Liter Wasser
nach und nach unter die Butter-Zucker-Mischung rühren.
Im Waffeleisen goldbraun backen und mit *Puderzucker* überstreuen.

Tipp: Das Rezept ergibt ungefähr 9 Liter Waffelteig. Es empfiehlt sich also, den Teig in mehreren kleineren Portionen zuzubereiten, wenn man nicht über professionelle Großküchengeräte verfügt.

Die intensivere Vorbereitung, verbunden mit einem besser ausgearbeiteten Programm und motivierten Kandidaten, wurde belohnt. Bei der Wahl am 26. September 2004 bekamen wir 16,6 Prozent der Stimmen, was sieben Sitzen im Rat entsprach. Wir konnten es kaum fassen. Knapp 3000 Wähler hatten uns ihre Stimme gegeben. Weit mehr als den Grünen und der FDP zusammen. Unsere Ziele schienen sich jetzt tatsächlich verwirklichen zu lassen.

Koalitionsverhandlungen – wer mit wem?

Das Wahlergebnis war ein Paukenschlag. Obwohl wir in den ersten fünf Jahren kaum Erfolge vorweisen konnten und zeitweise sogar darüber nachgedacht hatten, PETO aufzulösen, brachten wir es nun auf sieben Sitze im Rat. Uns allen war klar, dass auch dieses Ergebnis einen riesigen Vertrauensvorschuss für die neue Wahlperiode bedeutete. Die übrigen Parteien betrachteten uns plötzlich mit anderen Augen. Die CDU bot uns sogar Koalitionsverhandlungen an.

Anstatt uns jedoch direkt anzurufen, hatte die CDU einige Tage nach der Wahl unser ausgetretenes Gründungsmitglied Sebastian auf uns angesetzt. »Ich soll euch fragen, ob ihr Interesse an einem Gesprächstermin hättet«, offenbarte mir Sebastian am Telefon. »Unser Fraktionsvorstand würde sich gerne mit euch treffen und mögliche Formen der Zusammenarbeit ausloten.« – »Sprechen können wir gerne miteinander«, antwortete ich ein wenig verdutzt, »aber warum fragen deine Parteifreunde uns nicht selbst?« – »Na ja«, Sebastian zögerte kurz, »du weißt ja, wie das ist. Die wollten euch erst einmal ganz unverbindlich kontaktieren und das geht ja am besten, wenn man sich irgendwie persönlich kennt. Deshalb haben sie mich gebeten, mal bei dir anzurufen.« Dass Sebastian bei der Gründung von PETO mitgewirkt hatte, wussten seine CDU-Kollegen immer noch nicht. Dass er uns persönlich ganz gut kannte, war jedoch kein Geheimnis.

Wir trafen uns im Fraktionsbüro der CDU an einem großen ovalen Besprechungstisch. In der Mitte lagen neben einigen Gläsern und angebrochenen Wasserflaschen Zeitschriften der »Kommunalpolitischen Vereinigung«. Im Gegensatz zu uns waren die CDU-

Leute sehr gut vorbereitet. Sie hatten sich unser Wahlprogramm aus dem Internet heruntergeladen. Einzelne Seiten waren mit Markierungen versehen und lagen ausgedruckt vor ihnen. Der Fraktionsvorsitzende der CDU räusperte sich. »Herzlichen Glückwunsch erst einmal zu Ihrem Wahlerfolg«, begrüßte er Lisa, Florian und mich in einem so unaufdringlichen Ton, dass wir ihm die Gratulation abnahmen. Gleich darauf fügte er selbstkritisch an: »Wie es scheint, haben wir im Wahlkampf unsere Botschaften weniger gut rüberbringen können, während PETO ja doch erstaunlich präsent war.« Er warf seiner Fraktionskollegin, die mit am Tisch saß, weil sie in der CDU für den jugendpolitischen Bereich zuständig war, einen vielsagenden Blick zu. Dann schaute er wieder zu uns. »Wir würden gerne mit Ihnen darüber sprechen, welche Möglichkeiten und Formen sich für eine wie auch immer geartete Zusammenarbeit ergeben könnten. Es ist ja nun einmal so, dass wir als CDU keine eigene Mehrheit mehr haben. Und auch zusammen mit der FDP hätten wir nur eine sehr knappe Mehrheit gegenüber den anderen Fraktionen. Da wäre uns natürlich ein verlässlicher Partner lieber.«

Das Angebot fanden wir durchaus interessant, es stellte uns allerdings auch vor Probleme. In den vergangenen fünf Jahren hatten wir häufiger gegen die CDU gearbeitet als mit ihr, was sich zum Teil dadurch ergeben hatte, dass wir uns angesichts der absoluten Mehrheit der CDU in eine Art Oppositionsrolle gedrängt fühlten. Auf ihre ursprünglich in Aussicht gestellte Unterstützung konnten wir uns im politischen Tagesgeschäft nicht verlassen.

»Bei der Durchsicht des PETO-Programms haben wir viele Punkte entdeckt, die durchaus mit unseren Vorstellungen übereinstimmen«, glaubte die CDU-Jugendpolitikerin schon eine gute Grundlage für unsere Quasi-Koalitionsverhandlungen ausgemacht zu haben. Doch wir blieben vorsichtig. Eine feste Zusammenarbeit mit der CDU hätten viele unserer Mitglieder nicht gebilligt, denn vor allem in den großen Wahlkampfthemen hatten wir andere Auffassungen vertreten als die CDU. Wie sollten wir nun nach außen vermitteln, dass wir eine Art Koalition bilden würden?

Die Sache wurde nicht leichter, als die CDU vorschlug, dass wir den Posten des zweiten stellvertretenden Bürgermeisters besetzen sollten. »Erstens haben wir niemanden, der in der Lage wäre, diese Aufgabe zu übernehmen«, riet ich den anderen davon ab, das Angebot anzunehmen. »Und außerdem sähe es so aus, als würde die CDU uns durch Pöstchen an sich binden.« Wir lehnten dankend ab, allein schon deshalb, weil wir einer Debatte wie der vor fünf Jahren, als Maike und Juliane der Kandidatin der Grünen zum Amt der stellvertretenden Bürgermeisterin verholfen hatten, aus dem Weg gehen wollten. Eigentlich war uns völlig egal, wer diese Aufgabe übernehmen würde. Hauptsache, es war niemand von uns und es würde keinen großen Streit in dieser Frage geben.

»Das soll besser die SPD machen. Die haben noch ein paar Sitze mehr als wir und damit stellen sie schließlich die zweitgrößte Fraktion«, erklärten wir den beiden CDU-Leuten. »Ich kann mich noch gut an den Streit um die letzte Wahl der stellvertretenden Bürgermeister erinnern. Das brauchen wir nicht noch einmal«, ergänzte ich ganz direkt. Wir könnten ja noch mal darüber nachdenken, schlug der CDU-Fraktionsvorsitzende vor. »Mit der SPD werden wir übrigens keine Gespräche über eine Zusammenarbeit führen«, betonte er ausdrücklich. »Da haben wir in der Vergangenheit schon oft schlechte Erfahrungen gemacht. Dinge, die hier abgesprochen wurden,« – dabei zeigte er mit beiden Händen auf den Tisch, an dem wir gerade saßen – »hatten draußen keinen Wert mehr für die SPD.« Dann sprach er von Verlässlichkeit, dem unbedingten Gestaltungswillen, den man in der Kommunalpolitik brauche, und vom Verantwortungsgefühl, das er der Stadt gegenüber verspüre.

»Wir sollten uns von Fall zu Fall zusammensetzen«, schlug ich schließlich vor. »Was in den nächsten fünf Jahren passiert, können wir sowieso nicht vorhersehen.« Wir einigten uns darauf, dass wir uns vor den Rats- und Ausschusssitzungen regelmäßig treffen würden, um unser Abstimmungsverhalten gegenseitig abzusprechen. Genau genommen fehlte uns für eine feste Zusammenarbeit auch die Erfahrung. Wir wären gar nicht in der Lage gewesen, eine Vereinbarung mit der CDU zu schließen, die das Arbeitsprogramm der Stadtverwaltung für die kommenden Jahre festzurren würde.

Nach unseren kurzen Verhandlungen sollte es definitiv keine Koalition geben, sondern lediglich einen regelmäßigen Meinungsaustausch und Einigungsversuche bei wichtigen Fragen. Diejenigen unserer Mitglieder, die ohnehin gegen eine koalitionsähnliche Zusammenarbeit gewesen waren, atmeten auf.

Konflikte, Ärger, Turbulenzen

Dass zusätzliche Verantwortung im Stadtrat auch das ein oder andere Problem mit sich bringt, merkten wir sehr schnell. Mit unseren sieben Sitzen im Stadtrat spielten wir mittlerweile bei Abstimmungen durchaus eine Rolle. Während Juliane und Maike in den ersten Jahren hauptsächlich beobachtend teilnahmen und gegen eine absolute Mehrheit der CDU sowieso nichts ausrichten konnten, kam es nun gelegentlich auf unsere Stimmen an. Fraktionen, die bei Abstimmungen Entscheidungen treffen oder Entscheidungen zumindest durch ihre Stimmenanteile beeinflussen, indem sie in den Sitzungen eigene politische Standpunkte deutlich machen, sind angreifbar. Hinzu kam, dass das, was wir taten oder sagten, plötzlich relevant war.

Mitten in einer schwierigen politischen Auseinandersetzung rief Florian mich an: »Rate mal, mit wem ich gerade telefoniert habe«, fragte er. »Das Gespräch hat zehn Minuten gedauert. Davon hat geschätzte neun Minuten und fünfzig Sekunden sie gesprochen und ich den Rest, also rund zehn Sekunden.« Ich konnte mir fast denken, wen Florian mit »sie« meinte. Es konnte sich eigentlich nur um die Leiterin der katholischen Grundschule aus Baumberg handeln, die sich bei uns über unsere Position zur Zukunft der drei dortigen Grundschulstandorte beschweren wollte.

In unserer Fraktionssitzung am Montag hatten wir ein eigenes Konzept für die drei Grundschulen beschlossen. Da die Schülerzahlen dramatisch zurückgingen, rechnete die Stadtverwaltung damit, dass in ein paar Jahren nur noch vier oder fünf statt bisher sechs Eingangsklassen gebildet werden konnten. Mit vier ersten Klassen hält man jedoch nicht den Betrieb an drei Grundschulen aufrecht, und auch mit fünf Klassen wird das auf Dauer schwierig. Ein Standort musste also voraussichtlich wegfallen.

»Gleich will sie bei dir anrufen«, warnte Florian mich, bevor er etwas ärgerlich, ja fast trotzig anfügte: »Ich habe dafür eigentlich auch gar keine Zeit.« Florian rief aus der Unibibliothek an. Bis zum Abgabetermin einer wichtigen Hausarbeit blieben noch 22 Tage. Außerdem war er von Anfang an dagegen gewesen, die Pressemitteilung herauszugeben, die wir heute Morgen vorab schon mal den Schulleitern der drei Baumberger Grundschulen gemailt hatten.

Vor fünf Jahren stand das Thema schon einmal auf der Tagesordnung. Im Gegensatz zu damals vertraten wir dieses Mal jedoch eine eigene Meinung, auf die wir uns in der Fraktionssitzung festgelegt hatten. Weil auch die anderen Fraktionen vor fünf Jahren nicht wirklich entscheidungsfreudig waren und niemand dafür verantwortlich sein wollte, dass eine Grundschule geschlossen werden musste, passierte damals nichts. Die Schülerzahlen änderten sich trotzdem nicht, sodass das Thema auf die Tagesordnung zurückkehrte.

In unserer Fraktionssitzung hatten wir vereinbart, uns für einen Umzug der katholischen Grundschule auszusprechen. Wir wollten sie mit einer städtischen Gemeinschaftsgrundschule zusammenlegen und je nach Anmeldezahlen sollte dann eine dieser beiden Grundschulen als sogenannte kleinere Verbundschule mit einer Eingangsklasse auskommen. Unterm Strich konnten damit alle drei Grundschulen bestehen bleiben, wenn auch nur an zwei Standorten. Die Leiterin der katholischen Grundschule war von unserem Konzept jedoch nicht sonderlich begeistert. Dabei konnte sie durchaus zufrieden sein, hatten wir uns etwas naiv gedacht: Immerhin blieb ihre Schule erhalten, nur ein Umzug würde fällig werden.

Auch die CDU und die FDP hatten schon ein Modell vorgestellt. Darin sollte die katholische Grundschule ebenfalls umziehen, allerdings in das Gebäude der anderen städtischen Gemeinschaftsgrundschule, also der Grundschule, die in unserem Konzept gar nicht betroffen war. Weil dieses Gebäude für zwei Grundschulen nicht groß genug war, sollte diese Grundschule dann ihrerseits an den anderen

Standort umziehen. Dann kann auch gleich die katholische Grundschule dorthin ziehen, hatten wir uns gedacht.

Die Pressemitteilung zu unserem Vorschlag hatte ich den drei Baumberger Grundschulleitungen wie mit Florian vereinbart vorab zugeschickt. An die Presse sollte die Mitteilung erst zwei Tage später herausgehen.

»Was hat sie denn gesagt?«, fragte ich Florian. »Sie ist überhaupt nicht einverstanden. Und sie will, dass wir die Mitteilung nicht abschicken«, fasste Florian die Quintessenz des Gesprächs zusammen. »Das war doch klar.« – »Eben, und deshalb war ich auch am Montag dagegen, überhaupt etwas zu unternehmen. Wir hätten einfach abwarten sollen, bis die Stadtverwaltung ein Konzept präsentiert.«

Eigentlich hatten alle Fraktionen und die betroffenen Baumberger Grundschulen sich darauf geeinigt, keine Pressearbeit zu betreiben. Nachdem sich jedoch die CDU geäußert hatte, sahen wir uns unter Zugzwang. In der Öffentlichkeit sollte nicht der Eindruck entstehen, wir hätten keine eigene Meinung. Darum fragte ich Florian: »Und was meinst du jetzt?« – »Für mich hat sich nichts geändert. Wir sollten so vorsichtig wie möglich vorgehen. Außerdem muss die Bezirksregierung jeden Vorschlag genehmigen, bevor irgendetwas umgesetzt werden kann«, erwiderte Florian. Aber genau das hatte ich ja auch geschrieben, wie vereinbart. Ich fragte Florian, ob er meine Mail nicht gelesen hätte.

»Wie denn? Ich bin doch in der Bibliothek. Ich wollte eigentlich damit anfangen, den ersten Textteil für meine Hausarbeit zu schreiben, als ich den Anruf bekam.« – »Na gut, ich höre mal, was sie sagt. Wir sehen uns dann heute Abend im Haupt- und Finanzausschuss.«

Ich hatte gerade den Hörer aufgelegt und versuchte mir innerlich zurechtzulegen, was ich der Schulleiterin sagen würde, da klingelte schon das Telefon. »Das ist Florian«, dachte ich, »der hat bestimmt noch etwas vergessen.« Doch am anderen Ende meldete sich eine Frauenstimme. »Guten Tag, Herr Zimmermann.«

»Ah, guten Tag!« Ich versuchte, den Überraschten zu spielen, wahrscheinlich gelang es mir nicht besonders gut. Und bevor ich überhaupt darüber nachdenken konnte, was ich weiter sagen sollte, knallte es mir schon entgegen: »Diese Presseerklärung ist eine Unverschämtheit. Haben Sie dieses Machwerk verfasst?« Mit dieser Frage hatte ich am wenigsten gerechnet. »Welches Machwerk?«, entgegnete ich. »Na, die E-Mail. Ich habe gerade mit Florian telefoniert. Der weiß von nichts.«

»Bitte?«, dachte ich. Jetzt war ich wirklich überrascht. »Also davon kann überhaupt keine Rede sein.« Die Schulleiterin bohrte unerbittlich weiter. »Wer hat das nun geschrieben?«, fragte sie aufgebracht. »Natürlich kennt Florian den Text. Den haben wir am Montag in der Fraktionssitzung so abgestimmt.« – »Also waren Sie das? Haben Sie das geschrieben?«

Es war fast wie in einem Verhör. Warum sollte ich verschweigen, dass der Text von mir stammte? Trotzdem verstand ich nicht ganz, worauf meine Gesprächspartnerin hinauswollte. Zwar hatte ich den Text geschrieben, aber er drückte doch die Meinung aller Fraktionsmitglieder aus. Dafür hatten wir ja am vergangenen Montag noch ein paar Änderungen untergebracht und das Thema auch schon eine Woche vorher besprochen.

»Ja«, gestand ich schließlich meine Urheberschaft. Dabei kam ich mir vor, als hätte ich ein Brötchen aus dem Schulkiosk gestohlen und würde jetzt von der Schulleiterin zur Rede gestellt. »Ich habe das am Wochenende so aufgesetzt und am Montag in der Fraktionssitzung vorgestellt. Wir haben noch ein paar Änderungen vorgenommen, aber schließlich waren alle dafür.« – »Ich finde das eine Unverschämtheit, Herr Zimmermann, eine Hetzkampagne sondergleichen. Wir hatten eine Abmachung in der Schullenkungsgruppe.«

Davon wusste ich nichts. »Ach ja?« – »Wie Sie da jetzt vorgeprescht sind. Das ist ungeheuerlich. Ich sage Ihnen – und auch auf die Gefahr hin, dass Ihnen das egal ist –, wenn dieser Text so rausgeht, dann verlasse ich diese Schule.« – »Aber ...«

Ich wusste wirklich nicht, was ich dazu sagen sollte. Ja, es war mir ziemlich egal, ob sie die Schule verlassen würde oder nicht. Was für eine idiotische Drohung, dachte ich innerlich und stellte mir für einen Augenblick vor, dass sie tatsächlich ihren Dienst quittieren könnte. »Schulleiterin verlässt Grundschule aus Protest«, würde es in der Zeitung heißen. Und im Untertitel ein Zitat der Zurückgetretenen: »›PETO hat den Bogen überspannt.‹« Der Gedanke brachte mich zum Schmunzeln.

»Die CDU und die FDP haben doch auch schon ihre Vorstellungen öffentlich gemacht«, versuchte ich unser »Vorpreschen« zu rechtfertigen. »Ja, darüber war ich auch nicht sehr erfreut. Und gerade deshalb lautete die Empfehlung der Schullenkungsgruppe ja auch, dass sich alle Beteiligten mit öffentlichen Meinungsäußerungen zurückhalten sollen«, blieb die Schulleiterin unnachgiebig.

Natürlich verschickten wir die Pressemitteilung trotzdem, was dazu führte, dass nur zwei Tage später eine Stellungnahme der katholischen Grundschule veröffentlicht wurde, in der uns »Realitätsverlust« vorgeworfen und unser »unsinniger Vorschlag« in scharfen Worten kritisiert wurde. Florian war nicht sehr erfreut; trotzdem fand ich es besser, öffentlich für eine Meinung kritisiert zu werden, als sich gar nicht zu äußern. Mit einer so heftigen Reaktion auf unseren Vorschlag hatten wir allerdings nicht gerechnet.

Am Ende der Debatte blieb alles beim Alten. Die katholische Grundschule durfte zur Freude der Lehrer und Eltern an ihrem Platz bleiben, die beiden anderen Schulen wurden zusammengelegt, ohne die einzelnen Standorte aufzugeben. An einem der beiden Standorte, und zwar dort, wo wir die katholische Grundschule unterbringen wollten, sollte fortan nur noch eine erste Klasse pro Schuljahr beginnen. Durch die enge Zusammenarbeit mit den anderen Schulen und ein gemeinsames Lehrerkollegium konnte der Standort damit bewahrt bleiben.

»Wenn wir uns nicht so vorschnell geäußert hätten, dann wäre uns einiger Ärger erspart geblieben«, konnte sich Florian seine Kritik an unserem Vorgehen nicht verkneifen. Schlimm war es allerdings auch nicht. Die heftige Reaktion der Baumberger Schulleiterin hatte uns zumindest bewiesen, dass unsere Positionen ernst genommen wurden.

Zielkonzept 2020 – Lisa ist frustriert

Im Mai 2006 wechselten wir den Fraktionsvorsitz. Während ich mich in die zweite Reihe zurückzog, wurde Lisa absprachegemäß zur neuen Vorsitzenden der PETO-Fraktion gewählt. Im Prinzip bereitete ich mich von nun an auf meinen Abschied vor.

Der Wechsel zwischen Lisa und mir war lange geplant. Doch in der Folgezeit gab es immer wieder Probleme. Zwar saß ich im Ratssaal nun tatsächlich auch platztechnisch in der zweiten Reihe, doch wenn ich mich in Sitzungen zu Wort meldete, was nicht einmal mehr häufig vorkam, dann empfand Lisa das als Korrektur ihrer eigenen Redebeiträge oder als Bevormundung. Auch von den anderen Fraktionen fühlte sie sich nicht akzeptiert. »In den Augen der CDU bin ich doch immer nur das kleine Mädchen«, ärgerte sie sich oft, wenn wir über die Diskussionen im Rat und in einzelnen Ausschüssen sprachen. »Die nehmen mich überhaupt nicht ernst.«

Besondere Schwierigkeiten glaubte sie im Ausschuss für Stadtplanung, Umwelt und Verkehr zu haben. Dort vertrat sie die PETO-Fraktion schon vor unserem Wechsel im Fraktionsvorsitz als Sprecherin. »Wenn ich mich melde, habe ich oft das Gefühl, dass Herr Gronauer mich absichtlich übersieht«, verdächtigte sie den Vorsitzenden, der von der CDU gestellt wurde, andere Ausschussmitglieder durch seine Sitzungsleitung zu begünstigen. Und in der Tat hatte er sich mir gegenüber tatsächlich schon mal negativ über Lisa geäußert: »Ein bisschen nervig ist die kleine Riedel ja schon«, sprach er mich auf einem Vereinsfest am Bierstand an. Davon hatte ich Lisa jedoch nie erzählt, um sie nicht noch weiter zu verunsichern.

Was die Fraktionsarbeit anging, wollte Lisa ihre Sache besonders gut machen. Sie war ohnehin schon immer sehr ehrgeizig. Nach der Realschule wechselte sie aufs Gymnasium, um dort ihr Abitur zu machen. Wahrscheinlich hatte sie in einer Familie mit drei Kindern, einer Schwester und einem Bruder, schon zu Hause gelernt, sich durchzusetzen. Die Zielstrebigkeit, die sie in der Schule an den Tag gelegt hatte, behielt sie auch in der Uni bei. Ihr gerade begonnenes Jurastudium wollte sie unbedingt in der Regelstudienzeit abschließen, um bei der Examensprüfung den dann möglichen Freiversuch nutzen zu können.

Florian und ich legten in der Uni ein anderes Tempo vor. Für politische Termine ließen wir gerne mal einzelne Seminare oder Vorlesungen sausen. Lisa tat das auch hin und wieder, im Gegensatz zu uns wirkte sich das bei ihr aber nicht auf das Ergebnis aus.

Lisas Einsatz, verbunden mit dem Gefühl, im ersten Jahr als Fraktionsvorsitzende nicht immer ernst genommen zu werden oder akzeptiert zu sein, forderte seinen nervlichen Tribut. Als sie mich in dieser Zeit wegen eines Problems mit dem sogenannten *Zielkonzept 2020* anrief, klang ihre Stimme wütend bis verzweifelt. »Daniel«, sagte sie, »ich habe langsam keine Lust mehr darauf. Die Sache wird immer schlimmer.«

In der Ratssitzung ein paar Wochen vorher ging es schon einmal um diese Sache, das Zielkonzept. Nachdem der Stadtrat vor einiger Zeit beschlossen hatte, welche Ziele Monheim im Jahr 2020 erreichen sollte, stellte sich jetzt die Frage, was dafür getan werden musste. Eigentlich eine prima Sache, schließlich ist es immer gut, wenn man Ziele hat. Noch besser ist es aber, wenn man auch einen Plan hat, wie man sie verwirklichen möchte. Thomas Dünchheim fand die Geschichte mit dem Zielkonzept unglaublich wichtig, weil er nicht nur »von einer Wahl zur nächsten denken« wollte, wie er immer wieder sagte. Echte Kommunalpolitik müsste wieder mit Zielen, Träumen und Visionen aufwarten, man benötigte eine Art Agenda 2010 für Monheim. Während manche an dem Ausspruch von Helmut Schmidt festhalten, wer Visionen habe, der solle lieber zum Arzt gehen, lud Thomas Dünchheim zur Projektarbeit in einer der Monheimer Zielkonzeptgruppen ein. Diese arbeiteten nun, nachdem die Visionen für Monheim am Rhein im Rahmen des Zielkonzepts fertig ausgearbeitet waren, an den entsprechenden Handlungskonzepten. Schließlich sollten die gesteckten Ziele ja auch erreicht werden.

An dieser Arbeit war Lisa nicht ganz unwesentlich beteiligt. Nach der Kommunalwahl hatten wir sie als Mitglied für die koordinierende Zielkonzeptgruppe nominiert. Insbesondere um die Bereiche Kinder und Jugend sollte sie sich kümmern, gerüstet mit ihrem Laptop, selbst erstellten Powerpointpräsentationen und mit einem ordentlichen Maß an Motivation. Um die Treffen vorzubereiten, hatte sie sich häufig mit Frau Hein und Frau Tonn, zwei rührigen Sozial- und Jugendhilfepolitikerinnen von den Grünen und der SPD getroffen. Die drei stimmten dann Formulierungen und Änderungsvorschläge ab. Bestimmt hätten sie auch gern jemanden von der CDU bei ihren gemeinsamen Treffen dabei gehabt, doch dort interessierten sich nur wenige für die aufwendige Projektarbeit.

Lisa dagegen war wie immer ausgesprochen engagiert. Sie wollte in der Zielkonzeptgruppe etwas für die Kinder und Jugendlichen in der Stadt erreichen. Von ihrer ursprünglichen Motivation war mittlerweile allerdings nicht mehr viel übrig. Vielmehr war der Frust, der Lisa inzwischen im Bauch umherschwirrte, deutlich zu spüren. Oder um es mit ihren eigenen Worten während der letzten Ratssitzung zu sagen: »Ich fühle mich nach Strich und Faden verarscht!«

Hoppla. Nicht nur Bürgermeister Dünchheim wachte plötzlich aus seiner kurzfristigen geistigen Abwesenheit auf. Auch sonst schauten alle im Sitzungssaal mit einem Mal auf unsere Fraktionsvorsitzende. »Endlich wird es mal wieder etwas interessanter«, dachte ich von meinem Platz in der zweiten Reihe aus. Eine gewisse Unruhe konnte ich mir dabei aber nicht verkneifen. Ich schaute genau, ob Thomas Dünchheim zu seiner Sitzungsglocke greifen würde, um unserer Vorsitzenden einen Ordnungsruf zu verpassen.

Während einige CDU-Mitglieder noch versuchten, ihre Blicke mit empörten Mienen zu garnieren, holte Lisa schon zum nächsten

Schlag aus: »Die Formulierungen im Handlungskonzept sind nachträglich verändert worden. Wenn man den Text Wort für Wort mit den Ergebnissen aus den Vorbesprechungen vergleicht, gibt es da einige Unterschiede.«

Das war ein starker Vorwurf, den niemand im Sitzungssaal auf Anhieb entkräften konnte. »Sollte es wirklich versehentlich zu Änderungen gekommen sein, werden wir selbstverständlich die ursprüngliche Arbeitsfassung nachreichen. Ich kann mir das aber wirklich nicht erklären«, versuchte Herr Dünchheim die Wogen zu glätten.

In einer zweiten Wortmeldung rang sich Lisa dann doch etwas Sanftmut ab: »Ich empfinde es einfach als unglaublich frustrierend, wenn wir all die Arbeit umsonst ins Zielkonzept gesteckt hätten. Für die einzelnen Formulierungen haben wir in den Gruppen unglaublich viel Zeit benötigt. Ich fühle mich einfach übergangen, wenn darin im Nachhinein etwas verändert wird.«

Aber vier Wochen nach der Ratssitzung gab es dann doch keine ursprüngliche Arbeitsfassung, die nachgereicht wurde. Vielmehr hatte der zuständige Sachbearbeiter die Ratsmitglieder auf Nachfrage darüber informiert, dass sich Lisa völlig im Irrtum befände. Bei der Abschlussbesprechung für den Bereich Kinder und Jugend wäre sie ja auch gar nicht dabei gewesen.

Lisa war sich aber sicher, dabei gewesen zu sein, denn schließlich war sie es selbst, die die Gruppenergebnisse den anderen Zielkonzeptmitgliedern präsentiert hatte. »Das habe ich doch nicht alles geträumt«, seufzte sie konsterniert in den Telefonhörer.

Es dauerte einige Zeit, bis Lisa ihren Frust aus der Zielkonzeptgruppe verarbeitet hatte. Ob sie sich einfach nur getäuscht hatte oder die Stadtverwaltung wirklich Änderungen am ausgehandelten Entwurf vorgenommen hatte, ließ sich letztlich nicht mehr nachvollziehen. Die Sache war ihr irgendwann selbst nicht mehr so wichtig. Auch das Problem, das Lisa und ich in manchen Sitzungen hatten, erledigte sich irgendwann, indem wir uns besser absprachen und ich meine Wortmeldungen vorher bei ihr anmeldete. Als mich dann noch Herr Gronauer ein zweites Mal auf Lisa ansprach und sein Urteil über sie in aller Form revidierte, war klar, dass unserer weiteren gemeinsamen politischen Arbeit nichts mehr im Wege stand. »Die hat sich gut gemacht«, erzählte Herr Gronauer mir bei einem weiteren Vereinsfest. »Das hätte ich ihr anfangs gar nicht zugetraut.«

»Grenzen des politischen Talents«

»Haben Sie sich eigentlich schon mal überlegt, ob Sie für PETO einen eigenen Bürgermeisterkandidaten nominieren wollen?«, fragte mich eines Tages Herr Dünchheim bei einem Gespräch in seinem Büro. »Nein, warum sollten wir?«, antwortete ich völlig überrascht. Bis zur nächsten Wahl dauerte es noch etwa zwei Jahre. Mit unserem Auftritt im Stadtrat waren wir so weit zufrieden. Wir hatten überhaupt keinen Grund, uns jetzt schon Gedanken über die nächste Kommunalwahl zu machen.

»Sie müssen wissen«, holte Herr Dünchheim aus, »dass ich im Moment über meine persönliche Zukunft nachdenke.« Mit rund vierzig Jahren glaube er, dass für ihn der richtige Zeitpunkt gekommen sei, um noch eine zweite Karriere zu beginnen. »Die Arbeit als Bürgermeister macht mir unglaublich viel Spaß, aber irgendwann muss man sich nach Alternativen umsehen«, erklärte er mir. »Ich möchte auf keinen Fall erleben, dass ich irgendwann mit fünfzig Jahren abgewählt werde und dann Schwierigkeiten habe, noch etwas anderes zu machen.«

Dann legte er eine kurze Pause ein und sah mich sehr ernst an. »Ich würde Ihnen das nicht erzählen, wenn ich Ihnen nicht zutrauen würde, dass Sie dieses Gespräch absolut vertraulich behandeln und ganz für sich behalten.« Ich nickte zustimmend und erklärte, dass er sich auf meine Verschwiegenheit verlassen könne. Daraufhin eröffnete er mir: »Ich werde bei der nächsten Wahl nicht noch einmal antreten.«

Erst wusste ich nicht, was ich dazu sagen sollte. Würde er noch einmal kandidieren, hätte er sicher gute Chancen, wiedergewählt zu werden. »Was wohl die CDU dazu sagt?«, fragte ich mich spontan. Mit der hatte sich Herr Dünchheim immer wieder gestritten. Möglich, dass die CDU froh war, ihn loszuwerden. Andererseits stellte er für sie ein echtes Zugpferd dar. Der Verlust wäre nur schwer zu kompensieren. Anders sah es bei der SPD aus. Sie hatte bereits eine Kandidatin. Ursula Schlößer sollte 2009 in jedem Fall wieder antreten. Bis jetzt ging sie noch davon aus, dass ihr Gegner Thomas Dünchheim heißen würde.

Ich behielt die Information auch innerhalb der Partei erst einmal für mich. Was wir bei PETO damit anfangen sollten, war mir ohnehin nicht richtig klar. Vor ein paar Wochen erst hatte Lisa in einem Interview im Lokalteil der *Westdeutschen Zeitung* auf die Frage, ob wir einen eigenen Kandidaten für die Bürgermeisterwahl aufstellen würden, erklärt, dass sie das für sehr unwahrscheinlich hielt.

Wir hatten bei den letzten beiden Wahlen bewusst darauf verzichtet, weil wir uns sowieso keine Chancen ausrechneten. Dazu kam, dass man in Nordrhein-Westfalen mindestens 23 Jahre alt sein muss, um bei der Kommunalwahl als Bürgermeisterkandidat anzutreten. Geeignete Kandidaten in diesem Alter hatten wir bisher nicht. Inzwischen war die Situation zwar eine etwas andere, Florian, Lisa und ich waren alle alt genug, um zu kandidieren; dass sich aber etwas an den Erfolgsaussichten eines solchen Projekts geändert hatte, bezweifelten wir.

Lisa war außerdem der Meinung, dass es nicht gut wäre, wenn sich ein Mitglied als Bürgermeisterkandidat nach vorn drängen würde. »Für uns standen immer Themen im Vordergrund, nie die Personen. Ein Bürgermeisterkandidat wäre das Gegenteil«, äußerte Lisa sich skeptisch. Und an dieser Meinung hielt sie erst einmal fest.

Wir diskutierten lange, was wir machen sollten. Natürlich habe ich Lisa dann doch irgendwann von meinem Gespräch mit Herrn Dünchheim erzählt. Sie reagierte allerdings weniger überrascht als ich. In erster Linie war sie misstrauisch. »Warum erzählt er dir das?«, fragte sie mich. »Vielleicht stimmt diese Geschichte ja gar nicht und Herr Dünchheim will uns nur dazu bringen, einen Kandidaten zu nominieren, um seine eigenen Chancen zu verbessern«, mutmaßte Lisa. Von dieser Seite hatte ich das Ganze noch gar nicht betrachtet. »Das können wir natürlich nicht wissen«, gab ich zu. Vielleicht war ich tatsächlich zu naiv in dieser Sache. Bei genauerem Nachdenken erschien es mir aber auch irgendwie unlogisch, dass Herr Dünchheim mich angelogen haben sollte. Lisas Verschwörungstheorie wirkte auf mich nicht sehr schlüssig.

Wir einigten uns am Ende darauf, dass es egal wäre, was Herr Dünchheim machen würde, wir mussten unsere Entscheidung für uns selbst treffen. Als ich im Juli 2008 gegenüber der *Westdeutschen Zeitung* andeutete, dass wir mit dem Gedanken spielten, jemanden zu nominieren und ich selbst durchaus Lust hätte, diese Aufgabe zu übernehmen, hatte das jedoch erst einmal böse Folgen. Die Lokalredaktion der *Rheinischen Post* fühlte sich übergangen. »Sie können doch nicht eine solche Aussage platzieren, ohne die anderen Lokalzeitungen zu informieren«, tadelte mich Herr Janßen von der *Rheinischen Post*, nachdem er bei seinem Kollegen von unserem Vorhaben gelesen hatte. »Wenn Sie natürlich Wert darauf legen, dass in einer Zeitung über Sie berichtet wird, deren Abonnentenzahl nur ein Drittel so groß ist wie unsere«, machte er seinem Ärger Luft, »dann will ich Sie nicht davon abhalten, dieses Blatt auch weiterhin mit exklusiven Informationen zu versorgen.« Wie verärgert er tatsächlich war, ahnte ich am nächsten Morgen, als ich seinen Kommentar mit dem Titel »Grenzen des politischen Talents« in der Zeitung las.

Ich sei ja talentiert, »ein fleißiger und intellektuell begabter Junge«, aber als Bürgermeisterkandidat würde mir einfach das Format fehlen, schrieb Herr Janßen. Ohne Berufserfahrung und als schlechter Redner, sei es für mich wohl ziemlich aussichtslos, bei der Bürgermeisterwahl antreten zu wollen. »›Früh übt sich, wer ein Meister werden will.‹ Unter diese Überschrift lässt sich wohl am ehesten der offenbar vorhandene Wunsch des einstigen Fraktionschefs Daniel Zimmermann packen, Bürgermeister werden zu wollen«, unterstellte mir Herr Janßen. Meine häufig zu langen, wenig zuspitzenden Redebeiträge »ließen und lassen nach wie vor Grenzen des politischen Talents erkennen«.

War diese Kandidatur vielleicht doch nur eine fixe Idee? Nach der Lektüre des Zeitungsartikels fühlte ich mich wie neun Jahre zuvor, als die *Rheinische Post* anstelle des Wahlkampffotos unserer letzten Bezirkskandidatin ein großes Fragezeichen veröffentlicht hatte. Dieses Mal ging es im Text jedoch um mich selbst. Fast war es mir peinlich, jemals über die Sache mit der Kandidatur nachgedacht zu haben.

Was mich am meisten ärgerte, war die Unterstellung, es wäre mein größter Wunsch, »Bürgermeister werden zu wollen«. Das hörte sich nach reiner Karriereplanung an, die mir völlig fremd war. Es passte überhaupt nicht zu meinem Selbstverständnis. Im Gegenteil: Wenn die anderen PETO-Mitglieder dagegen wären, würde ich es einfach sein lassen. Ich hatte wenig Lust darauf, mich mit einer aussichtslosen Kandidatur lächerlich zu machen. Da spätestens nach dem Artikel von Herrn Janßen ein gewisses Risiko bestand, dass die ganze Idee ein großer Flop werden würde, mussten zumindest die PETO-Mitglieder vom Projekt überzeugt sein. Ansonsten konnte ich es besser gleich bleiben lassen.

Trotz des vernichtenden Urteils in Herrn Janßens Zeitungsartikel war eine große Mehrheit dafür. Mit nur einer Gegenstimme beschlossen wir auf unserer Mitgliederversammlung im August 2008, dass wir einen Kandidaten aufstellen wollten. Bei der zweiten Abstimmung, wer es machen sollte, fiel die Wahl bei nur einer Enthaltung sehr eindeutig auf mich. Lisa hatte, entgegen ihrer ursprünglichen Auffassung, ein ausführliches Statement abgegeben, warum sie für meine Nominierung war. Damit überzeugten wir die letzten Skeptiker.

Mittlerweile sah sich auch die CDU in der Pflicht, einen Bürgermeisterkandidaten aufzustellen. Neben meiner Kandidatur stand bisher nur fest, dass Ursula Schlößer für die SPD antreten würde. Für alle anderen Parteien wurde es Zeit, sich festzulegen.

Während die SPD und wir schon erste Vorbereitungen für unsere Wahlkämpfe trafen, bastelte die CDU noch daran, überhaupt einen geeigneten Spitzenkandidaten zu finden. Hinter den Kulissen muss es dabei wie in einer Castingshow zugegangen sein. Rund vierzig Bewerber stellten sich einer internen CDU-Kommission vor. Kaum einer kam durch. Die wenigen, die geeignet erschienen, sagten von sich aus ab. Am Ende präsentierte die CDU ihren Mitgliedern einen Kandidaten, der von außerhalb kam.

Tim Brühland, 31 Jahre, Jurist und ehemaliges SPD-Mitglied aus Wülfrath, etwa 20 Kilometer östlich von Düsseldorf, sollte die CDU als Bürgermeisterkandidat in den Kommunalwahlkampf führen. Unter den CDU-Mitgliedern war diese Nominierung äußerst umstritten. Bei einer Kampfabstimmung zwischen Tim Brühland und einer anderen möglichen CDU-Kandidatin, die im Gegensatz zu ihm aus Monheim stammte, sprachen sich nur 43 Mitglieder für Brühland aus. 42 Mitglieder stimmten für seine Mitbewerberin. Ein knapperes Ergebnis hätte es bei der parteiinternen Kandidatenfindung gar nicht geben können. Da die CDU ihre Mitgliederversammlung öffentlich ausgerichtet hatte, waren die Lokalzeitungen voll von Berichten über die innere Zerrissenheit der Partei. Vielleicht war meine Kandidatur doch nicht so aussichtslos, wie Herr Janßen dachte.

PETO wird älter – Zielgruppe 30 plus

Alles begann mit Frau Lange. Florian war von ihr auf einem Neujahrsempfang der Stadtverwaltung angesprochen worden. Sie wollte für den Monheimer Seniorenbeirat kandidieren und fragte Florian, ob PETO sie dabei nicht unterstützen könnte. Sie hätte keine Lust, für die Seniorengruppen der CDU oder der SPD anzutreten, könnte sich aber vorstellen, zusammen mit PETO die Seniorenbeiratswahl zu bestreiten.

Wir waren ziemlich überrascht von dieser Anfrage, denn der Seniorenbeirat soll die Interessen der über 55-Jährigen vertreten. Das war nicht die Altersgruppe, die bisher für PETO aktiv geworden war. Zwar hatten wir – was viele nicht wissen – immer schon ältere Mitglieder in unserer Partei, sie hatten sich jedoch stets zurückgehalten und alle Ämter und Funktionen den jüngeren Mitgliedern überlassen. Meine Großeltern waren, solange sie noch lebten, unsere beiden ältesten Mitglieder. Auch meine Eltern, die Eltern und die Großmutter von Daniel O. sowie Holgers Mutter waren noch vor der Kommunalwahl 1999 bei PETO eingetreten, um uns zu unterstützen. Damals verfolgten wir noch das Ziel, innerhalb kürzester Zeit vierhundert Mitglieder zu werben. Das Alter dieser vielen Mitglieder spielte keine Rolle, denn wir waren ausschließlich darauf bedacht, die Kriterien des Bundeswahlleiters zu erfüllen. Später dann, als wir merkten, dass der Bundeswahlleiter sich nicht dafür interessierte, wie viele Mitglieder wir tatsächlich hatten und wir unser Vierhundert-Mitglieder-Ziel wieder aufgaben, blieben unsere Eltern und Großeltern einfach dabei. Sie freuten sich, wenn sie regelmäßig die Parteizeitung bekamen, und zahlten fleißig ihren Mitgliedsbeitrag.

Dass Monheim überhaupt einen Seniorenbeirat bekommen hatte, war in erster Linie eine Idee von CDU und SPD. Nachdem relativ bald nach der Wahl 1999 – sicher auch als Reaktion auf die Gründung von PETO – ein Jugendparlament ins Leben gerufen worden war, wurde im Jahr 2004 auch ein Seniorenbeirat gegründet. Ursprünglich war geplant, das Mindestalter auf 60 Jahre festzulegen, doch die CDU wollte unbedingt, dass die Monheimerinnen und Monheimer schon mit 55 Jahren Senioren sind, und setzte diese Altersgrenze durch. Der Seniorenbeirat wird alle fünf Jahre zeitgleich mit dem Stadtrat gewählt und besteht aus neun Mitgliedern. Bei der Kommunalwahl bekommen alle Wählerinnen und Wähler ab 55 einen zusätzlichen Stimmzettel in die Hand gedrückt, auf dem sie zwischen der »Senioren-Union« von der CDU, der Arbeitsgemeinschaft »60 plus« von der SPD oder der »Bürgerliste Seniorenbüro« wählen können.

In diese Seniorenbeiratswahl eine PETO-Liste einzubringen, erschien uns relativ absurd. Unserem Verständnis nach sollte PETO sich nicht zu einer x-beliebigen, unabhängigen Wählervereinigung mit überwiegend älteren Mitgliedern entwickeln, sondern auch in Zukunft eine Jugendpartei bleiben. Die »Junge Alternative« in Zülpich bei Köln war uns ein mahnendes Beispiel. Wie wir in Monheim hatte dort 1999 eine Gruppe Jugendlicher die Idee, an der Kommunalwahl teilzunehmen. Zehn Jahre später waren viele der Gründungsmitglieder immer noch aktiv. Neue und vor allem immer wieder jüngere Leute dazuzuholen, ist der »Jungen Alternative« allerdings kaum gelungen. Die Gruppe unterscheidet sich heute nur noch wenig von anderen Wählergemeinschaften, die abseits der etablierten Parteien Kommunalpolitik betreiben. Solchen Wählervereinigungen fehlt aber oft ein verbindendes Element. Allein der Anspruch, gegen die etablierten Parteien zu sein, macht noch lange keine gute Politik aus.

Ein weiteres Problem sahen wir darin, dass niemand von uns außer Florian Frau Lange überhaupt kannte. Warum sollten wir sie für die Seniorenbeiratswahl unterstützen? Andererseits erschien uns die Idee auch irgendwie verlockend. Sie war so verrückt, dass es sich vielleicht lohnte, genauer darüber nachzudenken. Die ganze Parteigründung hatte 1998 mit einer ungewöhnlichen Idee begonnen.

Eine Teilnahme von PETO-Leuten an der Seniorenbeiratswahl wäre quasi dem gleichen verrückten Anspruch gefolgt. Wir hätten das Projekt »Seniorenbeiratswahl« auch als Realsatire angehen können, als Kritik der Jugendpartei an der politischen Vormachtstellung der älteren Generation, einer Welt, in der das Bedürfnis eines älteren Anwohners nach Ruhe mehr zählt als der Bewegungsdrang der Kinder auf dem Spielplatz direkt gegenüber. – So weit wollten wir es dann doch nicht spinnen, aber die Vorstellung, in das letzte ureigenste kommunalpolitische Refugium von CDU und SPD vorzudringen, erschien uns außerordentlich interessant. Was die Mitgliederzahlen anging, waren wir der SPD dicht auf den Fersen. Die CDU hatten wir mit ihrem Monheimer Stadtverband bereits zahlenmäßig überholt. Was solche Dinge wie unsere Parteizeitung, das zweimonatlich erscheinende PETO-Blatt, oder die jährliche Beachvolleyball-Party anging, glaubten wir ohnehin, die Nase vorn zu haben, obwohl die anderen Parteien immer mal wieder versuchten, unsere Aktionen zu kopieren. Jetzt noch eins draufzusetzen und den beiden großen Parteien auch im Seniorenbeirat Konkurrenz zu machen, fanden wir ungemein spannend.

Wir diskutierten das Thema immer wieder im Parteivorstand, ohne jedoch eine endgültige Entscheidung zu fällen. »Wir machen uns doch komplett unglaubwürdig«, meinte Janne. »Wir brauchen neue jüngere Mitglieder. Das ist viel wichtiger.« Auch Lisa war skeptisch: »Das macht viel zu viel Arbeit. Wie wollt ihr euch denn mit denen absprechen und die Arbeit koordinieren? Sollen die PETO-Senioren dann in Zukunft an unseren Fraktionssitzungen teilnehmen?«

Mir erschien die Sache zwischenzeitlich ebenfalls aussichtslos, doch Florian ließ nicht locker. Vielleicht lag es an Frau Lange, die ihn wiederholt fragte, ob wir uns eine Teilnahme an der Seniorenbeiratswahl denn nun vorstellen könnten. Florian musste sie immer wieder aufs Neue vertrösten.

Schließlich entschieden wir uns doch, die ältere Zielgruppe anzusprechen. »Unser Problem ist doch, dass Ältere das, was wir machen, zwar oft gut oder sympathisch finden, dass sie darüber hinaus aber keine Möglichkeiten haben, sich stärker mit PETO zu identifizieren oder in irgendeiner Form mitzumachen«, war das Argument, mit dem Florian und ich die anderen überzeugten. Bei der Kommunalwahl sollten uns die Älteren zwar wählen, über unser Parteiprogramm hinaus konnten wir ihnen jedoch nicht viel bieten. Das sollte sich ändern. In Anlehnung an die Arbeitsgemeinschaft »60 plus« der SPD nannten wir unser Projekt »30 plus« – so viel Parodie musste sein.

Ende Mai 2009 war es dann so weit: Unserer Einladung, die wir an alle Mitglieder verschickt hatten mit der Bitte, sie an Eltern, Nachbarn und Bekannte weiterzugeben, waren acht Interessenten über dreißig gefolgt und hatten sich in der Baumberger *Kupferkanne* eingefunden. Diese kleine Kneipe mitten im Wohngebiet wirbt nicht nur mit ihrer internationalen Küche, sondern auch mit der nun von uns angemieteten Kegelbahn im Keller. Jannes Eltern, die Väter von Sabine und Holger, Nataschas Mutter und immerhin auch drei Leute, die wir bisher nicht kannten, waren gekommen. Nachdem unsere erste Bestellung eingetroffen war, eröffnete ich die Sitzung: »PETO ist natürlich zuallererst einmal die Monheimer Jugendpartei. Das soll auch so bleiben. Trotzdem wollen wir versuchen, Ältere stärker einzubinden, als es bisher der Fall war«, lautete das Konzept, das Florian und ich uns zurechtgelegt hatten.

»Das ist eine gute Idee«, meldete sich Holgers Vater zu Wort. »Die Partei hat meiner Meinung nach in den vergangenen Jahren gezeigt, dass sie nicht nur Politik für junge Menschen macht.« Einen ähnlichen Gedanken hatten Florian und ich auch gehabt, jetzt sahen wir uns darin bestätigt. Florian war dazu ein Zitat von Oskar Lafontaine in den Sinn gekommen: »Politik für Arme muss nicht von Armen gemacht werden«, soll der einmal gesagt haben. Warum sollten junge Leute also nur Politik für ihre eigene Altersgruppe machen? Im Stadtrat waren wir ohnehin für alle möglichen kommunalpolitischen

Themen zuständig. Uns nur auf Jugendpolitik zu beschränken, reichte schon nach der ersten Wahl und unserer zwar geringen, aber durchaus spürbaren Verantwortung im Stadtrat nicht mehr aus.

»Wie so eine Beteiligung konkret aussehen kann, darüber wollen wir heute mit Ihnen sprechen«, umriss Florian das Ziel der Veranstaltung. »Wir gehen nämlich schon davon aus, dass Sie nicht vorhaben, für den Stadtrat zu kandidieren.« – »Auf der anderen Seite«, warf ich ein, »wollen wir uns nicht an der ›Senioren-Union‹ oder der SPD-AG ›60 plus‹ orientieren, die für ihre Mitglieder sehr viele Freizeitaktivitäten wie zum Beispiel Fahrten nach Berlin oder Straßburg organisieren.«

»Nein, Kaffeefahrten brauchen wir nicht«, stimmte uns Sabines Vater zu. So alt fühlte sich dann doch noch niemand der über 30-Jährigen. Dementsprechend fand auch die Idee, Kandidaten für die Seniorenbeiratswahl aufzustellen, keinen Anklang. »Das ist doch etwas für die echten Senioren«, sagte Holgers Vater, der mit sechzig Jahren der Älteste in der Runde war. Die meisten anderen Anwesenden hätten ohnehin noch nicht für den Seniorenbeirat kandidieren dürfen.

Nach einer zweiten Runde Getränke endete der Abend mit dem Austausch von E-Mail-Adressen. Das sei günstiger als die Post, und PETO könne das Geld noch gut für den anstehenden Wahlkampf gebrauchen, so Holgers Vater.

Florian und ich hatten den 30-plus-Mitgliedern versprochen, dass wir alle Einladungen zu weiteren Treffen vorerst koordinieren würden. Später sollte es dann irgendwann einmal einen eigenen 30-plus-Vorstand geben, der sich darum kümmern würde. Neben politischen Themenabenden, an denen die jüngeren PETO-Mitglieder aus der Ratsfraktion mit den älteren über aktuelle Angelegenheiten in der Kommunalpolitik diskutieren sollten, war außerdem vorgesehen, dass die 30-plus-Leute auch im Wahlkampf helfen sollten. Zumindest hatten sie ihre Hilfe angeboten. »Wir kleben auch gerne mal Plakate oder helfen bei der Flugblattverteilung«, hatte Nataschas Mutter zugesagt. Wir antworteten, dass wir darauf zurückkommen würden.

Zuerst einmal mussten wir jedoch Frau Lange erklären, dass wir sie nicht für den Seniorenbeirat nominieren würden, denn dazu fehlten unseren übrigen 30-plus-Mitgliedern jegliche Ambitionen. »Das war überhaupt kein Problem«, berichtete mir Florian, nachdem er mit Frau Lange gesprochen hatte. »Sie wollte sowieso nicht PETO-Mitglied werden, sondern hat nur nach einer Möglichkeit gesucht, für den Seniorenbeirat zu kandidieren.« – »Dann können wir ja froh sein, dass wir sie nicht aufgestellt haben«, antwortete ich Florian. Unter dem Namen PETO anzutreten, aber mit der Gruppe nichts zu tun haben zu wollen, fand ich schon etwas merkwürdig, und Florian pflichtete mir darin bei. Im Nachhinein waren wir ihr aber dankbar, dass sie uns auf die Idee mit der 30-plus-Gruppe gebracht hatte.

Plakate, Waffeln und eine Hüpfburg

Mit unseren Wahlkampfvorbereitungen begannen wir so früh wie noch nie. Schon ein Jahr vor der Wahl legten wir die Budgets fest, die wir für den Wahlkampf ausgeben wollten. Insgesamt standen rund 30.000 Euro zur Verfügung, die wir in den letzten Jahren tapfer angespart hatten. Die sieben Ratsmitglieder spendeten zu diesem Zweck einen Großteil ihrer Aufwandsentschädigungen, die sie im Stadtrat bekamen, an die Parteikasse. Auf diese Art und Weise kamen monatlich rund 1200 Euro an Spenden zusammen. Davon floss vier Jahre lang etwa die Hälfte in unsere Wahlkampfrücklage. Obwohl es anfangs einige Skeptiker gegeben hatte, die ihre Spendenanteile für zu hoch hielten oder die der Meinung waren, wir bräuchten keine Rücklage in der geplanten Größenordnung, waren wir mittlerweile doch alle sehr froh, dass wir das Geld in Form eines Sparvertrags zur Seite gelegt hatten.

»Wir sollten unseren Plakatwahlkampf ungefähr in der gleichen Größenordnung anlegen, wie die CDU ihn bei der letzten Wahl durchgeführt hat«, schlug ich in einer unserer ersten Besprechungsrunden vor. »Das bedeutet, dass wir ungefähr vierhundert Plakatständer im Format A0 aufbauen und zwanzig Großplakatwände im Format 18/1 aufstellen.« – »Das ist viel zu viel. Wo willst du die alle hinstellen?«, hielt vor allem Karsten dagegen. »Ich bin nicht der Meinung, dass wir die ganze Stadt mit Plakaten überziehen sollten. Das sieht viel zu protzig aus«, meldete sich auch Florian zu Wort. »Vergesst bitte nicht, dass wir dieses Mal zusätzliche Plakate für die Bürgermeisterwahl aufstellen müssen«, stand Lisa mir bei. »Bei der letzten Wahl hatten wir auch schon 250 kleine Ständer und acht

Großplakatwände und da haben wir nur Werbung für unsere Stadtratskandidaten gemacht.«

Wir diskutierten hin und her. Auch die Frage, wo die Plakatständer überhaupt herkommen sollten, spielte eine Rolle. Wir einigten uns darauf, dass wir die Hälfte der vierhundert neuen Ständer in einer Schreinerei herstellen lassen wollten, die andere Hälfte wollten wir selbst zusammenbauen. Schließlich akzeptierte eine Mehrheit der Vorstands- und Fraktionsmitglieder den ehrgeizigen Plakatierungsplan, mit der Einschränkung, dass wir nur so viele Großplakatwände zimmern wollten, wie die Stadtverwaltung uns Aufstellorte genehmigen würde. »Wenn wir keine zwanzig Standorte für die Plakatwände haben, dann brauchen wir die auch nicht bauen«, fasste Karsten den gefundenen Kompromiss zusammen, mit dem alle einverstanden waren.

Wir gingen die kleine Liste, die ich aufgestellt hatte, weiter durch. Schon der nächste Punkt sorgte für erneute Diskussionen. »Wäre es nicht toll, wenn wir an unseren Infoständen eine eigene Hüpfburg hätten?«, schwärmte ich von meiner Idee, die in der Kostenübersicht mit 2500 Euro veranschlagt war. »Damit wären wir schon von Weitem sichtbar. Außerdem würde eine Hüpfburg inhaltlich gut zum Thema Kinder- und Familienfreundlichkeit passen. Das wird meiner Meinung nach eines der zentralen Themen im Wahlkampf sein.«

Der Gedanke kam zwar grundsätzlich ganz gut an, aber die Kosten schreckten viele Vorstandsmitglieder ab. »Ich halte ehrlich gesagt nicht besonders viel von der Idee, eine Hüpfburg zu kaufen«, machte Sabine keinen Hehl aus ihrer Ablehnung. Sie war außerdem verstimmt darüber, dass ich vorgeschlagen hatte, den Spendenbetrag für die Ratsmitglieder um rund zwanzig Euro pro Monat und Person anzuheben, um zusätzliches Geld für die Wahlkampffinanzierung zusammenzubekommen. »Wenn die Hüpfburg tatsächlich wie von dir kalkuliert mit 2500 Euro zu Buche schlägt«, sprach Sabine mich direkt an, »dann habe ich ehrlich gesagt nicht besonders viel Lust, den monatlichen Zusatzbetrag zu zahlen.« Sabine, die beim Finanzamt als Finanzwirtin arbeitete, hatte in der von mir vorgelegten Kostenübersicht sofort durchschaut, dass der Sonderbeitrag eigentlich nur für die Hüpfburg erforderlich wurde. »Ich glaube außerdem, dass uns die Hüpfburg im Wahlkampf nur wenig weiterhelfen wird«, gab sich Sabine kategorisch.

Doch sie wurde überstimmt. »Ich halte das für eine super Idee, auch wenn sie etwas dekadent ist«, meinte zum Beispiel Sven. »Und überlegt mal, dass die CDU momentan in der Fußgängerzone steht und kostenlos Weckmänner verteilt. Das ist viel schlimmer.« Als ich dann noch nebenbei einräumte, dass wir die Hüpfburg durchaus auch selbst ausprobieren könnten, war die Anschaffung beschlossene Sache. Da spielte es auch kein Rolle mehr, dass sich zwei Wochen später, als uns die ersten konkreten Angebote vorlagen, herausstellte, dass die Hüpfburg wesentlich teurer wurde als geplant. Durch die Anbringung unseres Logos und weiterer Sonderwünsche verteuerte sich die Hüpfburg auf 3200 Euro. Wir gaben sie in Auftrag.

Mitte März wurde die Hüpfburg geliefert. Es war wie Weihnachten. Der Spediteur kam zur Garage meiner Eltern und überbrachte uns ein großes buntes Paket, das auf einer Europalette fest in Plastikfolie verschnürt und erstaunlich schwer war. 152 Kilogram hatte die Spedition in ihren Frachtpapieren vermerkt.

Wir benötigten vier Personen und ein stabiles Möbelrollbrett, um die Hüpfburg aus der Garage zu holen. Zuerst rollten wir die mitgelieferte Bodenplane aus. Dann machten wir uns daran, das Hüpfburgpaket aufzuschnüren. Wir schlossen das Gebläse an die ausgerollte Kabeltrommel an und staunten, wie schnell sich der blaue Plastikplanenklumpen aufblähte. »Wahnsinn«, fasste Lisa die allgemeine Stimmungslage zusammen. Selbst Sabine und Karsten, die die Kosten für zu hoch hielten, waren versöhnt. Die Hüpfburg war ein echter Hingucker. Sofort war eine Reihe von Kindern aus der Nachbarschaft meiner Eltern vor Ort. Wir wussten, dass das Konzept in der Fußgängerzone aufgehen würde.

Den Bau der zweihundert Plakatständer in DIN A0 koordinierte Lisas Bruder Max. Im Baumarkt hatten wir vierhundert Holzlatten

Die PETO-Hüpfburg macht nicht nur Kindern Spaß.

und zweihundert Hartfaserplatten bestellt, die zu Lisa und Max nach Hause geliefert wurden. An mehreren Nachmittagen entstanden dort in Akkordarbeit die benötigten Plakatständer. Um den Ständern mehr Stabilität zu verleihen, fügten wir auf der Rückseite der Hartfaserplatten zwischen die beiden Seitenteile drei Querstreben ein, die aus den Holzlatten erst noch passend zugeschnitten werden mussten. Am Ende der Aktion hatte Max tütenweise Sägespäne zusammengekehrt und gemeinsam mit seinen Helfern mehrere Großpackungen Schrauben und Tackerklammern verarbeitet. Als dann noch die zweihundert restlichen Plakatständer, die wir in einer Schreinerei in Auftrag gegeben hatten, geliefert wurden, stand unserem Wahlkampf nichts mehr im Weg.

Sechs Wochen vor der Wahl begannen wir mit unseren ersten Infoständen in der Fußgängerzone. Wie schon im letzten Wahlkampf wollten wir zeitgleich in den beiden Ortsteilen Baumberg und Monheim einen Stand besetzen. Samstags ist im Allgemeinen auch der von den anderen Parteien bevorzugte Wahlkampftag.

Im Gegensatz zu vorherigen Wahlkämpfen wurde nun allerdings der Platz vor dem Rathaus eng. Schuld daran hatten vor allem die SPD mit ihrer mobilen Wahlkampfbühne und wir mit unserer Hüpfburg. So hatte die SPD einen Traktoranhänger mit einem großen Plakat ihrer Spitzenkandidatin Ursula Schlößer bestückt, der als rollende Wahlkampfbühne die Aufmerksamkeit der Passanten auf sich lenken sollte. Neben unserer Hüpfburg wirkte der Anhänger jedoch eher improvisiert und blass. Glücklicherweise setzte die CDU vor allem auf ein attraktives Werbemittelangebot in Form von handbetriebenen Dynamo-Taschenlampen und begnügte sich in ihrem Platzbedarf mit einem klassischen weißen Pavillon. Hätten sich die Wahlkampfstrategen auch hier etwas Raumfüllendes ausgedacht, wäre für die Stände der FDP und der Grünen am Rathaus sicher kein Platz mehr gewesen.

In den ersten Wochen waren die etablierten Parteien auf dem Rathausplatz noch unter sich gewesen. Während sich nämlich CDU, SPD, die Grünen und die FDP um ihren Bundestagswahlkampf kümmerten, zogen wir mit unserer Hüpfburg und einem großen blauen Pavillon, in dem wir frische Waffeln backten, durch die einzelnen Wahlbezirke und veranstalteten kleine Stadtteilfeste. Unsere jeweiligen Direktkandidaten traten dort als Gastgeber auf und stellten sich den Wählerinnen und Wählern in ihrem Bezirk vor. Je nach Standort war die Aktion mal mehr und mal weniger erfolgreich. An rund sechs Sommerferienwochenenden hatten wir alle Wahlbezirke abgeklappert.

Nach den Ferien waren wir dann zum ersten Mal gemeinsam mit den anderen Parteien am Rathaus. Von meinem Vater, der samstags regelmäßig in der dem Rathaus gegenüberliegenden Bäckerei seine Brötchen kauft, wusste ich, dass die SPD ihre Wahlkampfbühne genau dort aufbaute, wo wir unsere Hüpfburg aufstellen wollten. »Die kommen eigentlich nie vor neun«, verriet er mir, als ich ihm von unserem Standortproblem für die Hüpfburg erzählte. »Dann müsst ihr wohl einfach ein bisschen früher als die SPD vor Ort sein.«

Wahlwerbung für ein kinder- und jugendfreundliches Monheim.
Die PETO-Hüpfburg ist bei Wahlveranstaltungen nicht zu übersehen.

Wir verabredeten uns um 8 Uhr 30. Und wir hatten Glück: Es war tatsächlich noch niemand am Rathaus. Während wir unsere Hüpfburg auspackten, kamen zuerst einige Wahlkämpfer der CDU. »Sie wissen ja, dass dort eigentlich immer die SPD steht«, sprach mich ein Mitglied der »Senioren-Union« besorgt an. »Ja, aber das ist die einzige Stelle, an der wir unsere Hüpfburg aufbauen können. Weiter rechts steht die Litfaßsäule im Weg«, rechtfertigte ich unseren Standortanspruch, mit dem der CDU-Senior sich schnell zufriedengab. Schließlich konnte es ihm relativ egal sein, wo wir unsere Hüpfburg platzierten, solange die CDU-Fläche nicht angetastet wurde.

Als dann jedoch um kurz nach neun die SPD mit ihrem Traktoranhänger auf den Rathausplatz einbog, wurde die friedliche Aufbaustimmung jäh unterbrochen. »Was machen Sie denn da?«, rief der sozialdemokratische Traktorfahrer erschrocken zu uns herüber. »Wir finden leider keine andere Stelle, an der wir unsere Hüpfburg aufbauen können«, versuchte ich um Verständnis für unsere Tätigkeit im SPD-Revier zu werben. »Sie können uns doch nicht einfach den Platz wegnehmen«, wurde der Genosse jedoch sehr direkt. »Warum stellen Sie Ihren Traktoranhänger denn nicht hier drüben ab?« Ich zeigte auf die Ecke mit der Litfaßsäule.

»Die Stadt hat uns die Fläche, die Sie gerade für Ihre Hüpfburg klauen, aber genehmigt«, behauptete der SPD-Mann. »Das glaube ich wohl kaum«, hielt ich dagegen. »Die Stadt hat allen Parteien genehmigt, hier ihre Stände aufzubauen. Wer sich wo hinstellt, ist nie festgelegt worden.« – »Das finde ich unglaublich schäbig, Herr Zimmermann. Darüber werden wir uns noch unterhalten«, erwiderte mir der Traktorfahrer unwirsch.

Sichtlich wütend lenkte er seinen Traktor in Richtung der Litfaßsäule. Man konnte ihm ansehen, dass er am liebsten über unsere Hüpfburg gerollt wäre. Zum Glück fuhr er jedoch lediglich mit dem linken Vorderrad seines Traktors über die vor der Hüpfburg ausgelegten Fallschutzmatten.

In der kommenden Woche war die SPD schon um 8 Uhr 30 am Rathausplatz, was uns jedoch nicht wirklich interessierte, da wir unsere Hüpfburg dieses Mal in Baumberg aufbauten. Dort haben die anderen Parteien zwar auch ihre Infostände, doch obwohl der Platz in Baumberg noch beengter ist als in Monheim, gab es hier keinen Streit. Karsten hatte die SPD-Kollegen einfach vorher gefragt, ob es stören würde, wenn wir unsere Hüpfburg mitbrächten. Da die Baumberger SPD-Leute keine Traktoranhänger für ihren Infostand benutzten, rückten sie gern ein paar Meter zur Seite.

In der dritten Woche waren wir dann wieder in Monheim. Dieses Mal bauten wir die Hüpfburg schon um 8 Uhr auf. Zu dieser Zeit war es in der Fußgängerzone zwar noch recht einsam, viel später hätten wir aber nicht kommen dürfen, denn gleich nach uns kam die SPD mit ihrem Traktoranhänger. Der Fahrer sagte nichts. An seiner Miene konnte man jedoch deutlich erkennen, dass es ihm ganz und gar nicht passte, ein weiteres Mal den Kürzeren gezogen zu haben.

Wahlkampf 2009: Zwischen den PETO-Wahlplakaten von 1999 und von 2009 liegen Welten. Auf diesem Plakat sind die Kandidaten für den Monheimer Stadtrat zu sehen.

Doch nicht nur in den Fußgängerzonen, auch in den restlichen Straßen Monheims tobte ein bitterer Konkurrenzkampf. Hier ging es jedoch nicht um Hüpfburgen und Traktoranhänger, sondern um Standorte für die vielen, vielen Wahlplakate. Die Regelungen der Stadtverwaltung erlauben das Aufstellen von Wahlplakaten frühestens drei Monate vor dem eigentlichen Wahltermin. Da die anderen Parteien uns durch die Bundestagswahl, die vier Wochen vor der Kommunalwahl stattfand, zeitlich voraus waren, begannen wir noch früher mit unserem Plakatwahlkampf. Wir organisierten einfach zwei Veranstaltungen, für die wir jeweils vier Wochen Werbung machen durften. Auf diese Art und Weise konnten wir uns strategisch wichtige Punkte im Stadtgebiet schon frühzeitig und vor Beginn der eigentlichen Wahlwerbetermine sichern. Später wurde es zunehmend enger. Einige Bürger beschwerten sich bereits über die Fülle von Wahlplakaten. Doch was sollten wir tun? Bei insgesamt sieben Parteien und Wählervereinigungen mit genauso vielen Bürgermeisterkandidaten kommen eben eine Menge Plakate zusammen.

Einen besonders tollen Standort für eine ihrer Großplakatwände hatte die FDP gefunden: Ihre selbst zusammengeschraubte Holztafel prangte mitten auf einem Monheimer Kreisverkehr. Schon von Weitem war das Plakat deutlich zu erkennen. Jeder Autofahrer, der den Kreisverkehr passierte, konnte – wenn er etwas langsamer fuhr – in Ruhe die liberale Werbebotschaft begutachten. »Wie dreist ist das denn?«, entfuhr es mir, als ich auf einer Plakatklebetour mit Lisa das FDP-Plakat entdeckte. Ich war empört. »Das ist schon ziemlich frech«, meinte auch Lisa. »Die können doch ihre Plakatwand nicht mitten im Kreisverkehr aufstellen.« Konnten sie anscheinend doch, was nicht heißt, dass sie es auch durften. Zu Landstraßen außerhalb der Ortsdurchfahrten, das hatten wir in unseren vorherigen Wahlkämpfen gelernt, sind mindestens 20 Meter Abstand einzuhalten – auf einem Kreisverkehr mit rund 8 Metern Innendurchmesser ein Ding der Unmöglichkeit.

Zwar verhielten wir uns auch nicht wie die Klosterschüler, auf die Idee, eine Plakatwand inmitten eines Kreisverkehrs aufzubauen, wären wir jedoch nicht gekommen. Als ich am nächsten Morgen einige FDP-Leute bei unseren samstäglichen Infoständen in der Fußgängerzone traf, sprach ich sie sofort auf die Plakatwand im Kreisverkehr an. »Toll, nicht wahr? Da wird sie sofort gesehen«, antwortete mir Herr Anhut von der FDP auf meine Frage, wer denn auf die geniale Idee gekommen sei, die Holzwand dort aufzubauen. »Gut sichtbar ist sie auf jeden Fall, leider darf sie dort nicht stehen«, gab ich etwas oberlehrerhaft zu bedenken. »Warum?«, fragte Herr Anhut, dem noch nicht einleuchtete, was er und seine Parteifreunde falsch gemacht haben sollten. »Weil der Abstand zur Landstraße nicht mindestens 20 Meter beträgt und weil das Grundstück dem Landesbetrieb ›Straßen NRW‹ gehört, der dazu seine Zustimmung geben müsste.« – »Aber wir haben eine Genehmigung von der Stadt«, frohlockte Herr Anhut, der sich immer noch über den idealen Standplatz freute. »Ich kann mir kaum vorstellen, dass die Stadt diesen Standort genehmigt hat. Dafür ist sie gar nicht zuständig«, hielt ich ungerührt dagegen. »Hat sie aber«, beharrte Herr Anhut hartnäckig auf seiner Aussage. Er schien sich in dieser Frage wirklich sehr sicher zu sein.

Natürlich ließ die FDP ihre Plakatwand auf dem Kreisverkehr stehen. Herr Anhut und die anderen verließen sich voll und ganz auf die Stadt, die ihnen – wie sich später herausstellte – jedoch lediglich eine Genehmigung für das städtische Grundstück neben dem Kreisverkehr erteilt hatte. Als dann am Montagmorgen Mitarbeiter des Monheimer Bauhofs ausrückten, um die Plakatwand zu entfernen, weil auch die zuständige Straßenmeisterei den Standort erwartungsgemäß für äußerst unpassend hielt, glaubte die FDP, ich hätte die Demontage veranlasst, indem ich die Liberalen bei der Straßenmeisterei verpetzt hätte.

Mit meinen Nachfragen bei Herrn Anhut hatte ich mich verdächtig gemacht. Dabei wollte ich den Kollegen von der FDP doch eigentlich nur einen freundlichen Hinweis geben. Die FDP zu denunzieren wäre ohnehin überflüssig gewesen, denn das Plakat stand so eigenwillig inmitten des Kreisverkehrs, dass es den Straßenwärtern einfach auffallen musste.

Nun, da die Monheimer Plakate ins Blickfeld der Straßenmeisterei gerückt waren, bekamen auch die anderen Parteien Probleme: Zeitgleich mit der CDU, der SPD, den Grünen und der FDP wurden auch wir angeschrieben und aufgefordert, unsere Plakatstandorte binnen 48 Stunden zu überprüfen. Plakate, die nicht den Vorschriften entsprächen, würden kostenpflichtig entfernt. Jetzt hatten wir den Salat. Die Straßenmeisterei hatte den beachtlichen Plakatständerwald bisher geduldet. Das FDP-Plakat hatte jedoch anscheinend das Fass zum Überlaufen gebracht. Nun sollten alle Plakatstandorte überprüft werden. Jedes Plakat, bei dessen Aufstellung die geltenden Vorschriften nicht genauestens beachtet worden waren, musste verschwinden.

Während die CDU ausschwärmte, um ihre Plakate zu versetzen, und die SPD bei der Straßenmeisterei um drei Tage Fristverlängerung bat, verfolgten wir eine andere Taktik. Wir schrieben der Stra-

Daniel Zimmermann als Kandidat für die Bürgermeisterwahlen 2009

ßenmeisterei zurück, dass wir unsere Plakate überprüft und keine Probleme festgestellt hätten. Sollte wider Erwarten doch noch eines unserer Plakate falsch aufgestellt sein, würden wir uns über eine Mitteilung des genauen Standorts freuen.

Zeitgleich legten wir beim Düsseldorfer Verwaltungsgericht Klage gegen die Drohung der Straßenmeisterei ein, unsere Plakate einfach selbst von den Landstraßen zu entfernen. Natürlich war uns klar, dass wir die Bedingungen nicht voll erfüllten, aber bis zur Wahl waren es nur noch zwei Wochen und unsere Plakatwände stellten ja keine Gefahr dar.

Nachdem die anderen Parteien ihre Plakate versetzt hatten und sahen, dass nur noch wir unsere Werbetafeln stehen gelassen hatten, übten sie jedoch Druck auf den Landesbetrieb »Straßen NRW« aus. Auch unsere Plakate sollten verschwinden. Daraufhin sah sich der Landesbetrieb zum Handeln gezwungen. Eine orangefarben gekleidete Kolonne machte sich an einer unserer Großplakatwände zu schaffen. Lisa, die zufällig auf dem Weg nach Hause an dem strittigen Standort vorbeikam, versuchte das Schlimmste zu verhindern und hielt die Männer von ihrer Arbeit ab.

Telefonisch einigten wir uns mit der Straßenmeisterei darauf, dass lediglich die Plakatwand, mit der der Leiter der regionalen Straßenbauer schon im WDR-Fernsehen zu sehen gewesen war, verschwinden musste. Die anderen Standorte wurden geduldet, denn mittlerweile war es nur noch eine Woche bis zur Kommunalwahl.

Wir hatten getan, was wir konnten: Neben den Großplakatwänden hatten wir unsere vierhundert kleinen Plakatständer innerhalb der letzten elf Wochen mit insgesamt 1640 Drucken mit neun verschiedenen Motiven darauf überklebt. Wir verteilten im Zuge von drei aufeinanderfolgenden Verteilaktionen 136.000 Postwurfsendungen in 17.000 Monheimer Briefkästen, veranstalteten unzählige Infostände, Stadtteilfeste und waren auch bei anderen Gelegenheiten mit unserer Hüpfburg unterwegs. Wir waren ein wenig erschöpft, aber wussten auch, dass wir uns mächtig ins Zeug gelegt hatten. Jetzt konnten wir nur noch geduldig das Wahlergebnis abwarten.

ICH KANN BÜRGERMEISTER! –
UND PETO IST AM ZUG

Der Morgen danach

Während ich morgens zu Fuß das Auto hole, das ich am Abend zuvor, nachdem wir auf das Wahlergebnis angestoßen hatten, vorsorglich stehen gelassen habe, bekomme ich einen ersten Vorgeschmack auf Situationen, wie sie mir demnächst wohl häufiger begegnen werden. Ich treffe Herrn Heinig von der Straßenverkehrsabteilung der Stadtverwaltung. Er spricht gerade mit einer Anwohnerin, die sich über die Parkplatzsituation vor ihrem Grundstück beschwert. »Ach, guten Morgen, Herr Zimmermann. Dann können Sie ja gleich mal selbst sehen, wie es hier vor meinem Grundstück mit dem Parken aussieht«, begrüßt mich die etwa 50-jährige schlanke Frau. »Wir können hier nicht einfach eine Sperrfläche aufmarkieren«, sagt Herr Heinig, der noch ganz in das Gespräch mit der Anwohnerin vertieft ist, und weist mit der Hand auf die Fläche vor dem Haus. »Ein Halteverbotsschild wäre genauso teuer«, ergänzt er in meine Richtung. »Aber wenn hier ein Auto steht, komme ich einfach nicht heraus. Sie sehen doch, wie schmal der Zugang ist«, hält die Bürgerin dagegen.

Ich höre mir die Schilderung des Problems geduldig an, schaue dabei jedoch immer wieder zur Uhr. Herr Janßen von der *Rheinischen Post* hat sich bei mir zu Hause für 10 Uhr zum Frühstück angemeldet. Den Termin hatte er sich gestern Abend in weiser Voraussicht gesichert, um mich ausführlich zum Wahlergebnis befragen zu können: »Ich hoffe, Sie vergessen bei all dem Trubel, der ab morgen auf Sie einstürmen wird, nicht Ihre örtliche *Rheinische Post*. Wir begleiten den Erfolg von PETO ja schon seit Jahren mit unserer Berichterstattung. Vielleicht nehmen Sie sich auch deshalb etwas Zeit für uns.«

Es war sicher keine Warnung, die er da ausgesprochen hat, nach dem Motto: Seien Sie weiter freundlich zu uns, dann sind wir auch freundlich zu Ihnen. Tatsächlich hat er wohl eher vorhergesehen, was heute passieren würde: Ein Presseansturm, wie wir ihn in zehn Jahren PETO noch nicht erlebt haben, ist unterwegs nach Monheim. Schon am Morgen hatte sich dieser angekündigt, als um halb sieben der Radiosender 1LIVE bei Jana zu Hause anrief. Ich habe gestern im leicht angetrunkenen Zustand einem Radioreporter vom WDR ihre Telefonnummer gegeben, die er nur für ein einziges Interview im Morgenprogramm verwenden wollte, wie er mir hoch und heilig versprach. Das Morgenprogramm nimmt, wie sich durch erbarmungsloses Klingeln in aller Frühe herausstellte, jedoch keine Rücksicht auf verkaterte Wahlkämpfer, die ihren ersten Termin erst um zehn haben und bis dahin eigentlich ausschlafen wollen.

»Wir wollten nur mal hören, ob Sie gleich für ein kurzes Interview zur Verfügung stehen. Herr Briesch meldet sich dann in etwa zwanzig Minuten bei Ihnen«, hörte ich etwas verdutzt und in Boxershorts am Telefon sitzend. Ich bin dann gleich wach geblieben, denn für zwanzig Minuten lohnte es sich wohl kaum, wieder ins Bett zurückzukehren. Das Interview selbst war dann schnell erledigt. Um kurz vor sieben konnte ich mich wieder hinlegen. Im Bett gingen mir jedoch tausend Gedanken durch den Kopf: »Das *Sojus* muss noch aufgeräumt werden. Ob es uns gelingt, nach der Party gestern genug Helfer zusammenzutrommeln? Um zehn kommt Herr Janßen. Nachmittags müssen wir noch Dankesaufkleber auf den Plakaten anbringen.« Richtig schlafen konnte ich nicht mehr.

Entsprechend müde stehe ich neben Herrn Heinig und der Hauseigentümerin und höre mir die Probleme an, die sich aus der schmalen Grundstückserschließung ergeben. Als Bürgermeister, wird mir plötzlich klar, ist man quasi für alles verantwortlich – für die Kindergartengebühren, die zu hoch sind, für Erfolge und Misserfolge der städtischen Wirtschaftsförderung, für Buslinien, Geschwindigkeitsbegrenzungen und Zebrastreifen oder für die Parkplatzsituation vor einer Grundstückseinfahrt. Eine schnelle Lösung in Sachen Parkverbot ist heute Morgen nicht in Sicht. Herr Heinig will sich etwas überlegen. Ich muss los, um das Auto zu holen, will wenigstens noch ein paar Brötchen besorgen. Den Gedanken, zu Hause aufzuräumen bevor Herr Janßen kommt, habe ich schon längst aufgegeben.

Nachdem ich mit zwei Handgriffen wenigstens die schmutzige Wäsche vom Boden entfernt und das dreckige Geschirr im Spülbecken versenkt habe, klingelt es schon an der Tür. Herr Janßen und der Fotograf der *Rheinischen Post* nehmen in meiner kleinen Wohnung auf dem tiefen Sofa Platz. Beide schauen sich neugierig um. So wohnt der zukünftige Bürgermeister.

Als ich vor einem Jahr zu Hause ausgezogen bin, musste es in erster Linie günstig sein. Während meines Studiums habe ich noch bei meinen Eltern gewohnt. Hinter dem kleinen Flurbereich, von dem ein fensterloses Bad mit Dusche und Klo abgeht, öffnet sich ein fast quadratischer Raum mit großen Fenstern, der gleichzeitig als Küche, Schlaf-, Wohn- und Esszimmer dient. Die Wände sind in hellgrün gestrichen. An den Fenstern fallen vor allem die roten Vorhänge auf. In der vorderen linken Ecke befindet sich eine kleine Einbauküche mit leuchtend roten Schränken, die vom Rest des Zimmers durch eine etwa einen Meter halbhohe Wand abgetrennt ist. Direkt dahinter steht eine kleine Sitzecke, die komplett mit Ikea-Möbeln ausgestattet ist: ein einfaches Holzgestell-Sofa mit aufgelegten Sitzkissen, ein passender Schaukelstuhl und unter dem schwarzen fünfarmigen Kronleuchter ein kniehoher birkenholzfarbener Abstelltisch. Auf der rechten Seite steht unter dem Fenster ein großes, 1,60 Meter breites Bett. Damit man es nicht sofort vom Flur aus sieht, teilt eine schulterhohe Bücherregalwand den Raum in zwei Teile.

Herr Janßen macht sich Notizen. »Auf dem Schreibtisch mit kleiner Arbeitsfläche steht – gleich neben dem Laptop – ein orangefarbenes Uralt-Telefon mit Wählscheibe. Ein Apparat aus einer Zeit, als Zimmermann noch gar nicht auf der Welt war«, schreibt er später in seinem Artikel.

»Am Telefon wirkten Sie gestern sehr gefasst. Wie fühlen Sie sich heute?«, lautet seine erste Frage. Ich ziehe die Beine an und wippe

Erste Interviewtermine mit dem frisch gekürten Bürgermeister in seiner Wohnung. Das Apartment ist kleiner als sein zukünftiges Büro.

leicht im Schaukelstuhl, während ich mir eine Antwort zurechtlege. Verschiedene Gefühle vermischen sich in mir. Ich freue mich unbeschreiblich über das Wahlergebnis, spüre gleichzeitig aber auch schon die riesige Verantwortung, die auf mir lastet. »Ich habe eine Menge Respekt vor dem, was auf mich zukommt«, erkläre ich Herrn Janßen, »vielleicht fällt mir Triumphgeschrei deshalb so schwer.«

»Wissen Sie eigentlich, wie viel Sie jetzt monatlich verdienen?«, will Herr Janßen wissen. »Nein, damit habe ich mich noch nicht beschäftigt.« – »Ich habe nachgeschlagen. Es sind rund 7500 Euro brutto«, gibt er die Antwort gleich selbst. »Das ist einiges«, bemerke ich erstaunt, während Herr Janßen die selbst recherchierte Information mit einem breiten Schmunzeln im Gesicht auf seinen Block schreibt: »Als Monheimer Bürgermeister verdient der Mann, den sein scheidender Vorgänger Thomas Dünchheim (CDU) lange Zeit ›das größte politische Talent der Stadt‹ nannte, künftig mehr als

90.000 Euro im Jahr. Eine Zahl, die Zimmermann für einen kurzen Moment verdutzt dreinschauen lässt.«

»Darf man erwähnen, was Sie bisher verdient haben?«, will Herr Janßen weiter wissen. »Das können Sie ruhig schreiben. In der Uni waren es monatlich 700 Euro.« – »Was haben Sie dort genau gemacht?« – »Ich habe als Wissenschaftliche Hilfskraft im Romanischen Seminar gearbeitet, zwei Tutorien im Bereich Sprachwissenschaften geleitet und in der Seminarbibliothek die Neuanschaffungen verschlagwortet.« In den nächsten Tagen muss ich unbedingt noch nach Köln in die Uni, um meinem Prof zu erklären, dass ich nicht weiter zur Verfügung stehe. Das orangefarbene Telefon klingelt, doch ich hebe nicht ab. »Darum kann ich mich später kümmern«, erkläre ich den beiden Mitarbeitern der *Rheinischen Post*, als der Anrufbeantworter das Gespräch bereits aufnimmt. »Guten Tag, hier ist Norbert Jakobs von der *Westdeutschen Zeitung*. Ihr Vater hat mir Ihre Telefonnummer gegeben. Bitte rufen Sie mich so schnell wie möglich zurück«, hören wir durch den Lautsprecher des Gerätes.

Herr Janßen jubiliert innerlich. »Jaja, der Kollege«, sagt er genauso beiläufig wie vergnügt. In Monheim liefern sich die *Rheinische Post* und die *Westdeutsche Zeitung* einen erbitterten Wettkampf um die besten Meldungen, was vor allem an den beiden zuständigen Lokalredakteuren liegt. Dabei liest sowieso kaum jemand beide Zeitungen gleichzeitig. Wer von beiden welche Nachricht zuerst bringt, ist also eigentlich völlig irrelevant.

»Ziehen Sie jetzt in eine größere Wohnung?«, fragt Herr Janßen, während es im Anrufbeantworter noch leise tutet. »Warum sollte ich das tun?« – »Meinen Sie denn nicht, dass sich Ihr Leben jetzt verändert?« – »Ich glaube nicht«, lautet meine Antwort. »Ich werde sicher weniger Freizeit haben. Aber die Tatsache, dass ich jetzt mehr Geld verdiene, ist noch kein Grund, eine andere Wohnung zu suchen.«

Nach einigen weiteren Fragen zu meinen politischen Zielen, die Herr Janßen aus dem Wahlkampf ohnehin schon kennt, macht sein

Daniel Zimmermann spielt Gitarre: Viele Pressefotos sind mehr oder weniger gestellt.

Kollege ein paar Bilder. Herr Matzerath arbeitet schon bei der *Rheinischen Post*, seit es PETO gibt. Das allererste Foto, das von den Gründungsmitgliedern in der Zeitung erschienen ist, stammt ebenfalls von ihm. Das ist jetzt etwa zehneinhalb Jahre her.

»Was sind eigentlich Ihre Hobbys?«, fragt Herr Janßen, während mich sein Kollege in eine passende Position hinter das Wählscheibentelefon dirigiert. »Ich spiele sehr gerne Gitarre und mache regelmäßig Obstweine.« – »Vielleicht könnten Sie uns ja etwas auf der Gitarre vorspielen. Das gibt bestimmt ein paar schöne Fotos«, schlägt Herr Matzerath vor.

Ich packe pflichtbewusst meine Gitarre aus und spiele ein kurzes Stück aus einer lateinamerikanischen Sammlung namens *Suite Latina.* Herr Matzerath berührt mit seinem Objektiv fast den Gitarrenhals, so dicht kommt er heran, um ein gutes Bild zu machen. Sein schreibender Kollege lauscht zunächst andächtig und macht sich dann weitere Notizen.

Derweil laufen bei Lisa und Florian unzählige Presseanfragen auf. Als Herr Janßen und Herr Matzerath mein Apartment verlassen, sehe ich auf meinem Handy, das stumm geschaltet war, acht Anrufe in Abwesenheit, drei davon sind von Lisa. »Wo steckst du?«, fragt sie fast verzweifelt, als ich sie zurückrufe. »Wir bekommen ständig neue Anrufe von verschiedenen Zeitungen, Radio- und Fernsehsendern. Alle wollen Interviews.«

Countdown bis zur Amtsübernahme

Bis zur eigentlichen Amtsübernahme habe ich 52 Tage Zeit. Solange bleibt noch Herr Dünchheim als Bürgermeister im Amt. Mein erster offizieller Arbeitstag steht wie bei allen anderen neu gewählten Bürgermeistern in NRW auch am 21. Oktober an. Zeit genug, um mich ordentlich auf die Arbeit vorzubereiten, um die vielen Presseanfragen zu beantworten, aber auch, um nach dem intensiven Wahlkampf ein paar Tage Urlaub zu machen.

Zuerst sind die Presseanfragen dran. Als ich Lisa und Florian am Tag nach der Wahl mittags im Rathaus treffe, präsentiert Lisa mir bereits eine kleine Liste mit Terminen, die sie für den Nachmittag gemacht hat. Auch mein Handy hört nicht mehr auf zu klingeln. Während ich Interviews gebe und die Herrschaft über mein Telefon an Lisa abtrete, kümmert Florian sich mit ein paar Helfern darum, im *Sojus* die Spuren unserer Wahlparty zu beseitigen.

Kamerateams vom WDR, von Sat.1 und RTL geben sich die Klinke in die Hand, drehen teilweise gleichzeitig. Dazwischen kommen Zeitungsjournalisten und Radioreporter vorbei, die alle ähnliche Fragen stellen: »Fühlen Sie sich nicht zu jung für diesen Job?« – »Haben Sie mit dem Wahlerfolg gerechnet?« Oder: »Was wird Ihre erste Amtshandlung sein?«

Ganz oft wird auch die Frage gestellt, wie man PETO ideologisch einordnen kann. »Ist die Partei eher rechts oder links? Und mit welchen Parteien arbeiten Sie bevorzugt zusammen?«

Während wir vor zehn Jahren auf unseren ersten Flugblättern den flotten Spruch »Wir sind nicht rechts oder links, wir sind vorne!« zum Besten gegeben haben, erzählen wir heute eher, wie verschieden

Das Medieninteresse nach der Wahl ist riesig. Vertreter von Zeitungen, Funk und Fernsehen reißen sich um Interviews.

unsere Mitglieder sind und dass wir versuchen, ideologiefreie Kommunalpolitik zu betreiben. Vor Ort gibt es einfach viele Dinge, die sich nicht grundsatzpolitisch entscheiden lassen. Insofern ist es schwer, PETO in ein bestehendes Schema einzuordnen. Da in Monheim gleichzeitig mit dem Monheimer Stadtrat aber auch der Kreistag in Mettmann gewählt wurde, lässt sich ein interessanter Vergleich vornehmen, der mehr oder weniger zeigt, welchen sonstigen politischen Lagern die PETO-Wähler angehören.

Unserer spontanen Analyse, von der wir den Presseleuten nach der Wahl berichten, liegt die Annahme zugrunde, dass die meisten Wähler, die für den Stadtrat eine der etablierten Parteien gewählt haben, das auch auf dem zweiten Stimmzettel getan haben, den sie für die Kreistagswahl erhalten haben. Wenn man die Differenzen zwischen den Monheimer Ergebnissen für die Kreistagswahl und denen für die Stadtratswahl bildet, müsste man also sehen können, welchen anderen Parteien die PETO-Wähler normalerweise nahestehen.

So hat zum Beispiel die CDU bei der Stadtratswahl 5286 Stimmen bekommen. Auf dem Kreistagsstimmzettel machten aber 7115 Monheimer ihr Kreuzchen bei der CDU. Das ergibt eine Differenz von 1829 Wählerstimmen. Wiederholt man die Rechnung auch für die Ergebnisse der anderen Parteien, kommt man in der Summe ziemlich genau auf die Gesamtzahl der PETO-Stimmen für die Monheimer Stadtratswahl. Davon haben rund 30 Prozent der Wähler bei der Kreistagswahl die Grünen gewählt. Bei der CDU machten etwa 35 Prozent aller PETO-Wähler ihr Kreuzchen. Die SPD liegt in dieser Auswertung bei 23 Prozent, die FDP bei 10 Prozent und die Linkspartei bei 6 Prozent. Vergleicht man das mit den regulären Ergebnissen für die Stadtrats- und die Kreistagswahl, fallen mit Ausnahme der starken Unterstützung für die Grünen keine Besonderheiten auf. Alle anderen Parteien bewegen sich im Rahmen ihrer üblichen Ergebnisse. PETO scheint also von Anhängern aller politischen Parteien gleichermaßen gewählt worden zu sein. Das entspricht in etwa der Art und Weise, wie sich die aktiven PETO-Mitglieder bei Landtags- oder Bundestagswahlen verhalten. Sie wählen alle möglichen Parteien, wenn PETO nicht auf dem Stimmzettel erscheint.

Bezogen auf die zwölf Sitze, die PETO im Stadtrat gewonnen hat, ergibt der Kreistagswahlvergleich, dass unsere Teilnahme an der Stadtratswahl die CDU vier Sitze, die SPD und die Grünen jeweils drei Sitze und die FDP und die Linke jeweils einen Sitz gekostet hat. Zumindest bekämen die Monheimer Ratsfraktionen so viele Mandate zusätzlich, wenn PETO nicht angetreten wäre und sich die Wählerstimmen für den Stadtrat genauso wie bei der Kreistagswahl verteilt hätten.

Die Reporter machen sich eifrig Notizen. Mittlerweile sind wir im Büro von Herrn Dünchheim angelangt. »Können Sie bitte einmal am Bürgermeisterschreibtisch Probe sitzen?«, fragt der Kameramann von RTL. »Und wenn Sie sich danebenstellen und irgendetwas in den Akten erklären könnten«, gibt er meinem Amtsvorgänger gleich die dazu passenden Regieanweisungen. »Sehr gut«, werden wir beide gelobt. »Wenn Sie sich jetzt noch einmal kurz begrüßen könnten. Ich habe den Anfang nicht drauf, wie Sie ins Büro hereingekommen sind.«

Ich klopfe ein zweites Mal an die Tür des Bürgermeisterbüros. »Herr Zimmermann, herzlichen Glückwunsch zur Wahl«, begrüßt mich Herr Dünchheim noch ein bisschen fröhlicher als beim ersten Mal, während er die Tür öffnet und mich händeschüttelnd zu sich hereinzieht. »Das war perfekt, danke!«, befindet der Mann mit der Kamera. »Jetzt brauchen wir nur noch einen kurzen O-Ton«, meldet sich sein Kollege an Herrn Dünchheim gewandt zu Wort.

»Glauben Sie, dass Herr Zimmermann der Verantwortung gewachsen ist? Das Bürgermeisteramt ist doch sicher ein unglaublich aufreibender Job.« – »Ja, Sie werden für alles verantwortlich gemacht, müssen sich jeder Frage stellen und können sich da kaum herauswinden«, antwortet Herr Dünchheim. »Diesem Druck ist nicht jeder gewachsen. Es gibt Bürgermeister, bei denen die Familien zerbrochen sind. Es gibt Bürgermeisterkollegen, die mehr als nur krank geworden sind.« Schlechte Aussichten, denke ich und frage mich, was für ein Horrorszenario Herr Dünchheim da eigentlich gerade entwirft. Doch dann ergänzt er: »Ich glaube, ein junger Bürgermeister kann so etwas besser als ein alter Bürgermeister, der mit seinen körperlichen Kräften anders haushalten muss.« Ich bin ein wenig beruhigt. Die Aufgabe könnte sich bewältigen lassen.

Während Lisa und ich im Rathaus weiter mit Presseleuten sprechen, hat Florian es noch irgendwie geschafft, Dankesaufkleber auf unseren Wahlplakaten anzubringen. Auch das *Sojus* ist gereinigt und übergeben, Janne und ein paar andere haben dort ein kleines Wunder vollbracht. Gegen 20 Uhr treffen wir uns noch einmal kurz, bevor jeder nach Hause geht und müde in sein Bett fällt.

Die nächsten Tage werden nicht weniger anstrengend. Zahlreiche weitere Interviews reihen sich aneinander wie Perlen auf einer Schnur. Irgendwie schaffe ich es zwischendurch noch, mich für eine Stunde nach Köln in die Uni abzusetzen. Bisher wusste dort außer einigen meiner Freunde niemand über meine politischen Aktivitäten in

Daniel Zimmermann an seinem neuen Arbeitsplatz im Monheimer Rathaus

Monheim Bescheid. »Herr Zimmermann, das ist ja eine Überraschung!«, begrüßt mich mein Sprachwissenschaftsprofessor, als er mich auf dem Flur sitzen sieht. Gerade hat der letzte Student die wöchentliche Sprechstunde verlassen. »Dass Sie überhaupt noch mal vorbeikommen, damit habe ich ja gar nicht gerechnet«, setzt er erfreut hinzu. »Wir haben hier alle schon von Ihrem großartigen Coup aus der Presse erfahren.« Ich habe zwar bislang nicht geheim gehalten, dass ich im Stadtrat aktiv war, an die große Glocke habe ich es allerdings auch nie gehängt. Warum auch? Wenn ich wegen politischer Verpflichtungen in Pflichtvorlesungen oder Seminaren mehr als die erlaubten zwei Mal pro Semester fehlte, dann war ich meistens ehrlich, ansonsten habe ich meine Aktivitäten gegenüber den Dozenten aber nicht erwähnt. Meine Hiwi-Jobs konnte ich mir zum Glück immer flexibel einteilen.

»Sie sind das eigentlich sehr vernünftig angegangen«, findet mein Professor, der es immer noch nicht richtig fassen kann. »Wir hatten hier mal einen Studenten, der für den Bundestag kandidiert hat. Darüber wussten alle Bescheid. Bei der Wahl war er aber absolut chancenlos. Dann macht man es doch besser wie Sie: Lieber nichts erzählen und anschließend den großen Wahlsieg einfahren!« Was mich denn nun genau erwarte und ob man als Bürgermeister in Monheim hauptamtlich tätig ist. »Ja, deshalb bin ich ja hier. Den Job in der Bibliothek und die Tutorien werde ich nicht weitermachen können«, erkläre ich ihm. »Machen Sie sich doch darüber keine Gedanken«, beruhigt er mich. Wir plaudern eine Weile darüber, wie ich zur Politik gekommen bin. »Was verdienen Sie jetzt eigentlich, wenn ich so direkt fragen darf?«, möchte mein Prof wissen. »B 6«, antworte ich. »Was? Das ist ja noch eine Besoldungsstufe über meiner«, ruft er überrascht. Aber er freut sich mit mir und schaut mich an, als wolle er mir kräftig auf die Schulter klopfen. »Da kann man nur gratulieren.«

Nach diesem kleinen Ausflug in mein altes Leben erwarten mich in Monheim erste Detailfragen für die Zeit nach dem 21. Oktober. »Die Leitung des Vorstandsbüros muss neu besetzt werden«, erklärt mir Herr Dünchheim. »In dieser Position brauchen Sie jemanden, auf den Sie sich absolut verlassen können.« Ob Lisa keine Lust hätte, die Stelle zu übernehmen, fragt er noch. Als Juristin mit einem abgeschlossenen Ersten Staatsexamen sei sie perfekt dafür geeignet. Sie könnte die Stelle quasi als persönliche Referentin ausfüllen.

Ich winke ab. Dieser Job würde überhaupt nicht in Lisas Lebensplanung passen. Außerdem wird sie von der neuen PETO-Fraktion als Fraktionsvorsitzende gebraucht. Gleichzeitig in der Stadtverwaltung zu arbeiten und dem Stadtrat als Ratsmitglied anzugehören, das ist rechtlich nicht möglich. Die Stelle muss anders besetzt werden. Jemand aus der Stadtverwaltung wäre ideal. »Ich fände es gut, wenn wir die Stelle mit jemandem besetzen könnten, der kompensiert, was mir fehlt«, umreiße ich grob das Anforderungsprofil. »Also jemand mit Verwaltungserfahrung und genauen Kenntnissen über die Abläufe in der Stadtverwaltung.« Herr Frömmer, der die Personalabteilung leitet, will sich Gedanken machen.

Ein paar Tage später drückt er mir einen Zettel mit der Handynummer von Frau Hellingrath in die Hand. »Sie hat in der Stadtverwaltung schon in verschiedenen Abteilungen gearbeitet, kennt sich bestens aus und wäre sicherlich sehr motiviert für solch eine Aufgabe«, erläutert mir Herr Frömmer seinen Vorschlag zur Stellenbesetzung. »Außerdem passt Frau Hellingrath mit ihrer Besoldungsgruppe perfekt auf die Leitung des Vorstandsbüros.«

Ich rufe Frau Hellingrath an und verabrede mich mit ihr für den nächsten Tag zu einem konspirativen Kennenlerngespräch im PETO-Fraktionsbüro. Für den Fall, dass sie es sich anders überlegt, soll niemand erfahren, dass sie an der Stelle interessiert war. Doch die Geheimniskrämerei ist unnötig. Nach einem kurzen Gespräch stellen wir fest, dass wir uns eine Zusammenarbeit beide sehr gut vorstellen können. Herr Frömmer kümmert sich um die Formalitäten.

Auch mit Herrn Dünchheim klappt die Übergabe reibungslos. »Habe ich Ihnen schon mal die Geschichte erzählt, wie ich hier als Bürgermeister angefangen habe?«, fragt er mich bei einer unserer kurzen Besprechungen zwischen der Wahl und dem eigentlichen Termin der Amtsübergabe. »Vor zehn Jahren habe ich von Herrn Dr. Kursawe einen kleinen Zettel mit drei Terminen bekommen. Das war's.« Während er spricht, schmunzelt er mich fröhlich an. Fast sieht es so aus, als sei er ein bisschen stolz darauf, trotzdem ganz gut klargekommen zu sein.

»Passen Sie in den ersten Monaten vor allem dann auf, wenn jemand etwas von Ihnen will. Das können Sie sich gar nicht vorstellen, wie viele Leute plötzlich ankommen.« Mitarbeiter, Vereine und findige Geschäftsleute hätten 1999 im Bürgermeisterbüro Schlange gestanden. »Seien Sie misstrauisch«, warnt mich Herr Dünchheim vor jugendlicher Naivität. »Niemand will Ihnen irgendwelche Geschenke machen.«

Dann lehnt er sich unvermittelt nach vorn, als sei ihm etwas Wichtiges eingefallen. »Es war übrigens ein Fehler, dass ich damals den Fahrdienst abgeschafft habe. Wenn Sie auf dem Weg zu Terminen sind, brauchen Sie die Fahrtzeit zur Vorbereitung. Außerdem sind Sie am Steuer einfach unkonzentriert, weil Ihnen tausend Dinge durch den Kopf gehen.« Im Kreis Mettmann lässt sich rund die

Hälfte aller Bürgermeister fahren. Und auch in anderen Städten der Größe Monheims sei das durchaus üblich.

»Das kann ich unmöglich wieder einführen«, halte ich dagegen. Die Stadt ist hoch verschuldet und in einer Zeit, da mögliche Privilegien von Politikern von der Öffentlichkeit ohnehin sehr misstrauisch beäugt werden, würde ich mir viele Sympathien verscherzen. »Ich kann verstehen, dass Sie so denken«, startet Herr Dünchheim noch einen weiteren Versuch, »aber wenn Sie es jetzt nicht einführen, dann werden Sie es später vielleicht bereuen.«

Das ist mir egal. Ich bleibe dabei. Der Bürgermeister in Monheim wird auch in Zukunft ohne eigenen Fahrer unterwegs sein. Das Einzige, was ich mir für Autofahrten auf eigene Kosten zulege, ist ein Navigationsgerät. Für Auswärtstermine, bei denen ich meistens mit dem alten Renault Clio meines Großvaters unterwegs bin, ist das äußerst praktisch. Und um noch einen Schritt über Herrn Dünchheims Abschaffung des Fahrdienstes hinauszugehen, bitte ich den Hausmeister, das Schild für den Bürgermeisterparkplatz hinter dem Rathaus zu entfernen. Da ich vorhabe, vor allem mit dem Fahrrad zur Arbeit zu kommen, bliebe der Parkplatz ohnehin meist ungenutzt.

In unseren weiteren Gesprächen gibt Herr Dünchheim mir noch Tipps, wie ich am besten mit den Geschäftsführern der städtischen Tochterunternehmen umgehen soll, was bei den Jahresabschlüssen der verschieden Gesellschaften zu beachten und warum es unbedingt erforderlich ist, sich regelmäßig über die laufenden Geschäftsvorfälle informieren zu lassen. Für die letzten zwei Wochen vor meinem Amtsantritt vereinbare ich mit allen zehn Bereichsleitern der Stadtverwaltung einzelne Gesprächstermine. Dann fahren Jana und ich erst einmal in den Urlaub.

Einstand im Rathaus

Zu Beginn meines ersten Arbeitstags holt mich der Fotograf der *Rheinischen Post* von zu Hause ab. Wir haben uns um 7 Uhr 30 verabredet. Obwohl Herr Matzerath von der vereinbarten Uhrzeit nicht gerade begeistert war, steht er dennoch pünktlich vor meiner Haustür. »Wir würden gerne eine kleine Fotoreportage über Ihren ersten Arbeitstag machen«, erklärte er mir, als er mich anrief. Draußen ist es noch dunkel. Herr Matzerath schießt die ersten Bilder mit Blitz – wie ich aus der Haustür nach draußen trete, wie ich auf mein Fahrrad steige und Richtung Rathaus fahre.

Dort wartet bereits ein Kamerateam des ARD-Morgenmagazins auf uns. »Könnten Sie mit Ihrem Fahrrad bitte noch einmal um die Ecke kommen? Wir haben das jetzt so schnell nicht aufnehmen können«, bittet mich der Kameramann, nachdem wir uns kurz begrüßt haben. Ich folge brav den Regieanweisungen und fahre noch einmal an den Fahrradständern des Haupteingangs vor.

Gegen 8 Uhr treffe ich dann mit der Gruppe aus Fernsehleuten und dem Fotografen in meinem Büro ein. Dort begrüßt mich Herr Herrmann, der Kämmerer, mit einem förmlichen Schreiben, das noch von meinem Vorgänger unterzeichnet ist und den Titel »Einweisung in eine Planstelle« trägt.

»Sehr geehrter Herr Zimmermann«, heißt es darin, »Sie wurden von den Bürgerinnen und Bürgern der Stadt Monheim am Rhein zum Bürgermeister gewählt. Hierzu spreche ich Ihnen meinen herzlichen Glückwunsch aus. Gemäß § 119 Absatz 3 des Landesbeamtengesetzes NRW (LBG NRW) ist Ihr Beamtenverhältnis auf Zeit kraft Gesetzes zum 21. Oktober 2009 begründet. Mit Wirkung vom

Daniel Zimmermann an seinem ersten Arbeitstag als Bürgermeister auf dem Weg ins Rathaus

gleichen Datum weise ich Sie in eine Planstelle der Besoldungsgruppe B 6 ein.«

Willkommen in der Behörde, denke ich mir. Außerdem hat Herr Herrmann noch einen Ausdruck aus dem städtischen Buchhaltungssystem dabei, der den aktuellen Stand der Gewerbesteuerzahlungen darstellt. Das schmucklose weiße DIN-A4-Blatt weist anstelle der eigentlich für 2009 geplanten 15,5 Millionen Euro einen Gesamtbetrag von 19,5 Millionen Euro aus. Damit liegen die Steuereinnahmen für 2009 über den Erwartungen. Handschriftlich hat Herr Herrmann darauf in brauner Schrift vermerkt: »Lieber Herr Zimmermann, um diesen Ertragswert bei der Gewerbesteuer dauerhaft zu erreichen, am besten schon ab 2011, werden wir alle gemeinsam viel strampeln müssen. Fangen wir an!« Er überreicht mir den Gewerbesteuerauszug zusammen mit einem dicken Buch mit dem Titel *Dresbach, Kommunale Finanzwirtschaft Nordrhein-Westfalen*.

»In dieses Buch hat Herr Dünchheim viel zu selten hineingeschaut«, mahnt mich Herr Herrmann, es anders als mein Vorgänger zu machen, der schon seit zwei Wochen nicht mehr im Rathaus gesehen worden ist. »Resturlaub«, erklärt mir Frau Uhlig, die im Vorstandsbüro weiter für die Bürgermeistertermine zuständig bleibt.

Für mich laufen die ersten Arbeitstage im Rathaus ähnlich ab, wie schon die letzten zwei Wochen vorher. Der einzige Unterschied ist, dass sich seit heute eine Menge Mappen und Aktenordner in meinem Posteingangsfach stapeln, die durchgesehen oder abgezeichnet werden wollen.

Nachdem vormittags einige Pressetermine anstehen, treffe ich mich mittags mit Herrn Herrmann und dem Geschäftsführer der Monheimer Elektrizitäts- und Gasversorgung, um den Wirtschaftsplan für das kommende Jahr zu besprechen. Anschließend findet das letzte der zehn Bereichsleitergespräche mit Herrn Waters statt, der für Stadtplanung und Wirtschaftsförderung zuständig ist. Am Nachmittag gehe ich dann zur Mitgliederversammlung der Monheimer Ortsgruppe des Sozialverbands VdK, auf der ich ein Grußwort sprechen soll, bevor ich abends an der konstituierenden Fraktionssitzung der PETO-Fraktion teilnehme.

In der Stadtverwaltung laufen unterdessen die Vorbereitungen für die erste Sitzung des neuen Stadtrats auf Hochtouren. Gemeinsam mit Frau Hellingrath und Herrn Liebermann sowie einem Techniker aus dem städtischen Gebäudemanagement begehe ich ein paar Tage vor der Ratssitzung den Sitzungssaal und probiere die Bedienung der Mikrofonanlage aus.

Im holzgetäfelten Ratssaal sind die Sitzplätze der vierzig Ratsmitglieder in zwei großen Halbkreisen angeordnet. Die Fraktionsmitglieder der SPD, der Grünen, von PETO, der FDP und der CDU sitzen von links nach rechts in einer festen Sitzordnung jeweils nach Parteiangehörigkeit zusammen. Alle Tische in den beiden Halbkreisen sind fest miteinander verbunden, sodass für normale Zuschauer nicht zu erkennen ist, wo die Grenzen zwischen den Fraktionen verlaufen und welche Ratsmitglieder welcher Fraktion angehören.

Allein das Alter der Ratsmitglieder gibt einen Anhaltspunkt, denn die zwölf Ratsfrauen und Ratsherren der PETO-Fraktion sind zwischen 18 und 27 Jahre alt. Die jüngsten Ratsmitglieder außerhalb der PETO-Fraktion finden sich bei den Linken und in den Reihen der CDU. Tim Brühland, mein Gegenkandidat bei der Bürgermeisterwahl, ist 31 Jahre alt. Das jüngste Ratsmitglied der Linken bringt es auf 29 Jahre. Die Mehrheit der übrigen Ratsmitglieder hat die Vierzig deutlich überschritten. Während es die Mitglieder der PETO-Fraktion auf ein Durchschnittsalter von 22 Jahren bringen, liegt das der übrigen Ratsmitglieder bei 51 Jahren.

Den beiden Halbkreisen gegenüber befindet sich direkt vor einem großen, aus Hunderten von Mosaiksteinchen zusammengesetzten Stadtwappen ein dreiteiliger breiter Tisch, an dem in der Mitte der Bürgermeisterstuhl steht. Wie alle anderen Stühle im Ratssaal ist er mit einem hellen ockerfarbenen Polster bezogen, verfügt aber über eine Rückenlehne, die höher ist als die der anderen Stühle und bis über die Schultern reicht. »Hier ist der rote Knopf, mit dem man alle anderen Mikrofone stumm schalten kann«, erklärt der Gebäudetechniker. »Und das hier sind die Schalter für die Mikrofone am Rednerpult, für den Zuschauerbereich und das drahtlose Handmikrofon.« Ich schaue mir die Knöpfe aufmerksam an, um später während der Sitzung keine Fehler zu machen.

Als einziger Stuhl im Ratssaal ist der Bürgermeistersessel mit einem Sitzkissen aus einem üblichen Polsterstoff ausgestattet. Warum es auf den Stuhl liegt, weiß niemand so genau. Vielleicht wollte einer meiner Vorgänger in seinem Sessel größer wirken und nicht so tief sitzen.

Links und rechts neben dem Bürgermeister haben Herr Liebermann, der Beigeordnete, und Frau Hellingrath, die das Protokoll über die Ratssitzungen führt, ihre Plätze. Sie sind die Einzigen, mit denen ich mich während einer Sitzung im Flüsterton austauschen kann. An drei weiteren länglichen Tischreihen, die flügelartig neben dem Bürgermeistertisch angeordnet sind, sitzen die neun Bereichsleiter der Stadtverwaltung, außerdem der Kämmerer, die Gleichstel-

Junge Gesichter im Rathaus: Ratsmitglieder unter dreißig sind in Deutschland eher eine Seltenheit. Der Monheimer Stadtrat bildet hier eine Ausnahme.

lungsbeauftragte, ein Mitarbeiter der städtischen Rechtsberatung und der Leiter der Rechnungsprüfung.

Der dunkelgrüne Teppichboden, die hohe weiße Decke und sechs gewaltige Kronleuchter verstärken den gediegenen Eindruck der Holzvertäfelung und geben dem Ratssaal gemeinsam mit einer Deutschlandfahne, einer Europafahne und den Fahnen der Partnerstädte, die in einer Art überdimensionalem hölzernen Schirmständer aufgebaut sind, eine gewisse staatstragende Atmosphäre. Passend dazu trage ich während der Ratssitzung anders als sonst einen dunklen Anzug mit Hemd und Krawatte. Auch die meisten Ratsmitglieder sind feierlich gekleidet.

Diskutiert wird von den Plätzen aus. Zwar steht neben dem Bürgermeistertisch ein Rednerpult, doch meistens benutzen die Ratsmitglieder die Tischmikrofone, die an ihren Plätzen aufgestellt sind. »Dann kann die Sitzung ja kommen«, meint Herr Liebermann, der sich die Knöpfe am Bürgermeisterpult sicherheitshalber auch noch einmal angesehen hat.

In den letzten Wochen hat er sich intensiv um alle Vorbereitungen gekümmert. Was ihm am meisten Sorgen macht, ist die Verteilung der Posten und Sitze in Ausschüssen, Aufsichtsräten und sonstigen Gremien. »Wenn es hierbei Streit gibt, dann kann die erste Ratssitzung sehr lange dauern.« In diesem Fall, hat Herr Liebermann herausgefunden, müsste nämlich jedes der rund 25 Gremien einzeln besetzt werden.

Herr Liebermann arbeitet seit rund dreieinhalb Jahren bei der Stadtverwaltung. Er ist als Beigeordneter der einzige Beamte im Rathaus, der vom Stadtrat gewählt wird. Zusammen mit dem Bürgermeister gilt er als sogenannter Wahlbeamter. Die Wahl des Beigeordneten findet alle acht Jahre statt. In manchen Stadtverwaltungen gibt es auch zwei, oft sogar mehrere Beigeordnete. Monheim hat aus Kostengründen nur einen. Und selbst dessen Stelle war nicht unumstritten. Als 2006 der Vorgänger von Herrn Liebermann in Pension ging, wollten SPD und Grüne die Stelle ganz streichen. Damit konnten sie sich jedoch nicht gegen die anderen Parteien durchsetzen, sodass Herr Liebermann den Job bekam.

Vorher hatte es ein großes Auswahlverfahren gegeben. Mehr als vierzig Verwaltungsleute aus allen möglichen Städten hatten sich um die Beigeordnetenstelle in Monheim beworben. Herr Liebermann machte einen soliden Eindruck. Ein korrekt gekleideter Enddreißiger mit anstandslosem Lebenslauf: Verwaltungsausbildung, anschließend Jurastudium, Beigeordneter der Stadt Haan. Neben Herrn Liebermann gab es noch zwei weitere aussichtsreiche Bewerber, die zum Vorstellungsgespräch eingeladen waren. Wenn wir innerhalb der PETO-Fraktion über die Kandidaten sprachen, deren Namen im Auswahlverfahren möglichst geheim bleiben sollten, unterhielten wir uns über Herrn Liebermann als den »Verwaltungsjuristen«. Die beiden anderen Bewerber, die die Auswahlkommission übrig gelassen hatte, bekamen die Spitznamen der »Devote« und der »Übermotivierte«. Sie schieden – unsere interne Namensgebung für die beiden legt es nahe – sehr schnell aus dem weiteren Rennen aus.

Überzeugt hatte uns allein Herr Liebermann. Das einzige Problem, das wir mit ihm hatten, war seine Mitgliedschaft in der FDP. Herr Liebermann versprach uns jedoch in einer Fraktionssitzung kurz vor der Beigeordnetenwahl im Stadtrat, dass bei seiner Arbeit »das politische Neutralitätsgebot für Beamte« im Vordergrund stünde. Schon deshalb werde seine Parteizugehörigkeit keine Rolle spielen. Wir glaubten ihm und wurden nicht enttäuscht.

Bei den Vorarbeiten zur Besetzung der Ausschüsse war Herr Liebermann so gründlich, dass er sogar einen Fehler in einem bestehenden Gremium entdeckte. Dem sogenannten Betriebsausschuss für die Städtischen Betriebe fehlten die Arbeitnehmervertreter. »Diese zwei Posten sind beim letzten Mal versehentlich mit zwei Ratsmitgliedern besetzt worden. Das müssen wir unbedingt korrigieren«, erklärte mir Herr Liebermann. Drei Jahre lang hatte es niemand gemerkt. Ich selbst war während meiner Zeit als Ratsmitglied Vorsitzender des Betriebsausschusses gewesen.

Entgegen den Befürchtungen von Herrn Liebermann läuft die Ausschussbesetzung im Rat sehr harmonisch ab. Durch die gründliche Vorbereitung wissen alle Fraktionen, wie viele Posten rechnerisch auf sie entfallen und melden keine zusätzlichen Ansprüche an.

Spannend wird es nur bei der Wahl der beiden stellvertretenden Bürgermeister. Da PETO und die CDU im Rat gleich stark vertreten sind, müssen sie sich einigen. Wir lassen der CDU den Vortritt. Herr Bosbach, der ehemalige CDU-Fraktionsvorsitzende, soll erster stellvertretender Bürgermeister werden. Im Gegenzug unterstützt die CDU Lisa bei der Wahl zur Vorsitzenden des Jugendhilfeausschusses. Lucas, der als zweiter stellvertretender Bürgermeister vorgesehen ist, muss jedoch zittern. Ein Kandidat der SPD tritt gegen ihn an. Die SPD erklärt sogar öffentlich, dass sie Lucas im Amt des stellvertretenden Bürgermeisters für zu jung hält. Um ihren Kandidaten durchzubringen, bräuchte die SPD jedoch sechs Stimmen aus anderen Parteien. Das Manöver misslingt. Lucas wird ohne Probleme gewählt.

Feierlicher Eid: Daniel Zimmermann bei seiner Amtseinführung

In einer kurzen Antrittsrede schwöre ich die Ratsmitglieder auf das bevorstehende Haushaltssicherungskonzept ein, kündige die ersten Maßnahmen zur Sportplatzsanierung an und werbe bei den anderen Fraktionen für eine konstruktive Zusammenarbeit. Anschließend sind alle Ratsmitglieder und die Gäste aus dem Zuschauerbereich zu einem Glas Sekt eingeladen.

Mit den verschiedenen Knöpfen der Mikrofonanlage ist alles gut gegangen. Jetzt kann die Arbeit beginnen.

Der »Chef« hat die Schweinegrippe

Nach einem anstrengenden Klausurtagungswochenende mit der PETO fühle ich mich montags nicht besonders fit. Wir haben wenig geschlafen und abends auch das ein oder andere Bier getrunken. Montagmorgens um kurz vor acht im Rathaus zu erscheinen, ist mir daraufhin nicht ganz leichtgefallen. Dazu kommen leichte Kopfschmerzen und ein lästiger Hustenreiz. Ich schleppe mich durch den Tag.

Um 17 Uhr findet dann zu allem Überfluss auch noch eine Sondersitzung des Verwaltungsvorstands statt. Ein Rechtsanwalt, der die Stadt in einer schwierigen Vertragsangelegenheit vertritt, soll uns über den aktuellen Sachstand informieren. Das tut er dann auch äußerst ausführlich. Rund zwei Stunden dauert die Besprechung. Ich sitze währenddessen auf heißen Kohlen. Die Kopfschmerzen und der raue Hals plagen mich, außerdem will ich unbedingt noch nach Köln, wo ich mit Jana einen Tanzkurs besuche.

Anstrengende Arbeitstreffen bis in die frühen Abendstunden sind keine Seltenheit, umso mehr freue ich mich auf die freie Zeit beim Tanzen. Natürlich ist das nicht besonders erholsam, aber es bietet einmal pro Woche eine schöne Ablenkung. Schon weit vor der Wahl haben Jana und ich uns beim Kölner Unisport zum Tanzkurs angemeldet. »Gesellschaftstanz Level 1 für Anfänger«, lautete der Veranstaltungstitel mit einer vielversprechenden Beschreibung im Kursprogramm: »›Schau mir in die Augen, Kleines‹, sagte er und sah es: den Schmerz in ihrem Gesicht, ihr Flehen: ›nicht noch einmal, Sam‹. Da wusste er: Es war Zeit, endlich zu gehen … und Tanzen zu lernen!« Zwar fühlten wir uns nach dem Anfängerkurs nicht wie Rick und Ilsa aus dem berühmten Film *Casablanca*, aber wir hatten unseren Spaß und wollten auch nach der Wahl unbedingt den Fortgeschrittenenkurs besuchen.

Heute allerdings scheinen meine Füße einem anderen Tempo zu folgen als dem von Tango, Walzer und Jive. Nachts wird es dann plötzlich schlimmer. Ich drehe mich von einer Seite auf die andere und wache immer wieder völlig verschwitzt auf.

Am nächsten Morgen komme ich kaum aus dem Bett. Ich fühle mich, als wenn mich ein Lastwagen überfahren hätte. Unter meinen Augen zeichnen sich tiefe Ränder ab – deutlich stärker als die Augenringe, die ich ohnehin immer habe. Mein Kopf fühlt sich heiß und schwer an. Meine Beine sind müde wie nach einem Langstreckenlauf.

»So ein Mist«, denke ich mir. »Ich bin gerade mal fünf Wochen im Dienst, ich kann jetzt nicht einfach krank werden.« Meine Termine für den Vormittag schießen mir durch den Kopf: Um 8 Uhr steht eine kurze Vorbesprechung mit dem stellvertretenden Vorsitzenden von Marke Monheim e. V. für die Vorstandssitzung am Abend an, um 8 Uhr 30 eine Frühbesprechung mit den Mitarbeiterinnen des Vorstandsbüros, anschließend die offizielle Eröffnung der Kinder-Kinotage im Haus der Jugend und am späten Vormittag dann noch ein Gespräch mit dem Vorsitzenden der Geschäftsführung aus der Bundesagentur für Arbeit in Düsseldorf. Die Termine für den Nachmittag habe ich auswendig nicht im Kopf. »Das kann ich unmöglich absagen«, denke ich, während mir mein dröhnender Kopf und Gliederschmerzen in Armen und Beinen kundtun: »Das schaffst du nicht.«

Ich schwanke zwischen Pflichtbewusstsein und elender Abgeschlagenheit, während ich mir ein Fieberthermometer unter die Achsel klemme. 37,5 Grad Celsius, eigentlich noch nicht dramatisch. Ich ringe mich trotzdem dazu durch, meinen Hausarzt anzurufen. Vielleicht kriegt er mich mit den richtigen Medikamenten wieder fit. »Sie können gleich vorbeikommen. Ich schiebe Sie noch schnell als ersten Patienten vor die Sprechstunde«, sichert mir die Arzthelferin am Telefon zu und macht mir damit Hoffnungen, dass ich es vielleicht doch noch zur Eröffnung der Kinder-Kinotage schaffe. Als ich schon wieder auflegen will, fragt sie noch: »Hatten Sie in den letzten Tagen Kontakt zu Schweinegrippepatienten?« – »Äh nein, ich glaube nicht«, antworte ich etwas verunsichert. An die Schweinegrippe habe ich bisher keinen Gedanken verschwendet. Ich wollte eigentlich schon längst zur Impfung gehen, hatte mir dafür aber einfach keine Zeit genommen, weil ich so viel zu tun hatte. »Wir wollen auf jeden Fall vorsichtig sein«, entscheidet die Sprechstundenhilfe, die mich nicht nur als Patienten kennt, sondern auch deshalb, weil ihre Tochter mit mir Abi gemacht hat und ihr Sohn im IT-Service der Stadtverwaltung arbeitet.

In der Praxis angekommen, werde ich sofort ins Behandlungszimmer durchgewunken. Die beiden Arzthelferinnen signalisieren mir durch ihre Körpersprache, dass ich ihnen bloß nicht zu nahe kommen soll. Der Arzt, der mich schon seit meiner Schulzeit kennt und mich deshalb immer noch duzt, lässt sich kurz mein Leiden schildern und sagt nach einem Blick in meinen Hals: »Das könnte schon die Schweinegrippe sein. Eigentlich wäre es egal. Ich würde dir jetzt ein paar gängige Grippemedikamente verschreiben. Damit es keine Schlagzeilen gibt, sollten wir aber vielleicht doch den Labortest machen.«

»Bürgermeister infiziert Rathaus-Bedienstete mit Schweinegrippe«, geht mir bei dieser Andeutung schon die passende Schlagzeile durch den Kopf. Das wäre tatsächlich eine Katastrophe. Für mehrere Tage nicht arbeiten zu können allerdings auch.

Mit einem Rezept für zwei Grippemedikamente in der Tasche verlasse ich die Arztpraxis. Falls es nicht die Schweinegrippe ist, hat mir der Arzt noch versprochen, könnte er mich für Donnerstagabend kurzfristig wieder fit bekommen. Dann tagt nämlich der städtische Haupt- und Finanzausschuss.

Nach der Apotheke schaue ich noch kurz im Rathaus vorbei. Frau Uhlig rollt spontan mit ihrem Schreibtischstuhl nach hinten, als ich ihr von dem Schweinegrippeverdacht erzähle: »Passen Sie bloß auf, dass Sie uns nicht anstecken. Am Ende müssen wir die ganze Stadtverwaltung unter Quarantäne setzen.« Wahrscheinlich wäre ich normalerweise von der Apotheke direkt nach Hause gefahren. Im Büro liegt allerdings noch die Einladung für die nächste Sitzung des Stadtrats, die ich unbedingt unterzeichnen muss, damit die vorgeschriebene Neun-Tage-Frist eingehalten wird. Nach einer schnellen Unterschrift auf das vorbereitete Einladungsschreiben melde ich mich noch bei Herrn Liebermann ab, der mich in den nächsten Tagen innerhalb der Stadtverwaltung vertreten muss. Was die Außentermine betrifft, bittet Frau Uhlig die beiden stellvertretenden Bürgermeister um Hilfe.

Nachdem ich verschwitzt wie nach einem Langstreckenlauf zu Hause angekommen bin, lege ich mich erst einmal wieder ins Bett. Eigentlich sollte ich jetzt die Kinder-Kinotage eröffnen. Stattdessen schlürfe ich Fencheltee und grübele darüber nach, wie lange ich wohl außer Gefecht gesetzt bin.

Mein Anruf beim Arzt am nächsten Morgen ist schnell erledigt. »Der Befund ist positiv«, erklärt mir der Doktor. »Also definitiv die Schweinegrippe?«, frage ich sicherheitshalber nach, denn die Medikamente, die mir der Arzt am Vortag verschrieben hat, haben gut gewirkt. Ich fühle mich schon wesentlich besser als vorher. »Ja, das ist die echte Schweinegrippe«, bestätigt der Arzt. »Du solltest bis Samstag oder besser noch bis Sonntag keine Termine wahrnehmen.«

O nein, denke ich mir. Es ist schon schlimm genug, dass ich für diese Woche alles absagen muss. Dass ich am Donnerstag nicht zum Haupt- und Finanzausschuss gehen kann, stellt jedoch ein echtes Problem dar. Auch Herr Liebermann, den ich gleich anrufe, weiß nicht so genau, wie er mit dieser Information umgehen soll. »Der stellvertretende Vorsitzende für den Haupt- und Finanzausschuss soll ja erst in der Sitzung gewählt werden. Wer soll dann den Ausschuss bis dahin leiten?«, will er wissen. Für den Fall, dass der Bürgermeister gleich in der ersten Sitzung des Haupt- und Finanzausschusses krank wird, sieht die Gemeindeordnung keine Regelung vor. Dort ist nur geregelt, dass im Gegensatz zu vielen anderen Ausschüssen, die vom Stadtrat gebildet werden, der stellvertretende Vorsitzende vom Ausschuss selbst gewählt wird, während der Bürgermeister den Vorsitz ausübt. »Wir lassen uns etwas einfallen«, verspricht Herr Liebermann, bevor er mich zu Frau Uhlig durchstellt, die mit meinem eigentlich vorgesehenen Terminkalender für den Rest der Woche kämpft.

»Für die Weihnachtsbaumaufstellung mit der Wohnungsbaugesellschaft und den Kameradschaftsabend der Freiwilligen Feuerwehr habe ich Herrn Bosbach aktiviert«, berichtet Frau Uhlig. »Lucas übernimmt die Ausstellungseröffnung für das Förderprogramm ›Stärken vor Ort‹ und den Frühschoppen beim Kleingartenverein. Wer zur Adventsmarkteröffnung des Waldkindergartens geht, ist allerdings noch nicht klar.« Die übrigen Termine habe sie ganz abgesagt, erfahre ich von Frau Uhlig. Dazu hätten ein Treffen mit dem Vorstand der Islamischen Gemeinde, die ein Grundstück für den Bau eines neuen Gebetsraums sucht, sowie verschiedene Termine innerhalb der Stadtverwaltung gezählt. Meine Reise nach Berlin, die für Mittwochabend geplant gewesen wäre, habe ich schon selbst abgesagt.

Leicht frustriert lege ich den Telefonhörer auf. Richtig schlecht fühle ich mich nicht. Die Schweinegrippe zeigt sich bei mir von ihrer harmlosen Seite. Mit den Medikamenten fühle ich mich sogar schon wieder einigermaßen fit. Trotzdem kann ich das Haus nicht verlassen. Im Büro würde ich alle anstecken. An offizielle Termine ist überhaupt nicht zu denken. Getrieben von einer Mischung aus Langeweile und schlechtem Gewissen, nun mehrere Tage lang völlig untätig zu sein, rufe ich erneut im Rathaus an. Seit ein paar Jahren haben die Mitarbeiterinnen und Mitarbeiter der Stadtverwaltung die Möglichkeit, ihre Aufgaben auch von zu Hause aus über Telearbeit wahrzunehmen. Das müsste für mich doch auch möglich sein, solange ich meine Wohnung nicht verlassen kann, überlege ich.

Im IT-Service der Stadtverwaltung hebt der Sohn der Sprechstundenhilfe meines Arztes ab. Seine Mutter hat dichtgehalten.

Dass ich krank bin, weiß er nur von den Kollegen in der Stadtverwaltung. Was genau ich habe, hat sich bisher noch nicht herumgesprochen. »Klar können wir dir einen Zugang fürs Home Office einrichten«, bestätigt er mir durchs Telefon, während ich ihn am Ende der Leitung schon tippen höre. »Die Voraussetzung ist nur, dass dein Computer im Büro eingeschaltet ist. Dann kannst du dich von zu Hause aus mit deinem städtischen Computer verbinden«, erklärt er mir weiter. Ein paar Klicks später bin ich tatsächlich verbunden. Auf meinem heimischen Computer erscheint exakt die gleiche Bildschirmdarstellung, wie ich sie aus dem Büro kenne. Zumindest kann ich jetzt von zu Hause aus ein paar E-Mails bearbeiten oder schon mal das ein oder andere Grußwort für die nächste Woche vorbereiten.

Zwischenzeitlich hat Herr Liebermann eine Lösung für die Sitzung des Haupt- und Finanzausschusses ausgetüftelt. »In der ersten Stadtratssitzung nach der Wahl hat das älteste Ratsmitglied die Sitzung geleitet, bis Sie dann vereidigt waren. So würden wir es jetzt auch im Haupt- und Finanzausschuss machen«, schlägt Herr Liebermann mir am Telefon vor. Praktischerweise handelt es sich beim ältesten Mitglied um Herrn Bosbach von der CDU, der gleichzeitig auch erster stellvertretender Bürgermeister ist. Zum stellvertretenden Vorsitzenden soll Herr Brühland gewählt werden. Das haben Lisa und er schon so ausgehandelt.

Obwohl organisatorisch für die Sitzung alles geklärt ist, bleibt noch der Grund für mein Fernbleiben. »Es wird am besten sein, wenn Sie ganz offen damit umgehen, dass ich die Schweinegrippe habe«, sage ich zu Herrn Liebermann und gebe ihm damit mein Einverständnis, im Haupt- und Finanzausschuss öffentlich von meinem Pech zu berichten. »Ansonsten kommt es nur zu komischen Mutmaßungen oder Gerüchten.«

Im Monheimer *Wochen-Anzeiger*, einem Anzeigenblatt, das immer mittwochs und samstags herauskommt, erscheint daraufhin am Samstag eine kurze Meldung auf der Titelseite.

Zimmermann hat die Schweinegrippe

Der Monheimer Bürgermeister Daniel Zimmermann ist an der Schweinegrippe erkrankt. Wie bei den meisten Infizierten verlief die Erkrankung jedoch auch bei ihm bislang glimpflich. Und noch eine gute Nachricht: Das Monheimer Rathaus steht nicht unter Quarantäne, alles geht seinen normalen Gang. Wann der Chef wiederkommt, steht jedoch nicht fest.

Eine Nachbarin hat den Zeitungsartikel ausgeschnitten und ihn im Hausflur ans Schwarze Brett gepinnt. Darunter steht handschriftlich die Aufforderung an alle Hausbewohner: »Im Sinne jedes Einzelnen und unserer Hausgemeinschaft sollten wir jetzt verstärkt auf hygienische Maßnahmen achten! Gute Besserung für Daniel.«

Der Gedanke, dass ich durch den bloßen Aufenthalt in meiner Wohnung andere Hausbewohner anstecken könnte, ist natürlich absurd. Außerdem kommt die Warnung etwas zu spät, denn das Schlimmste habe ich schon überstanden. Am Montagmorgen, als ich zum ersten Mal wieder zur Arbeit gehe, entferne ich den Zettel deshalb sofort wieder vom Schwarzen Brett. Zuerst wollte ich noch darunterschreiben, dass es mir wieder gut geht. Das war mir dann aber doch zu blöd. Und hygienische Maßnahmen, denke ich mir, sind ja nie verkehrt.

Realitätsschock beim Blick in die Haushaltskasse

20,8 Millionen Euro Fehlbetrag – das ist das traurige Ergebnis der Kämmerei bei der Aufstellung des Haushaltsplans für das Jahr 2010. Die städtische Finanzabteilung hat alle Einnahmen und Ausgaben zusammengetragen und kommt in der Planung für das kommende Jahr auf insgesamt 20,8 Millionen neue Schulden, die die Stadt zusätzlich zu ihren schon bestehenden Schulden in Höhe von rund 120 Millionen Euro weiter anhäufen wird. Für mich ist es der erste Haushaltsplan, den ich zusammen mit dem Kämmerer Herrn Herrmann im Stadtrat präsentiere. Besonders viel Freude wird dabei angesichts dieser Zahlen nicht aufkommen.

Zwar hat Herr Herrmann in seiner Begrüßungsnotiz schon angedeutet, dass es nicht einfach werden wird. Dass das prognostizierte Defizit jetzt allerdings so kräftig ausfällt, erschreckt mich doch. Wir werden wirklich sehr viel strampeln müssen.

Nach der Wirtschafts- und Finanzkrise jammern alle Kommunen über sinkende Steuereinnahmen bei gleichzeitig steigenden Ausgaben. Die finanzielle Situation in Monheim war jedoch schon immer schwierig. Als Herr Dünchheim zehn Jahre vor mir Bürgermeister wurde, betrug der Schuldenstand der Stadt rund 60 Millionen Euro. Am Ende seiner Amtszeit hat sich dieser Stand auf 120 Millionen Euro verdoppelt. Wenn man den Prognosen von Herrn Herrmann und den Leuten in seiner Kämmerei glauben darf, dann habe ich gute Chancen, in den nächsten sechs Jahren als Bürgermeister weitere 60 Millionen Euro anzuhäufen.

Mir selbst stellt sich immer noch die Frage, was das eigentlich bedeutet, denn Summen dieser Größenordnung sind unglaublich schwer fassbar. Ich kann mir kaum vorstellen, dass Menschen, die täglich mit Geldbeträgen in dieser Höhe zu tun haben, irgendwann ein reales Gefühl dafür entwickeln. Als ich in meiner zweiten Woche als Bürgermeister einen Kreditvertrag über rund 2,5 Millionen Euro unterschreiben sollte, habe ich schon sehr genau hingeschaut und Herrn Herrmann erst einmal um eine Auflistung aller laufenden Kreditverträge gebeten. Genutzt hat es am Ende natürlich nichts. Der Kreditvertrag musste trotzdem abgeschlossen werden. Ob man sich an solche Vorgänge gewöhnen kann, halte ich aber für fraglich.

Der Fehlbetrag von 20,8 Millionen Euro, dem die Stadt sich nun gegenübersieht, entspricht in etwa dem kompletten Personalkostenbudget der Stadtverwaltung, also dem Geld, das alle Mitarbeiterinnen und Mitarbeiter brutto in einem Jahr zuzüglich der Arbeitgeberanteile für die Rentenversicherung, Krankenkasse und Ähnliches verdienen. Darin sind dann von der Schulsekretärin in meiner alten Grundschule über die Erzieherinnen in den städtischen Kindergärten bis hin zum Hausmeister im Rathaus und den städtischen Reinigungskräften wirklich alle 450 Menschen enthalten, die für die Stadt arbeiten. Man müsste sie schon alle auf einmal entlassen, um das Haushaltsdefizit auszugleichen. Doch was würde dann aus den Schulen, den Kindergärten und den vielen anderen Dingen, um die sich die Stadtverwaltung kümmert?

Die meisten Städte und Gemeinden ächzen auch deshalb so sehr unter der Wirtschafts- und Finanzkrise und dem damit verbundenen Wegbrechen von Steuereinnahmen, weil sich Einrichtungen wie Schwimmbäder, Stadtbüchereien, Volkshochschulen, Jugendzentren, das Ordnungsamt, die Bauaufsicht oder Kindergärten nicht einfach schließen lassen.

Schon als Ratsmitglied habe ich seit 2004 drei große Sparpakete miterlebt. Die Nebenstelle der Stadtbücherei ist geschlossen worden, junge Familien mit Kindern bekommen keinen Zuschuss mehr zu den Müllgebühren für die Windelentsorgung, die Gebühren in der Musikschule, in der Volkshochschule und für die Kindergartenbetreuung sind mehrfach angehoben worden. Viel Sparpotenzial ist nach drei Sparpaketen nicht mehr vorhanden.

Trotzdem habe ich gemeinsam mit den insgesamt zehn Bereichsleiterinnen und Bereichsleitern während der letzten Wochen ein sogenanntes Haushaltssicherungskonzept aufgestellt. Kernstück des Konzepts ist eine Maßnahmenliste mit rund zwanzig bis dreißig Positionen, durch die sich Ausgaben verringern oder Einnahmen verbessern sollen.

In der Vergangenheit ist es meistens so abgelaufen, dass die Stadtverwaltung den Ratsmitgliedern eine lange Liste präsentiert hat, auf der die möglichen Einsparmaßnahmen festgehalten waren. In den verschiedenen Ausschüssen und auch im Rat ist ein Großteil dieser Vorschläge angenommen worden, während einige der Vorschläge auch wieder aus der Liste herausfielen, weil sie nicht mehrheitsfähig waren. In der PETO-Fraktion mussten wir uns im Vorfeld der Sitzungen lediglich darauf festlegen, welche Vorschläge wir mittragen wollten und welche nicht.

Jetzt ist die Situation eine gänzlich andere. Die Liste, die ich zusammen mit den Mitarbeitern der Stadtverwaltung aufgestellt habe, wird von den anderen Parteien als Sparvorschlag der PETO-Fraktion betrachtet. Dass PETO-Vertreter dem Inhalt der Liste in einzelnen Ratsausschüssen nicht zustimmen, ist quasi ausgeschlossen. In der Öffentlichkeit sähe das dann so aus, als wären meine Sparvorschläge so absurd, dass nicht einmal meine eigene Fraktion ihnen zustimmen könnte.

Wie sehr PETO mit den Sparvorschlägen der Stadtverwaltung identifiziert wird, zeigte kürzlich ein Artikel in der *Rheinischen Post*, der mit der Überschrift »Bittere PETO-Pillen« überschrieben war. Unter anderem enthält die Liste nämlich auch verschiedene Maßnahmen aus dem Jugendbereich: Die Zuschüsse für die kirchliche Jugendeinrichtung *TOT* sollen um 5000 Euro gekürzt werden, Zuschüsse für Ferienmaßnahmen sollen um 10 Prozent gesenkt werden, und ebenso wie in allen anderen Bereichen der Stadtverwaltung sollen die Ausgaben für Sachmittel ebenfalls um 10 Prozent gekürzt werden. Bittere Pillen eben.

Natürlich ist uns allen klar, dass wir mit diesen Maßnahmen den städtischen Haushalt kaum retten werden. In der Summe sollen sich jedoch Verbesserungen in Höhe von 700.000 Euro ergeben. Einen großen Anteil macht darin die geplante Erhöhung der sogenannten Grundsteuer B aus, die von allen Grundstückseigentümern gezahlt werden muss. Für ein durchschnittliches Einfamilienhaus mit Garten sind rund 250 Euro pro Jahr fällig. Unser Maßnahmenpaket sieht eine Erhöhung um etwa 5 Prozent vor.

Im nächsten Jahr sollen alle Sparpaketmaßnahmen eine Verbesserung in Höhe von 1,5 Millionen Euro bringen, ab 2012 jährlich 2 Millionen Euro. Bis zum Jahr 2015, so lautet das Ziel, soll der städtische Haushalt damit wieder ausgeglichen sein.

Vor den Einsparungen stehen jedoch die Debatten im Rat und in den einzelnen Ausschüssen. Für unsere vielen neuen Rats- und Ausschussmitglieder ist das eine echte Bewährungsprobe. Jana L. und Brinja sind im Jugendhilfeausschuss die ersten, die das zu spüren bekommen. Als Vertreterinnen der Quasi-Regierungsfraktion müssen sie den Haushaltsplan gegen alle anderen Parteien verteidigen. Während die CDU- und die SPD-Leute sich in der Debatte öffentlichkeitswirksam als Bewahrer des Jugendbudgets präsentieren und die geplanten Einsparungen bei den Ferienfreizeiten sowie den Sachmitteln des Jugendamtes und des katholischen Jugendklubs kritisieren, müssen Jana L. und Brinja sich für die Sparvorschläge rechtfertigen.

Da sie selbst nicht hundertprozentig überzeugt davon sind, warum 5000 Euro in der katholischen Jugendeinrichtung unbedingt zur Verringerung des Millionenlochs im Gesamthaushalt beitragen sollen, fällt ihnen die Gegenrede äußerst schwer. Ich stehe ihnen bei, indem ich mich zu Wort melde und erkläre, dass es sich mit Sicherheit um keine schönen Vorschläge handelt. »Die finanzielle Lage der Stadt ist jedoch dramatisch«, fahre ich fort. »Wenn die Stadt ihre Schulden nicht in den Griff bekommt, werden wir in sechs bis sieben Jahren so überschuldet sein, dass der Kreis oder die Bezirksregierung uns eindeutige Vorgaben machen werden«, skizziere ich das finanztechnische Horrorszenario. Es ist doch besser, jetzt über 5000 Euro für die Jugendeinrichtung zu diskutieren, als sie in ein paar Jahren ganz zu schließen. »Außerdem«, ergänze ich, »sind die Anteile des Jugendbereichs am Gesamtkonzept der Sparvorschläge noch recht gering.« Im Vorfeld haben wir uns innerhalb der PETO-Fraktion darauf geeinigt, dass wir keinen Bereich von den Sparmaßnahmen ausnehmen wollen. »Wir werden doch bei Sparvorschlägen in anderen Bereichen unglaubwürdig, wenn wir nicht auch im Jugendamt genau hinsehen, wo es Potenzial gibt«, habe ich den anderen in einer der letzten Fraktionssitzungen erklärt. Brinja und Jana L. waren einverstanden. Jetzt bereuen sie es wohl ein wenig.

Am Ende beschließen die Ausschussmitglieder, dass der Zuschuss für die katholische Jugendeinrichtung nur um 1000 Euro statt um die ursprünglich vorgeschlagenen 5000 Euro gesenkt wird. Damit können auch Jana L. und Brinja ganz gut leben, die diese Ausschusssitzung mit Sicherheit so schnell nicht vergessen werden. Nach weiteren kleineren Änderungen erhalten wir im Stadtrat für unser Sparpaket dann sogar eine deutliche Mehrheit. Auch die CDU und die SPD stimmen schließlich den meisten Punkten zu, sodass sich in der Summe immer noch genügend Einsparungen ergeben.

Diddlmäuse in der Bürgersprechstunde

Immer donnerstags findet von 15 bis 17 Uhr die Bürgersprechstunde statt. Hier werde ich von kleinen Problemchen über ernsthaften Schwierigkeiten bis hin zu absoluten Kuriositäten mit der kompletten Bandbreite menschlicher Schicksale konfrontiert.

Wenn Frau Uhlig die Termine für die Bürgersprechstunde koordiniert, versucht sie, die einfachen Fälle an die zuständigen Bereiche innerhalb der Stadtverwaltung abzugeben. Manche Probleme wie zum Beispiel nicht abgeholter Sperrmüll lassen sich dann auch ohne einen Termin in der Bürgersprechstunde lösen. Leider führt das Geschick von Frau Uhlig, die leichten Fälle selbst zu lösen, auch dazu, dass mich donnerstags dann entweder die besonders vertrackten Probleme erwarten oder aber Anfragen, für die sich in der Stadtverwaltung niemand zuständig fühlt.

Mittags vor der Bürgersprechstunde bekomme ich eine Mappe, in der meistens zu jedem der vier bis fünf halbstündigen Termine ein kleines ausgefülltes Formular vorbereitet ist. Auf diesem Formular bekommt jedes der Gespräche – die Stadtverwaltung ist eben eine Behörde – ein eigenes Aktenzeichen. Außerdem ist kurz zusammengefasst, wer kommt und welche Informationen er oder sie sich bei der Terminvereinbarung über sein Anliegen entlocken ließ. Manchmal liegt schon eine Notiz aus einem zuständigen Bereich dabei, etwa wenn es sich um einen bekannten Vorgang handelt. Oft erwarte ich die Termine aber auch völlig unvorbereitet. So zum Beispiel das Gespräch Nummer 2010/09. »Frau Fuchs* möchte einen Zeichentrick-

* Name geändert

film über Monheim drehen«, lese ich im schwarzen Pultordner. Mehr Informationen gibt es nicht.

Frau Fuchs erscheint pünktlich in meinem Büro. Sie ist geschätzte fünfzig Jahre alt. Neben ihrer altmodischen Brille mit ausgesprochen dicken Gläsern fallen mir ihre langen grauen Haare auf, die leicht zerzaust wirken und durch mehrere bunte Schleifchen gebändigt werden. Passend zu den Schleifen im Haar trägt sie einen bunten Strickpullover, der schon recht ausgeleiert aussieht. An diesem Donnerstagnachmittag ist sie die erste Bürgerin in der Sprechstunde.

»Ich habe mir überlegt, dass es doch schön wäre, einen Film über Monheim zu drehen. Was halten Sie davon?«, fällt sie sofort mit der Tür ins Haus, nachdem ich sie gebeten habe, sich zu setzen, und ihr einen Kaffee angeboten habe. »Nun ja«, antworte ich, »das wäre bestimmt eine prima Sache. Wie stellen Sie sich das denn genau vor?« – »Also ich habe mir gedacht, dass Monheim wirklich schön ist. Das müsste man einfach mal richtig darstellen. Das wäre sicher auch eine gute Werbung für die Stadt. Sie wollen doch, dass viele Leute nach Monheim kommen, auch Touristen und so?«

Jeder Bürgermeister würde diese Frage für seinen Ort wohl mit Ja beantworten und gar nicht lange darüber nachdenken. Trotzdem bleibt das Wort »Touristen« kurz in meinen Gedanken hängen. Am Wochenende kommen viele Ausflügler nach Monheim, um am Rhein spazieren zu gehen. Bei schönem Wetter sieht man an den Parkplätzen in Rheinnähe Autokennzeichen aus dem gesamten Bergischen Land: Remscheid, Solingen, Wuppertal, Bergisch Gladbach ... Direkt gegenüber der historischen Monheimer Altstadt öffnet sich der sogenannte Rheinbogen, eine großzügige Auenlandschaft mit vielen Fahrrad- und Spazierwegen. In Altstadtnähe gibt es außerdem einen kleinen Fahrrad- und Kettcarverleih. Vor Kurzem erst habe ich dort selbst zusammen mit Jana ein Tandem für eine Fahrradtour am Rhein entlang ausgeliehen. Die Stadtverwaltung überlegt immer wieder, wie sie noch mehr Besucher nach Monheim holen kann, damit zum Beispiel die Gastronomie in der Altstadt mehr Kunden für Pubs und Biergärten bekommt. »Touristen«, denke ich mir, »sind ein gutes Stichwort.«

Frau Fuchs holt mich dann jedoch sehr schnell in die Realität zurück, als sie das »Drehbuch« auspackt, das sie für ihren Film vorbereitet hat. Auf kariertem Diddl-Papier hat sie mit ihrer Schreibmaschine das Wichtigste zusammengefasst. Ich überfliege kurz die ersten Zeilen: »Es war einmal ein Turm«, schreibt Frau Fuchs. »Über 600 Jahre, hatte das alte Gemäuer! Bereits auf dem Buckel. Vor noch längerer Zeit! Da gab es einmal viere! Von dem Stattlichem, Stolzem. Nord-, Ost-, Süd-, West-Turm. So nannten sich die Eckigen. Im Laufe der Jahrhunderte! Nagte die Zeit ins Gemäuer. TIEF, tiefer, kräftig hinein. Karies! Nennt man dies in der heutigen Zeit.«

Ich schaue Frau Fuchs verdutzt an. Selbst wenn man von der gewöhnungsbedürftigen Zeichensetzung mit den vielen überraschenden Ausrufungszeichen absieht, ist klar, dass sich diese Geschichte wohl kaum zu einer Verfilmung eignen wird. Die Karies-Pointe ist zwar ziemlich originell, wie wir damit jedoch Stadtwerbung betreiben sollen, ist mir schleierhaft. »Nimmt Frau Fuchs dich gerade auf den Arm?«, überlege ich, während ich noch ein Stückchen weiterlese.

Mein Blick entfernt sich von dem eng mit Schreibmaschine betippten Diddl-Papier und wendet sich Frau Fuchs zu, die mir stolz und mit einem breiten Grinsen auf den Lippen gegenübersitzt. »Toll, nicht wahr?«, sagt sie mit erwartungsvollem Blick.

Ich runzele die Stirn. »Dieser Text kann unmöglich als Scherz gemeint sein«, denke ich und traue mich nicht so recht, ehrlich zu sein. Frau Fuchs scheint sehr davon überzeugt. Deshalb antworte ich vorsichtig: »Das ist zumindest ein Anfang. Sie müssen den Text aber in jedem Fall noch weiter ausarbeiten. In dieser Form wird sich das nicht für einen Film eignen.« Sie schaut mich mit großen Augen an. Ihr Lächeln ist verschwunden. »Wie meinen Sie das?«, fragt sie. Ich sehe keinen rechten Sinn darin, meine Meinung über ihren Text näher zu begründen, und stelle eine Gegenfrage: »Haben Sie denn auch schon etwas gezeichnet für Ihren Zeichentrickfilm?« Frau Fuchs schüttelt den Kopf. »Nein, wieso?« – »Nun ja, ich dachte mir, wenn Sie einen Zeichentrickfilm planen, dann haben Sie zumindest mal ein paar Entwürfe für Figuren oder bestimmte Orte gezeichnet.« –

»Nein, das kann ich doch gar nicht«, antwortet sie mit einer Naivität, die mich sprachlos macht. Ich schaue kurz auf die Uhr und hoffe, dass es in der restlichen Bürgersprechstunde nicht so weitergeht. »Deshalb bin ich doch zu Ihnen gekommen. Damit Sie einen Film daraus machen«, ergänzt sie voller Zuversicht, dass ich mich um alles Weitere kümmern würde. »Ich kann auch nicht zeichnen«, entgegne ich ungerührt, »und ich kenne auch niemanden, der das für Sie erledigen könnte.« – »Schade, aber wäre das denn nicht toll für die Stadt? Ich glaube, dann würden ganz viele Leute nach Monheim kommen, um zu sehen, wo der Film spielt. Und man könnte zum Beispiel kleine Schelmentürme verkaufen – als Andenken«, ist Frau Fuchs nach wie vor von ihrer Idee begeistert.

Ich hingegen werde langsam ungeduldig und schlage vor, dass sie sich mal im Kursprogramm der Monheimer Kunstschule umsehen könnte. Da gäbe es sicher auch einen Zeichenkurs, der für sie interessant wäre. »Ja, das ist eine gute Idee«, findet Frau Fuchs, die langsam zu ihrem Lächeln zurückfindet. »Begreifen Sie Ihr Comic-Projekt doch erst einmal als Hobby«, schlage ich noch vor. »Vielleicht entwickelt sich ja später mehr daraus.«

Da schaut sie mich plötzlich wieder sehr ernst an. »Sie finden meine Idee nicht besonders gut, oder?« Ich fühle mich ertappt und will Frau Fuchs nicht gleich jede Hoffnung rauben, deshalb antworte ich so diplomatisch wie möglich: »Ihre Idee ist nicht unbedingt schlecht, in dieser Form werden sie damit nur keinen Erfolg haben.« Die Mimik von Frau Fuchs signalisiert mir, dass sie nicht versteht, was ich ihr sagen möchte. »Wenn Profis ein Drehbuch schreiben«, erkläre ich ihr geduldig, »dann arbeiten diese Leute oft viele Wochen und Monate daran, um alles bis ins Detail auszuarbeiten.« Dabei kommt dann sicher mehr raus, als zwei Seiten mit Schreibmaschine betipptes Diddl-Papier, denke ich noch, ohne es laut auszusprechen.

In diesem Moment unterbricht uns glücklicherweise Frau Uhlig, die kurz anklopft und ihren Kopf durch die halb geöffnete Tür in mein Büro steckt. »Entschuldigen Sie, aber die Schüler warten schon«, lautet ihr dezenter Hinweis darauf, dass ich nicht gleich nach dem ersten Bürgersprechstundentermin eine Verspätung für die folgenden Gespräche produzieren sollte.

Neben Anwohnern, die sich ausführlich über zugeparkte Wohnstraßen beschweren oder über Hunde, deren Halter sich nicht an die Anleinpflicht halten, kommen innerhalb der Bürgersprechstunde auch immer wieder äußerst merkwürdige Gespräche zustande. Einen Termin wie den mit Frau Fuchs habe ich bisher allerdings noch nicht erlebt.

Die Schüler kommen im Auftrag ihrer 13. Jahrgangsstufe. Sie organisieren in einem Klub in Köln eine große Party und fragen, ob sie bei der städtischen Nahverkehrsgesellschaft einen Shuttlebus chartern können. Ich erkläre ihnen, dass das sicher möglich sei, sie aber den tariflichen Nachtzuschlag für den Busfahrer bezahlen müssten.

Ein kurdischer Ex-Bürgermeister, der vom türkischen Staat aus seinem Dorf vertrieben wurde, kommt vorbei, um sich vorzustellen. Seine wichtigsten Projekte waren der Bau einer Schule und die Schaffung von Infrastruktur. Heute lebt der ehemalige Kollege von Hartz IV und hält sich und seine Familie in einer Monheimer Etagenwohnung über Wasser.

Ein Monheimer Biergartenbetreiber präsentiert sein Konzept zum Public-Viewing bei Fußball-Länderspielen. Für den Aufbau der Großleinwand muss die Straße vor dem Biergarten gesperrt werden. Ich schreibe eine kurze Notiz auf das vorbereitete Formular mit der Bitte an den zuständigen Mitarbeiter, den Biergartenbetreiber vor Ort in Sachen Straßensperrung zu beraten.

Eine geschiedene Ehefrau fürchtet um das Sorgerecht für ihren Sohn, weil ihr Exmann sie für psychisch krank hält. Dabei habe sie nur therapeutische Hilfe gesucht, um die für sie schwierige Trennungszeit besser bewältigen zu können. Jetzt ist ihr Anwalt für zwei Wochen im Urlaub und sie weiß nicht, an wen sie sich wenden soll, wenn sie in dieser Zeit Schwierigkeiten hat. Ich verspreche ihr, dass sie sich jederzeit im Rathaus melden könne.

In der Folgezeit kommt Frau Fuchs übrigens zum Leidwesen von Frau Uhlig und Frau Hellingrath noch häufiger ins Rathaus, um weitere kurze Geschichten abzuliefern oder Fragen zu stellen. Zum Glück bin ich meistens nicht da oder kann ihr auf dem Flur zurufen, dass ich gerade leider keine Zeit für sie hätte. Im Büro müssen sich dann meine beiden Mitarbeiterinnen um sie kümmern und die neuesten Filmprojekte höflich distanziert zurückweisen. Nach solch einem Besuch von Frau Fuchs liegt zum Beispiel diese Notiz von Frau Hellingrath auf meinem Schreibtisch: »Frau Fuchs äußert den dringenden Wunsch, das Efeu vom Schelmenturm zu entfernen, da die Gebäudesubstanz beschädigt würde. Anstelle von Efeu solle man rote und weiße Rosen pflanzen.«

Einen Tag nach dieser Notiz kommt Frau Fuchs schon wieder ins Büro, um ihr Anliegen noch einmal zu bekräftigen. Als sie das Vorzimmer betritt, sitze ich gerade an meinem Schreibtisch. Ich lehne mich vorsichtig zurück und rolle, in einer Unterschriftenmappe lesend, mit meinem Bürostuhl ein paar Zentimeter nach hinten, damit ich nicht im von außen einsehbaren Winkel sitze. Die Tür zum Vorzimmer steht grundsätzlich offen, wenn ich nicht gerade eine Besprechung habe oder ein heikles Telefonat mit der Personalabteilung führe.

»Der Schelmenturm ist völlig zugewachsen«, höre ich Frau Fuchs in vorwurfsvollem Ton zu Frau Hellingrath sagen. »Überall ist Efeu. Das schadet doch dem Mauerwerk. Warum lässt man das nicht regelmäßig entfernen?« – »Sie wissen doch, dass die Stadt Monheim hoch verschuldet ist. Solche Aufträge werden nur vergeben, wenn sie wirklich zwingend erforderlich sind.« – »Und der Schelmenturm, ist der auch hoch verschuldet?« – »Äh nein, also nicht persönlich. Aber der Schelmenturm befindet sich im Eigentum der Stadt.« – »Ach so. Und wann ist die Stadt wieder schuldenfrei?« – »Das wird sicherlich noch dauern, Frau Fuchs. So genau kann ich Ihnen das nicht sagen.« – »Vielleicht kann ich Ihnen ja dabei helfen.« – »Das glaube ich kaum. Sie können sich außerdem sicher sein, Frau Fuchs, dass wir alle hier unser Bestes tun, damit die Stadt bald wieder schuldenfrei ist.« – »Hm, aber Sie haben doch hier spezielle Gebäudemanager und andere Fachleute. Warum kümmern die sich nicht um den Schelmenturm? Die können doch alle nichts. Das sieht man ja daran, wie sehr

Der Bürgermeister ist Ansprechpartner für viele Anliegen – manchmal auch die der Kleinsten.

der Schelmenturm mit Efeu zuwächst. Wenn Sie mich einstellen würden, wäre die Stadt sicher bald schuldenfrei.«

Frau Hellingrath, die sich selten aus der Ruhe bringen lässt, wird immer ungehaltener: »Ich glaube nicht, dass Sie beurteilen können, wie die Mitarbeiter in der Stadtverwaltung ihre Aufgaben erledigen«, bemerkt sie ärgerlich. Und dann, wieder etwas freundlicher: »Sie können mir glauben, dass wir hier alles Erforderliche tun, um den Schelmenturm ordentlich instand zu halten.«

Damit gibt Frau Fuchs sich vorerst zufrieden. Zumindest ist sie schon seit längerer Zeit nicht mehr im Rathaus gewesen, um Fragen zur Realisierung ihres Filmprojektes zu stellen und auch nicht, um sich nach der Entwicklung der städtischen Schulden zu erkundigen. Beim Büroleitertreffen, das ein Mal im Jahr unter den zehn Mitarbeiterinnen und Mitarbeitern der Bürgermeisterbüros im Kreis Mettmann stattfindet, hat Frau Hellingrath vor Kurzem erfahren, dass Frau Fuchs auch im Langenfelder Rathaus eine alte Bekannte ist. Dort hat man sie anscheinend ebenfalls höflich, aber entschieden abgewiesen.

Das Sportstättenkonzept – Prüfstein für PETO

Unser erstes großes Projekt nach der Wahl ist die Sanierung der Monheimer Sportplätze. Schon im Wahlkampf hat das Thema eine große Rolle gespielt. Die CDU plante gemeinsam mit ihrem bisherigen Bürgermeister den Verkauf von zwei Sportplätzen. Die Baumberger Bezirkssportanlage und der Monheimer Jahnplatz sollten als Wohnbauflächen vermarktet werden. Mit dem Verkaufserlös für die Sportplatzgrundstücke wollten die CDU und der Bürgermeister ein neues Sportzentrum auf der grünen Wiese zwischen den beiden Stadtteilen Monheim und Baumberg bauen. Dort hätten dann alle Leichtathletikaktivitäten in einem schmucken neuen Stadion mit 400-Meter-Kunststofflaufbahn gebündelt werden sollen. Zusätzlich wären noch zwei Fußballplätze und eine Gymnastikhalle drin gewesen.

Gemeinsam mit der SPD und den Grünen haben wir jedoch dem Erhalt der bestehenden Anlagen den Vorzug gegeben. Der Jahnplatz und die Bezirkssportanlage sollten unserer Meinung nach saniert werden. Anstatt ein großes neues Sportzentrum am Ortsrand der beiden Stadtteile zu bauen, wollten wir lieber ein »dezentrales Sportstättenkonzept« mit Sportplätzen, die sich an ihren bewährten Orten und über das Stadtgebiet verteilt befinden. Zwar konnten wir nicht genau erklären, woher das für die Sanierung aller Monheimer Plätze benötigte Geld, rund eine Million Euro, kommen sollte; da wir im Stadtrat für unser Alternativkonzept jedoch ohnehin keine Mehrheit hatten, konnte uns die Finanzierungsfrage relativ egal sein. Die CDU war am Zug, ihr Abriss-und-Neubau-Konzept durchzubringen, und wir waren dagegen.

Eigentlich war die Mehrheitslage klar, denn die CDU hatte sich schon mit der FDP auf die Realisierung ihres Sportstättenkonzepts geeinigt. Als sich dann jedoch eine Bürgerinitiative für den Erhalt des Jahnplatzes bildete, hielt die FDP sich nicht mehr an ihre ursprüngliche Zusage. Gegen den erklärten Anwohnerwillen, die fragliche Sportanlage zu erhalten, wollte die FDP das Sportstättenkonzept der CDU dann doch nicht durchbringen. Sie enthielt sich in der entscheidenden Sitzung ihrer Stimmen.

Gemeinsam mit den Grünen und der SPD sahen wir nun plötzlich Chancen, doch noch eine Mehrheit hinter das Sanierungskonzept zu bringen. Um das Thema entsprechend zu besetzen, verteilten wir an die Anwohner des Jahnplatzes Postkarten, auf denen sie uns ihre Meinung zum Thema Sportstätten mitteilen sollten. »Wir möchten von Ihnen wissen, ob Sie der Sportbetrieb tatsächlich stört, weil wir glauben, dass es sich nur um ein vorgeschobenes Argument handelt, um das Areal als Bauland zu vermarkten«, schrieben wir auf die Postkarten. »In der näheren Umgebung der Sportanlage haben wir deshalb an jeden Haushalt eine dieser Umfrage-Postkarten verteilt. Bitte helfen Sie mit und sagen Sie uns Ihre Meinung!«

Dazu kam der dezente Hinweis auf unsere eigene Position: »Als PETO-Fraktion setzen wir uns mit Nachdruck für den Erhalt des Jahnplatzes ein. Bitte senden Sie uns die Karte aber auch zurück, wenn Sie einer anderen Meinung sind. Eine kurze Information zu den beiden konkurrierenden Sportstättenkonzepten finden Sie auf der Rückseite.«

Tatsächlich kamen rund siebzig der etwa zweihundert verteilten Postkarten ausgefüllt zurück. Bis auf zwei Einsendungen gaben alle Anwohnerinnen und Anwohner an, dass sie sich durch den Sportplatzbetrieb nicht gestört fühlten und dass sie für den Erhalt des Jahnplatzes wären. Manche Absender schrieben sogar Kommentare auf die Karten, beispielsweise Sätze wie: »Wo sollen die Kinder sonst Sport treiben?« Oder: »Wir wohnen schon seit vierzig Jahren hier und haben den Sportplatz auch selber gerne genutzt.« Die CDU konnte den Platz unmöglich einfach bebauen.

Im Stadtrat kam es vor der Wahl jedoch nicht mehr zu einer Entscheidung. Dass die FDP kurz vor der näher rückenden Kommunalwahl keine knappe und höchst umstrittene Entscheidung mit der CDU treffen wollte, bedeutete natürlich nicht, dass sie sich auf unsere Seite und die Seite der anderen Verfechter des alternativen Sanierungskonzepts schlagen würde. Also passierte vor der Wahl erst einmal gar nichts mehr.

Nach der Wahl hatten wir dann zwar eine komfortable Mehrheit mit der SPD und den Grünen für den Erhalt der Sportplätze, die Sanierungskosten in Höhe von einer Million Euro konnten wir aber trotzdem nicht aufbringen. Außerdem stellte sich heraus, dass das Geld vorn und hinten nicht ausreichen würde. Die tatsächlichen Kosten waren viel höher als veranschlagt.

»Das darf doch nicht wahr sein«, flucht Florian, nachdem er die Ausarbeitung der Stadtverwaltung zu den Kosten einer umfassenden Umkleidekabinen-Sanierung für die Monheimer Sportplätze gelesen hat. Vor der Wahl sind wir noch davon ausgegangen, dass die beiden marodesten Umkleidegebäude für jeweils 260.000 Euro wieder instand gesetzt werden könnten. Nun liegt die genaue Begutachtung des Gebäude- und Liegenschaftsmanagements der Stadtverwaltung mit dem Fazit vor, dass eine Sanierung unwirtschaftlich wäre: »Die Containerbauten am Heinrich-Häck-Stadion und am Jahnplatz haben das Ende der zu erwartenden Lebensdauer erreicht und befinden sich in einem baulich schlechten Zustand. Soweit diese Gebäude weiter genutzt werden, sollten Investitionen grundsätzlich vermieden werden, da sich diese aufgrund der abgängigen Bausubstanz nicht rentieren.« Stattdessen schlagen die zuständigen Mitarbeiter einen kompletten Abriss und Neubau der Umkleiden vor. Die Kosten für ein Gebäude liegen bei 535.000 beziehungsweise 582.000 Euro, also mehr als doppelt so hoch wie ursprünglich von uns geplant.

»Das wussten die doch schon vorher«, äußert Florian einen schlimmen Verdacht. »Warum hat Herr Zierul mir immer erzählt, mit 260.000 Euro wäre alles saniert?« Die Ohnmacht steht uns beiden ins Gesicht geschrieben. »Anscheinend hat niemand so genau hingesehen, weil ohnehin geplant war, dass der Sportplatz wegkommt«, nehme ich die Mitarbeiter der Stadtverwaltung vorsichtig in Schutz.

Kurzfristig spielen wir mit dem Gedanken, doch dem Neubaukonzept der CDU zuzustimmen, denn allein durch den Verkauf des bestehenden Jahnplatzes könnte die Stadt 4 Millionen Euro einnehmen, die Abrisskosten für den maroden Sportplatz schon eingerechnet. Wir müssen dagegen nicht nur 535.000 Euro in ein neues Umkleidegebäude investieren, sondern auch noch den Platz selbst für 120.000 Euro sanieren.

Rettung kommt vom Kämmerer, Herrn Herrmann. Am Rande einer Besprechung gibt er mir den Tipp, dass aus dem sogenannten »Konjunkturpaket II« noch rund 700.000 Euro zur Verfügung gestellt werden könnten. Die Sanierung des Jahnplatzes scheint gesichert.

Das zweite Problem, das es zu lösen gilt, besteht darin, einen Ersatz für den Sportplatz »Am Kielsgraben« zu finden. Die Anlage, die erst zwölf Jahre alt ist, wird im nächsten Jahr abgerissen, weil ein benachbartes Dachsteinwerk seine werkseigene Kiesgrube bis über den Sportplatz vergrößern will. Dass sich an der Stelle des dortigen Fußballplatzes demnächst ein großes Baggerloch ausbreitet, war übrigens schon vor dem Bau des Sportplatzes bekannt. Gebaut wurde trotzdem, weil es kein besseres Grundstück gab und man den Sportplatzstandort damals nur als Übergangslösung ansah.

Nun läuft die Übergangslösung aus und wir müssten eigentlich an einer anderen Stelle einen Ersatzplatz bauen. Doch auch dafür fehlt das Geld. Vor der Wahl haben wir vorgeschlagen, den wegfallenden Fußballplatz in ein vorhandenes Leichtathletikstadion zu integrieren. Der dortige Ascheplatz wird ohnehin nur wenig genutzt. An seiner Stelle könnte ein Kunstrasenplatz für die Fußballer in die sogenannte »Bezirkssportanlage Baumberg« eingebaut werden.

Am 22. Februar stelle ich dann das fertig ausgearbeitete Sportstättenkonzept der Presse vor. Die einzelnen Sportvereine habe ich über alle Planungen ausführlich informiert, damit sie hinterher nicht gegen das Konzept arbeiten. Teilweise mussten auf Anregungen der Sportvereine auch noch Änderungen eingearbeitet werden. In der Pressekonferenz steht jedoch alles fest.

»Die Vereine sind eng eingebunden. Und ich glaube, dass unter dem Strich alle zufrieden sein können«, stelle ich vor den Presseleuten fest. Inhaltlich ist das Konzept schnell umrissen: Alle Plätze bleiben erhalten. Schon in den Sommerferien sollen die ersten Sanierungsmaßnahmen stattfinden.

Neu ist lediglich, dass die Baumberger Bezirkssportanlage um rund 500 Meter in Richtung Südosten verlegt wird. Sie soll einen Kunstrasenplatz bekommen, um den Wegfall des Sportplatzes »Am Kielsgraben« zu kompensieren. Für die in der bisherigen Bezirkssportanlage trainierenden Leichtathleten ist eine Kunststofflaufbahn statt der bisherigen Asche und ein kleines Naturrasenfeld für das Wurftraining vorgesehen. Gleichzeitig beschert die Verlegung mehr Baulandmöglichkeiten und deckt damit die offene Finanzierungslücke.

4,56 Millionen Euro sollen in den nächsten vier Jahren ausgegeben werden. Davon wird die neue Bezirkssportanlage samt Umkleideräumen etwa 2,4 Millionen Euro kosten. Die Sanierungskosten am alten Standort und die höheren Grundstückserlöse machen diese Verlagerung rentabel.

Im Heinrich-Häck-Stadion an der Lichtenberger Straße werden der Ascheplatz und die Laufbahn saniert und außerdem ein neues Umkleidegebäude gebaut. Neue Umkleiden sind auch für den Jahnplatz vorgesehen, der ebenfalls von Grund auf saniert wird.

Jetzt muss nur noch der Stadtrat zustimmen. In dessen Bürgerfragestunde meldet sich Herr Schirmer von einer frisch gegründeten Anwohnerinitiative zu Wort. Herr Schirmer ist Anwohner der Baumberger Bezirkssportanlage. Durch die Umbaupläne rückt der bestehende Sportplatz direkt an seine Haustür. Außerdem sind auf den dann zu vermarktenden Wohnbauflächen rund 160 Wohneinheiten geplant. Beides – sowohl die dichter heranrückende Sportanlage als auch neue Nachbarn – möchte Herr Schirmer verhindern.

Seit Daniel Zimmermann Bürgermeister von Monheim ist, hat sich sein Alltag komplett verändert – viele Termine, wenig Freizeit.

Schon in der Presse hat er angekündigt, dass er den Rat mit vielen Fragen zum geplanten Sportplatzneubau »in Verlegenheit bringen« wolle. In der Fraktionssitzung der Grünen hatte ich mir noch einen Spaß daraus gemacht: Die einzige wirkliche Überraschung würde darin bestehen, dass Herr Schirmer den Eigentümer des von den Anwohnern und der CDU als alternative Baufläche auserkorenen Grundstücks mitbrächte, der dann feierlich vor dem Stadtrat erklären würde, dass er der Stadt die Fläche kostenfrei überlassen wolle. Natürlich wäre eine solche Erklärung niemals zu erwarten gewesen. Warum sollte das Unternehmen, dem die Fläche gehört, auf Verkaufserlöse in Höhe von mindestens 450.000 Euro verzichten? Und das für ein Grundstück, für das außer der Stadt, die irgendwann einmal dort einen Sportplatz zu bauen beabsichtigte, gar kein anderer Interessent vorhanden ist und auch in Zukunft nicht vorhanden sein wird? Insofern waren wir nach Herrn Schirmers Ankündigung, uns in Verlegenheit bringen zu wollen, sehr gelassen. Ich konnte mir kaum eine Frage vorstellen, auf die wir nicht vorbereitet wären.

Und in der Tat steht Herr Schirmer allein auf. Kein Geschäftsführer eines Monheimer Unternehmens in Sicht, der Grundstücke zu verschenken hat. Er stellt sich hinter eines der beiden Mikrofone, die im Zuschauerbereich des Ratsaals für die Bürgerfragestunde aufgebaut sind.

»Ich habe einige Fragen zur geplanten Wohnbebauung in Baumberg-Ost und zum Sportstättenkonzept«, setzt Herr Schirmer an, um dann erst einmal auszuholen. Er spricht von vielen Punkten, die noch offen seien und davon, dass er sich Antworten erhoffe, bevor Beschlüsse gefasst würden. Herr Liebermann stößt mich von der Seite an und deutet mit dem Finger auf die Geschäftsordnung des Rates, die aufgeschlagen vor ihm liegt: »Der hat jetzt höchstens 30 Minuten für die Bürgerfragestunde. Eigentlich soll er nur eine Frage plus zwei Zusatzfragen stellen.« Von der anderen Seite fragt mich die Schriftführerin Frau Hellingrath: »Herr Zimmermann, soll ich vorsorglich schon mal die Zeit stoppen?«

Das ist zum Glück nicht nötig, denn Herr Schirmer kommt dann doch zur Sache: »Die neue Sportanlage soll auf der bisherigen Ackerfläche an der Wolfhagener Straße entstehen. Wissen Sie eigentlich, wenn Sie heute über den Sportplatzneubau abstimmen, dass es für dieses Grundstück neben der Stadt einen weiteren Interessenten gibt? Dieser Interessent hat gegenüber der katholischen Kirche ein schriftliches Angebot abgegeben, das deutlich über dem der Stadt liegt.«

Ich räuspere mich, überlege, was ich antworten soll. »Herr Schirmer, davon ist mir nichts bekannt«, räume ich ehrlicherweise ein. Sofort denke ich an Robert Bossmann. Der Baumberger Spargel- und Erdbeerbauer will die Fläche, die wir für den Sportplatz einplanen, unbedingt für landwirtschaftliche Zwecke erhalten. »So ein Gauner«, denke ich mir, »jetzt gibt er eigene Kaufangebote ab, um den Preis in die Höhe zu treiben.« Das haben wir dann wohl von der Transparenz, alle Zahlen und Kalkulationen zum Sportstättenkonzept offen auf den Tisch zu legen. Nicht nur die CDU und die FDP können fleißig in dem zur Verfügung gestellten Zahlenmaterial herumwühlen. Nein, jetzt rechnet auch noch Herr Bossmann aus, wie viel er der Kirche bieten muss, um unsere Sportplatzplanung über den Haufen zu werfen. »Ich gehe doch davon aus«, sage ich weiter zu Herrn Schirmer, »dass die katholische Kirchengemeinde sich an die bisher geführten Verhandlungen gebunden fühlt.«

Während ich irgendeinen Unsinn über gemeindliche Vorkaufsrechte und Umlegungsverfahren erzähle, schießen mir tausend Gedanken durch den Kopf. »Diese Mistkerle«, denke ich mir, »die basteln vermutlich schon seit Wochen daran, das Grundstücksgeschäft zwischen der Kirche und der Stadt zu torpedieren und lassen jetzt kurz vor der Abstimmung die Bombe platzen.« Herr Bossmann hatte mir gegenüber sogar selbst schon einmal gesagt, dass er sich vorstellen könnte, die Ackerfläche zu kaufen. Ich hatte gehofft, dass er einsehen würde, das Grundstücksgeschäft damit nur verzögern, aber niemals ganz verhindern zu können. Natürlich wird das Grundstück irgendwann in das Eigentum der Stadt gelangen. Ich ärgere mich darüber, dass ich an dieser Stelle nicht größere Vorsicht habe walten lassen. Ohne Probleme hätten wir uns darauf zurückziehen können, dass die Verhandlungen zwischen der Kirche und der Stadt nichtöffentlich stattfinden.

Herr Schirmer holt zum nächsten Schlag aus: »Wissen Sie zweitens, Herr Bürgermeister, dass der jetzige Pächter der Fläche, auf der Sie Ihren Sportplatz bauen wollen, Herr Robert Bossmann, uns allen bekannt als Bauer Bossmann, mit der katholischen Kirche einen Pachtvertrag geschlossen hat, der bis zum Jahr 2017 besteht? Das Grundstück dürfte damit für die Stadt wertlos sein. Zumindest werden Sie es vor 2017 nicht zum Sportplatzbau verwenden können.«

Hoppla, damit hätte ich noch weniger gerechnet. Den Pachtvertrag kennen wir nicht und in den Verhandlungen mit der Kirche war er auch nie ein Thema. Ich versuche der Frage auszuweichen: »Das kann ich Ihnen nicht beantworten, Herr Schirmer, denn unser Verhandlungspartner ist in erster Linie die Kirche als Grundstückseigentümerin. Wir verhandeln in dieser Sache nicht mit Dritten wie Herrn Bossmann. Insofern kenne ich auch nicht den genauen Wortlaut seines Pachtvertrags. Ich bin mir jedoch sicher, dass die Kirche uns darauf aufmerksam gemacht hätte, wenn es hinsichtlich der Verfügbarkeit des Grundstücks Probleme gäbe.«

Das haben die Anwohner äußerst geschickt vorbereitet. In allen bisherigen Ausschusssitzungen haben sie im Zuschauerraum des Ratssaals gesessen und ihre Bedenken gegen den geplanten Sportplatzbau vorgetragen. Von Pachtverträgen oder höheren Kaufangeboten war dabei jedoch nie die Rede. Erst heute, wo es um die entscheidende Abstimmung geht, werfen sie noch einmal alles in die Waagschale, um unser Sportstättenkonzept zu sabotieren.

Die Taktik wirkt. Neben mir wird Herr Liebermann nervös. »Warum kennen wir den Pachtvertrag nicht? Hat das keiner geprüft?«, fragt er besorgt. Ich flüstere ihm zu, dass wir überhaupt nicht in Erwägung gezogen hätten, auf solche Schwierigkeiten zu stoßen. Um zu retten, was zu retten ist, sage ich zu Herrn Schirmer: »Wir haben der Kirche gegenüber immer sehr deutlich zum Ausdruck gebracht, dass wir das Grundstück möglichst schnell erwerben wollen, um dort im nächsten Jahr den erforderlichen Sportplatz zu bauen. Es ist damit Sache der Kirche, bestehende Pachtverträge zu beenden.«

»Das ist so natürlich nicht ganz richtig«, korrigiert mich Herr Schirmer, »denn bei einem Kauf des Grundstücks müssten Sie den Pachtvertrag erst einmal übernehmen. Wenn gleich über den Sportplatzbau abgestimmt wird, möchte ich noch zu bedenken geben, dass Sie sich möglicherweise auf einen jahrelangen Rechtsstreit einlassen und die Fläche nicht verfügbar ist. Vielleicht sollten Sie doch dem Grundstück ›Am Kielsgraben‹ den Vorzug geben.«

Das hat gesessen. Herr Schirmer ist erstaunlich gut vorbereitet. In dieser Form hatte ich das nicht erwartet. Er hat darüber hinaus zwei Probleme aufgeworfen, die ich vorher nicht richtig bedacht hatte. Natürlich haben wir mit den Vertretern der Kirche zusammengesessen. Über den Kaufpreis herrschte relativ schnell Einigkeit. Dass die Kirche das Grundstück überhaupt verkaufen wollte, habe ich gemeinsam mit den Mitarbeitern der Stadtverwaltung schon als großen Erfolg angesehen. In der Regel verkauft die Kirche aus Gründen des Vermögenserhalts keine Grundstücke.

Wir hatten eher erwartet, dass sie uns einen Pachtvertrag anbieten würde – so wie Herr Bossmann über einen Pachtvertrag verfügt. Dass dieser Vertrag ein Problem darstellen könnte, hatte ich überhaupt nicht in Erwägung gezogen.

Jetzt haben wir den Salat. Während die weiteren Tagesordnungspunkte der Ratssitzung an mir vorüberziehen, bin ich innerlich weiter beim Sportstättenkonzept, das erst relativ spät zur Diskussion steht. Als es endlich dran ist, meldet sich sofort Herr Brühland von der CDU: »Vorhin in der Bürgerfragestunde haben wir gehört, dass an der Wolfhagener Straße ein Pachtvertrag bis Ende 2017 besteht. Es gibt damit anscheinend ein schweres rechtliches Hindernis für die Bebauung des Grundstücks mit einem Sportplatz. Solange diese Rechtsfrage nicht einwandfrei geklärt ist, sieht sich die CDU-Fraktion nicht in der Lage, diesen Tagesordnungspunkt zu beraten. Ich beantrage deshalb, das Sportstättenkonzept heute wieder von der Tagesordnungspunkt herunterzunehmen.«

Der Antrag, den Herr Brühland stellt, wirkt genauso gut vorbereitet wie die Fragen von Herrn Schirmer in der Bürgerfragestunde. Ich habe nicht beobachtet, dass Herr Brühland sich während der Sitzung mit seinen Fraktionskollegen ausgetauscht hätte. »Das haben die vor der Sitzung so vereinbart«, denke ich mir. Ich gehe fest davon aus, dass Herr Schirmer und die CDU sich vorher über die offene Pachtfrage ausgetauscht haben. Die verschiedenen Wortbeiträge sind einfach zu gut aufeinander abgestimmt. »Sie wissen, meine Damen und Herren«, sage ich, während ich etwas hilflos in Richtung meiner PETO-Fraktion schaue, »dass wir über Geschäftsordnungsanträge sofort beschließen müssen. Ich kann jetzt nur noch eine Gegenrede zulassen, bevor wir über die Vertagung abstimmen.«

Zum Glück meldet sich Lisa. Für einen Moment habe ich tatsächlich befürchtet, dass sie sich von Herrn Schirmers Störmanöver beeinflussen lassen könnte, dem Vertagungsantrag von Herrn Brühland vielleicht sogar nachgeben würde. Mit einer Sicherheit, die mich selbst überraschte, erklärt Lisa jedoch: »Für eine Vertagung besteht überhaupt kein Anlass.« Ich atme auf. »In den Grundstücksverhandlungen hat die Stadtverwaltung gegenüber der Kirche erklärt, weshalb sie das Grundstück kaufen möchte. Es ist damit die Angelegenheit des Verkäufers, also der Kirche, das Grundstück in einem Zustand zu übergeben, der die vorgesehene Nutzung zulässt«, doziert Lisa. »Alles andere wäre im weitesten Sinne ein Mangel an der Sache, den die Stadt nicht hinnehmen müsste. Das heißt, ein Kaufvertrag würde gar nicht zustande kommen.«

Prima, denke ich mir. Das hört sich gut an. Ich schöpfe neue Hoffnung. In der nun folgenden Abstimmung sind neben PETO auch die SPD-Fraktion und die Grünen gegen eine Vertagung. Nur die CDU und die FDP stimmen dafür. Damit bleibt das Sportstättenkonzept auf der Tagesordnung und die inhaltliche Diskussion beginnt.

Die Argumente für und gegen den Sportplatzbau an der Wolfhagener Straße wiederholen sich eins ums andere Mal. Die CDU möchte unbedingt auf der Fläche »Am Kielsgraben« bauen, die zwischen den beiden Stadtteilen Baumberg und Monheim liegt. Dort würde der Sportplatz niemanden stören, meint die CDU. Andererseits ist er auch nicht so gut erreichbar. Kinder müssten von ihren Eltern gebracht werden. Vor allem die Fußballer würden diesen Standort trotzdem bevorzugen, denn sie könnten sich vorstellen, in einigen Jahren mit ihrem zweiten Fußballspielfeld ebenfalls dorthin zu ziehen. Dann wären beide Plätze direkt nebeneinander. Auch in unserem Konzept wäre diese Planung aber nicht ausgeschlossen. Die Flächen »Am Kielsgraben« sollen auf jeden Fall für den Sport reserviert bleiben. Wann die Fußballer ihren anderen Platz verlegen wollen, ist überhaupt noch nicht absehbar. Es wäre aber jederzeit möglich.

Die Diskussion, die sich über mehr als anderthalb Stunden hinzieht, bringt wenig Neues. Eigentlich werden nur noch einmal die bekannten Positionen ausgetauscht. Florian bemüht sich gemeinsam mit der SPD und den Grünen nach Kräften, das Sportstättenkonzept zu verteidigen, doch die CDU- und FDP-Mitglieder sind aktiver, melden sich einfach häufiger zu Wort. Gelegentlich bekommen sie sogar Szenenapplaus von der im Zuschauerraum gemeinsam mit Herrn Schirmer versammelten Anwohnerinitiative.

Vor einem halben Jahr waren wir es noch, die mit einer Bürgerinitiative zusammengearbeitet haben, um die Schließung des Jahnplatzes zu verhindern. Hier wollte die CDU Bauflächen entstehen lassen und mit den Einnahmen einen neuen Platz »Am Kielsgraben« finanzieren. Heute hat sich eine andere Anwohnerinitiative gebildet, die auf der Seite der CDU steht, und wir sind die Gegner. So ändern sich die Zeiten.

Die Abstimmung glückt am Ende doch. Mit den Stimmen von PETO, SPD, Grünen und der Wählervereinigung »Menschen für Monheim« nimmt der Stadtrat das Sportstättenkonzept mehrheitlich an. Jetzt kommt es auf die weitere Umsetzung und die sogenannte »Frühzeitige Bürgerbeteiligung« an, die vier Wochen später im Baumberger Bürgerhaus stattfinden soll.

Karneval in Monheim – »Tätärä, der Puff ist pleite!«

Bei der Herrensitzung der »Großen Monheimer Karnevalsgesellschaft«, kurz »Gromoka«, geht es meistens recht lustig zu: Rund fünfhundert Bürger quer durch die Monheimer Gesellschaft lassen es ein Mal im Jahr sonntags ab 13 Uhr so richtig krachen. Vom Banker bis zum Gärtner, vom Feuerwehrmann bis zum Immobilienmakler, hier sind heute alle gleich. Auf fast jedem Tisch steht ein 10-Liter-Fässchen Kölsch, sodass sich das Bier immer in Reichweite befindet. Vom Sitzplatz steht man nur auf, um zur Toilette zu gehen oder wenn die Stimmung so ausgelassen ist, dass es erforderlich wird, im Stehen zu klatschen. Trotz des respektablen Alkoholkonsums legt die »Gromoka« bei der Programmgestaltung Wert darauf, eine »Herrensitzung mit Niveau« anzubieten, wie sie immer wieder betont. Darunter ist zu verstehen, dass zwar regelmäßig Cheerleader-Tanzgruppen gebucht werden, die in knappen Kostümen zu Kölner Stimmungsmusik tanzen, und weiblichen Sängern ganz klar der Vorzug gegeben wird, Nummerngirls oder Nacktauftritte, wie es sie teilweise auf anderen Herrensitzungen gibt, werden aber nicht ins Programm aufgenommen.

Natürlich lassen sich die gebuchten Büttenredner nicht davon abhalten, gern auch derbe Witze zu reißen. Gut, dass die städtische Gleichstellungsbeauftragte hier keinen Zutritt hat, denn Niveau hin oder her – die beliebtesten Witze handeln in der Herrensitzung von Frauen am Steuer, Blondinen und schlüpfrigen Aktionen.

Lucas, Florian und ich nehmen ganz vorn an der Bühne Platz. Die »Gromoka« hat diese Plätze extra für uns reserviert. An zehn langen Tischreihen rechts und links von einem breiten Mittelgang sitzen

Im Rheinland bleibt auch der Bürgermeister an Karneval nicht verschont.

bereits viele Männer in bester Stimmung. Einige sind bis zur Unkenntlichkeit maskiert, die meisten tragen allerdings nur wenige karnevalistische Accessoires, etwa ein buntes Hütchen mit passenden Hosenträgern. Wieder andere sind verkleidet und gehen als Bauarbeiter, Gärtner oder Ärzte. Die Stimmung ist ausgelassen und die Kellner, die in diesem Jahr ausschließlich männlich sind, weil niemand einer weiblichen Kellnerin zumuten möchte, hier für Biernachschub sorgen zu müssen, haben kräftig zu tun.

Das Programm beginnt mit dem Einzug des Elferrats und den ersten Bühnennummern. Zum Glück wird das Niveau nicht überstrapaziert, es hält sich unaufdringlich im Hintergrund. Trotzdem ist die Sitzung besser, als wir befürchtet haben. Gemeinsam mit unseren Tischnachbarn klatschen wir uns die Hände wund und rufen nach Kräften: »Monnem Helau!« Lucas ist als Robin Hood verkleidet,

Florian geht als Clown. Ich trage mein selbst geschneidertes Piratenkostüm aus dem letzten Jahr.

Nach dem Auftritt der *Funky Marys*, die mit verschiedenen Karnevalsschlagern ordentlich Stimmung verbreitet haben, kommt das *Schnäuzer-Duo* auf die Bühne. Einer der beiden Männer ist mit einer orangefarbenen Weste als Straßenkehrer verkleidet und hält einen großen Besen in der Hand. Der andere sitzt in einer aufgeklappten gelben Tonne. Zwei äußerst kurze Stoffbeine baumeln vor seiner Brust über den Rand und erwecken gemeinsam mit kleinen roten Stiefeln den Eindruck, ein Heinzelmännchen hätte auf der Mülltonne Platz genommen.

»Mer han jehört, dat ihr hä in Monnem so ne junge Bürjermester habt. Is dä do?«, ruft der Mann aus der Tonne, der im Märchen ein gutes Rumpelstilzchen abgeben würde, in den Saal. Ich gebe mich zu erkennen und winke dem *Schnäuzer-Duo* freundlich zu. Da ich viel zu dicht vor der Bühne sitze, sehen mich die beiden zuerst gar nicht.

»Joh, dä is tatsäschlisch noch ziemlisch jung«, ruft der Straßenkehrer, als er mich erblickt hat, und fordert mich auf, zu ihm auf die Bühne zu kommen: »Kumm mal eropp.« Ich schaue flüchtig zu Florian hinüber, der mich schadenfroh anlacht. Oben angekommen, erzählen die beiden Karnevalisten von einem tollen Song, den sie gemeinsam mit mir singen wollen. Der würde ganz gut zu Monheim passen, denn die Stadt hätte doch sicher kein Geld. »Mir singe jetz dat Leedsche ›Tätärä, der Puff ist pleite!‹«, ruft der Mann aus der Tonne.

Ich füge mich meinem Schicksal und singe mit dem *Schnäuzer-Duo* tanzend vom insolventen Bordell. Lucas und Florian haben ihren Spaß, ebenso wie der Rest des Saals. Nach drei Strophen und genauso vielen Refrains, die sich auf der Bühne wie eine halbe Ewigkeit anfühlen, werde ich unter Applaus und der Bemerkung des *Schnäuzer-Duos*, dass ich ja ein ganz lustiger Typ sei, wieder von der Bühne entlassen.

Nass geschwitzt und froh, dass der Auftritt vorüber ist, setze ich mich wieder zwischen meine beiden Begleiter. Florian, der vor Kurzem einem der vielen Monheimer Karnevalsvereine beigetreten ist, klopft mir freudestrahlend auf die Schulter. »Davon werden wir noch lange reden«, ruft er mir zu, während der Klatschmarsch einsetzt und das *Schnäuzer-Duo* ebenfalls die Bühne verlässt.

In einer Stadt wie Monheim, die sich selbst als rheinische Karnevalshochburg bezeichnet und zu deren Rosenmontagszug je nach Wetter 50.000 bis 70.000 Zuschauer strömen, wird vom Bürgermeister ganz selbstverständlich erwartet, dass er an Karnevalsveranstaltungen teilnimmt.

Solange ich nicht wie beim *Schnäuzer-Duo* in der ersten Reihe stehe, ist das kein Problem. Im Gegenteil: Mit PETO nehmen wir nun schon seit acht Jahren mit einer Fußgruppe oder einem eigenen Wagen am Rosenmontagszug teil. Im Gegensatz zu anderen Städten in der Umgebung, in denen viele Zuschauer nicht oder nur wenig verkleidet sind, geben sich die Monheimerinnen und Monheimer in der Karnevalszeit äußerst ungezwungen. Junge und alte Jecken säumen bunt kostümiert den etwa fünf Kilometer langen Zugweg. Die Stimmung ist ausgezeichnet und der Rosenmontagszug, der sich aus aufwendig gebauten Wagen, zahlreichen Musikgruppen und vielen prächtig geschmückten Fußgruppen zusammensetzt, lockt jedes Jahr Zehntausende in die Stadt.

Dazu kommt ungefähr ein Dutzend Karnevalssitzungen, die sich auf die Zeit zwischen Neujahr und Veilchendienstag verteilen und mit Besucherzahlen zwischen vier- und achthundert Personen meistens ausverkauft sind. Natürlich wiederholen sich einzelne Programmpunkte, wenn man auf vielen Sitzungen dabei ist, aber das kann durchaus von Vorteil sein: Bei der sogenannten Schwalbenjeckensitzung etwa, auf der wieder einmal das *Schnäuzer-Duo* gebucht war.

Als die beiden vom Elferratspräsidenten angekündigt werden, lehne ich mich schnell zu Jana herüber. Sie hat mich auf den meisten Sitzungen begleitet und auch fast immer Spaß daran gehabt. »Das sind die beiden, mit denen ich auf der Herrensitzung ›Der Puff ist pleite!‹ singen musste«, flüstere ich ihr ins Ohr. »Ich geh dann mal

Die »Kinder« – auf Rheinisch »Pänz« – sind an der Macht: Auf dem Rosenmontagszug 2010 feiert die PETO-Fraktion ihren Wahlsieg und sich selbst.

eben raus. Kann ich dir was zu trinken mitbringen?« Gerade noch rechtzeitig, bevor das *Schnäuzer-Duo* die Bühne betritt, rette ich mich zu den Toiletten. Auf dem Rückweg mache ich noch einen kurzen Stopp an der Biertheke. Erst als ich die Ausmarschmusik höre, traue ich mich in die Festhalle zurück. »Du hättest ruhig bleiben können«, sagt Jana zu mir, nachdem ich mich wieder neben sie gesetzt habe. »Die beiden haben ein paar Andeutungen zur Herrensitzung gemacht und dich in den höchsten Tönen gelobt.«

Etappensieg

Während Herr Schirmer an den Wochenenden nach der Ratssitzung mit einer Mitstreiterin in Baumberg am Aldi steht, hat der Bauer Bossmann am fraglichen Feld, das wir von der Kirche für den Sportplatzbau kaufen wollen, eine große Erdbeere aufgestellt. Erdbeeren wie diese, die sich mit zwei Klappen zu einer Verkaufstheke öffnen lassen, stehen normalerweise an verschiedenen Stellen im Stadtgebiet herum. Aushilfskräfte, oftmals Schüler oder Studenten, verkaufen dort frischen Spargel, Erdbeeren und andere Erzeugnisse von Bossmanns Hof.

Die Erdbeere an der Wolfhagener Straße hat jedoch einzig und allein den Zweck, den Mitgliedern der Bürgerinitiative als Basislager zu dienen. Von hier aus werden Jogger, Spaziergänger und Hundehalter mit Informationen zur Planung in Baumberg-Ost versorgt.

Herr Schirmer und die Anwohnerinitiative funken inzwischen auf allen Kanälen: Am Baumberger Ortseingang ist ein großer Traktoranhänger geparkt, der mit Transparenten verkleidet ist. »Stoppt Baumberg-Ost«, steht darauf. Weil der Anhänger im absoluten Halteverbot abgestellt ist, bitte ich die Mitarbeiter des Ordnungsamtes dafür zu sorgen, dass er verschwindet. Nachmittags fahren die Anwohner mit einem Traktor durch Baumberg und skandieren per Lautsprecher Parolen, rufen dazu auf, unbedingt an der Bürgerbeteiligung teilzunehmen, die für Donnerstag, den 15. April 2010 terminiert ist.

Tatsächlich ist die Bürgerbeteiligung gut besucht. Während Herr Bossmann seinen Traktoranhänger auf die andere Straßenseite gesetzt hat, dorthin, wo kein Parkverbot besteht, haben sich im Baumberger Bürgerhaus rund 250 Interessierte eingefunden, die ihre

Meinung zum Bebauungsplanverfahren und auch zum Sportstättenkonzept loswerden wollen.

»Jetzt nur nicht patzen«, denke ich mir. Meine Anspannung ist enorm, denn wenn sich herausstellen sollte, dass eine große Zahl von Anwohnern sich gegen die Planung ausspricht, werden wir unseren Sportplatzbau kaum durchsetzen können. In einem halbstündigen Vortrag stelle ich mithilfe einer Powerpointpräsentation, die größtenteils von den Planungsleuten der Stadtverwaltung vorbereitet worden ist, das Bauprojekt vor. »Die einhundert zusätzlichen Wohneinheiten, die wir hier planen, sind dringend erforderlich, wenn wir unsere Einwohnerzahl langfristig halten wollen«, erkläre ich den anwesenden Bürgern, die aufmerksam zuhören. Nur Herr Schirmer, der gemeinsam mit Herrn Bossmann in der ersten Reihe Platz genommen hat, wippt ungeduldig mit dem Fuß. »Die Verlegung des Sportplatzes um einige Hundert Meter nach Südosten bringt weitere Wohnflächenpotenziale«, fahre ich fort. »Außerdem sparen wir die Umbaukosten für die neue Anlage. Unterm Strich ist der Neubau sogar noch etwas günstiger als eine komplette Sanierung plus Einbau eines Kunstrasenfelds in die alte Sportanlage.«

Neben mir auf der Bühne sitzt Herr Waters, der den Bereich Stadtplanung leitet, zusammen mit einem Lärmgutachter, der die Auswirkungen des neuen Sportplatzes auf die bestehende Wohnbebauung untersucht hat. Beide stellen dar, dass es für die Anwohnerinnen und Anwohner zu keinen nennenswerten Lärmbelästigungen kommen wird. Weil zwischen dem neuen Sportplatz und den Häusern der Anwohner eine rund 50 Meter breite Hochspannungsleitung verläuft, die für einen ausreichenden Abstand zwischen Wohnbebauung und Sportanlage sorgt, ist kein Lärmschutz erforderlich.

Herr Schirmer sieht das jedoch anders. Er meldet sich als Erster zu Wort: »Mein Name ist Schirmer. Ich vertrete die ›Initiative gegen die Bebauung Baumberg-Ost‹, kurz IGBBO.« Während er spricht, wendet er sich dem Publikum zu. Es wirkt fast, als würde er den Auftritt ein wenig genießen. »Die Initiative bezweifelt die Zahlen, die Sie zum Sportplatzneubau dargestellt haben. Wir können außerdem nicht erkennen, warum zusätzliche Wohnbauflächen erforderlich sind«, nennt Herr Schirmer mehrere Kritikpunkte gleichzeitig. Am Ende seines sehr ausführlichen Beitrags bittet er Herrn Bossmann, zu der Planung Stellung zu nehmen. Während er das Mikrofon weiterreicht, unterbreche ich ihn. »Sie gestatten, Herr Schirmer, dass ich es bin, der diese Veranstaltung moderiert.« Herr Schirmer stutzt. Auch die Zuschauer sehen mich aufmerksam an. Ich will auf jeden Fall vermeiden, dass Herr Schirmer seinen Auftritt ungehindert nutzt. Das Manöver gelingt. Einige Zuschauer klatschen, weil sie sich über meine geistesgegenwärtige Bemerkung freuen. Ich erteile Herrn Bossmann das Wort, der ohnehin schon das Mikrofon in der Hand hält.

Herr Bossmann hält einen Vortrag über die Bedeutung der Landwirtschaft im Allgemeinen und die der überplanten Fläche für seinen Hof im Besonderen. Anschließend schlägt er vor, den Sportplatz auf der Alternativfläche »Am Kielsgraben« zu bauen. Das will auch die CDU. »Ich kann nicht glauben, dass diese Variante rund 400.000 Euro teurer wäre«, erklärt Herr Bossmann. »Sie müssen einfach besser verhandeln, um den Preis ›Am Kielsgraben‹ zu drücken.«

Auch andere Bürger stellen Fragen zum zusätzlichen Verkehr, zur Möglichkeit, neue Wohnflächen bevorzugt im innerstädtischen Bereich auszuweisen oder zur Freilaufzone für Hunde, die durch die Sportplatzplanung um einige Hundert Meter verkürzt wird. Ich bemühe mich redlich, auf alles eine Antwort zu geben. Manchmal kommt mir auch Herr Waters zu Hilfe. Gegen Ende der rund zweistündigen Fragerunde wird jedoch klar: Die Anhänger der IGBBO bleiben in der Minderzahl. Aus der kleinen Gruppe von Aktiven wird sich keine breite Bewegung entwickeln, die dem Projekt schaden könnte. Die meisten Anwesenden legen Wert darauf, dass bestimmte Details wie die Parkplatzsituation, die Verkehrsanbindung oder ein Fußweg angepasst werden. Herr Waters und ich versprechen, die Anregungen im weiteren Planungsverfahren aufzunehmen.

Ich atme auf. Wenn es uns jetzt gelingt, den geplanten Grundstückskauf mit der Kirchengemeinde abzuwickeln, wird dem neuen Sportplatz nichts mehr im Wege stehen.

Epilog

Das Sportstättenkonzept wird uns noch eine Zeit lang beschäftigen. Zumindest hat die Anwohnergruppe angekündigt, dass sie ihren Widerstand gegen den Sportplatzbau in Baumberg nicht ohne Weiteres aufgeben wird. Gebaut wird trotzdem. Die Sportvereine brauchen den neuen Platz. Ihn an einer anderen Stelle zu bauen, wäre einfach nicht finanzierbar. Im kommenden Jahr geht es mit der Erneuerung der maroden Umkleiden in zwei Sportanlagen weiter. Zuletzt wird dann 2014, dem Jahr der nächsten Kommunalwahl, einer der Monheimer Fußballvereine anstelle seines bisherigen Ascheplatzes ein kleines Kunstrasenfeld erhalten.

Ein zweites großes Projekt ist der Schuldenabbau. Erst einmal muss die Stadt überhaupt dahin kommen, keine weiteren Schulden anzuhäufen. Zwar wird sich mit dem vom Stadtrat beschlossenen Haushaltssicherungskonzept eine völlige Überschuldung Monheims verhindern lassen, den ersten ausgeglichenen Haushalt werden wir jedoch voraussichtlich erst wieder im Jahr 2018 aufstellen können. Unserer Meinung nach ist der Haushaltsausgleich schon aus Gründen der Generationengerechtigkeit wichtig, denn irgendwann werden die Schulden wieder abgetragen werden müssen. Das darf auf keinen Fall der nächsten Generation überlassen werden! Natürlich geht es aber auch darum, dass die Stadt so schnell wie möglich ihre finanzielle Handlungsfähigkeit wiedererlangt.

Bis zum Ende der Wahlperiode haben wir außerdem noch eine Menge anderer Dinge vor: Monheim soll kinder- und familienfreundlicher werden. Wir wollen die Bildungs- und Entwicklungschancen von Kindern aus benachteiligten Familien weiter verbessern.

Die Vermarktung von Gewerbeflächen und die Verbesserung der Einzelhandelsstruktur sind ebenfalls wichtige Themen für die Stadt. Hier hat Monheim viel Aufholbedarf.

Ich habe vor diesen Aufgaben jedoch keine Angst und glaube auch, dass die PETO-Mitglieder im Stadtrat ihrer Verantwortung gewachsen sind, denn seit der Aufstellung unseres ersten Wahlprogramms vor mehr als elf Jahren haben wir eine Menge gelernt. Zum Beispiel, dass man in der Kommunalpolitik hartnäckig sein muss. Bezüglich unseres allerersten Antrags zum Thema Fahrradwege erzählte mir neulich der zuständige Bereichsleiter, der schon damals für die Bearbeitung unseres Antrags verantwortlich war, dass die Stadtverwaltung der Angelegenheit seinerzeit nur sehr halbherzig nachgegangen wäre. »Wir haben einen kurzen Brief an die Eigentümergesellschaft geschrieben. Dass die der Ausweisung eines Fahrradwegs nicht einfach so zustimmen würden, war klar. Als dann eine ablehnende Stellungnahme zurückkam, haben wir die Sache nicht weiter verfolgt«, beichtete er mir die damalige Strategie, unseren Antrag ins Leere laufen zu lassen. Wir hätten einfach beharrlicher nachfragen müssen. Stattdessen haben wir uns mit der Auskunft abgefunden, dass die Eigentümer gegen unseren Fahrradweg wären. In anderen Fällen haben wir uns zum Glück nicht so leicht von unseren Ideen abbringen lassen. Die fünf Jahre, in denen wir auf die Einrichtung des von uns beantragten Jugendcafés warten mussten, sind ein gutes Beispiel dafür. Hier haben wir immer wieder nachgehakt, bis es irgendwann so weit war, dass das Café in Betrieb gehen konnte.

Um unsere politischen Vorhaben in den nächsten Jahren umzusetzen, werden viele Absprachen mit den anderen Fraktionen erforderlich sein, denn PETO verfügt im Stadtrat über keine eigene Mehrheit. Bisher hat es meistens geklappt. Trotzdem sind wir weiter auf die Kompromissbereitschaft der anderen Fraktionen angewiesen. Sollten die SPD oder die CDU sich stur stellen und allein den nächsten Wahltermin im Blick haben, wird es nicht funktionieren.

Für PETO wünsche ich mir, dass die interne Parteiarbeit weiter so harmonisch abläuft wie bisher. Konflikte kommen zwar auch bei uns vor, den großen Konkurrenzkampf innerhalb der Gruppe, wie man ihn von anderen Parteien kennt, hat es aber bei uns nie gegeben. Solange niemand ausschließlich deshalb in der Partei mitmachen will, weil er oder sie sich in dieser Rolle gefällt, solange es in erster Linie um den Spaß daran geht, gemeinsam etwas auf die Beine zu stellen, wird PETO erfolgreich bleiben.

Natürlich werden wir weiter versuchen, jüngere Leute einzubinden. Zwar wird Jugendlichen das Interesse an politischen Themen oft abgesprochen, die Entwicklung von PETO zeigt jedoch, dass es durchaus möglich ist, in unserem Alter etwas zu bewegen und das spricht viele junge Leute an. Ich hoffe, dass unser Beispiel anderen Jugendlichen Mut macht, sich ebenfalls zu engagieren. Es muss ja nicht unbedingt in der Politik sein. Umweltschutz, Sportverein oder Kirche – Möglichkeiten gibt es überall. Man muss sie nur ergreifen.

Wird PETO nun auch in anderen Städten aktiv werden? Wir haben nach der Wahl sehr viele Anfragen erhalten. »Wenn es bei uns PETO geben würde, würde ich euch wählen«, hieß es, oder: »Habt ihr nicht vor zu expandieren? Ich würde euch unterstützen«. So und so ähnlich lauteten verschiedene Einträge in unserem Gästebuch auf der PETO-Homepage oder Anfragen per E-Mail. Wir haben uns jedoch sehr bewusst dagegen entschieden, das Projekt auf andere Städte auszuweiten, weil wir uns nicht verzetteln wollen. Die Aufgabe, die wir in Monheim übernommen haben, erfordert unsere ganze Aufmerksamkeit. Insofern geben wir zwar gerne Tipps, wie man eine eigene Partei gründet oder wie man sich kommunalpolitisch engagieren kann, wir möchten aber nicht, dass das unter unserem Namen und schon gar nicht durch uns selbst geschieht. Insofern konzentrieren wir uns lieber auf die Aufgaben, für die wir gewählt wurden, oder wie Birte nach der Wahl sagte: »Erst mal Monheim retten und dann die Welt.« Das wollen wir in den nächsten Jahren tun.

Dank

Aus einer ungewöhnlichen Idee ist in nun fast zwölf Jahren ein Projekt entstanden, das seinesgleichen sucht. Dass das geklappt hat, daran haben viele einen kleinen oder größeren Anteil. Leider war es nicht möglich, euch alle in diesem Buch zu erwähnen. Ich möchte mich daher an dieser Stelle ausdrücklich bei allen genannten und ungenannten Protagonisten der letzten Jahre bedanken. Ihr habt die Partei begleitet und erfolgreich gemacht: Alex, Andek, Andreas, Ann Katrin, Annika, Antonio, Bianca, Birte, Brinja, Christian, Christiane, Daniel O., Denis, Florian, Gerardo, Gregor, Holger, Jan, Jana, Janne, Jan-Philipp, Jens, Jojo, Julian, Juliane, Karsten, Kathrin, Kerstin, Laura, Lisa, Lucas, Maike, Mareike, Markus, Martin, Max, Michael S., Michael W., Miriam, Nils, Rana, Sabine, Sascha, Sebastian, Sebi, Stefanie, Sven S., Sven T., Sven W., Svenja, Tim, Torsten, Verena sowie seit Kurzem auch die Aktiven bei »PETO 30 plus!«

Den Mitarbeiterinnen und Mitarbeitern der Stadtverwaltung danke ich für ihre Unterstützung im ersten Jahr. Ich freue mich auf die kommende Zeit und danke auch den Mitgliedern der anderen Parteien, vor allem natürlich denjenigen unter ihnen, die offen für gute Argumente sind und sich im Umgang mit PETO und mir ausgesprochen fair verhalten. In Bezug auf die wenigen unfairen Mitstreiter aus den anderen Parteien bin ich froh, dass sie sich bei ihren Versuchen, PETO oder mich zu diskreditieren, bisher so ungeschickt angestellt haben.

Was das Buch betrifft, danke ich den Mitarbeiterinnen und Mitarbeitern des Kölner Fackelträger Verlags für ihre Geduld mit einem äußerst unzuverlässigen Autor, der neben seinen dienstlichen Verpflichtungen als Bürgermeister einfach viel zu wenig Zeit zum Schreiben hatte. Holger, Sebastian, Daniel O., Lisa, Florian und Maike haben mir mit ihren Anregungen zu diesem Buch dabei geholfen, so manche Gedächtnislücke zu füllen. Auch euch ein herzliches Dankeschön!

Meinen Eltern danke für ihr festes Zutrauen in ihren Sohn. Ihr habt mich immer liebevoll begleitet, nie versucht, mir oder anderen PETO-Gründern unsere kuriosen Pläne auszureden, und uns oft genug in kniffeligen Situationen zur Seite gestanden. Und Dir, liebe Jana, danke ich dafür, dass Du mir so selten ein schlechtes Gewissen machst und mich in gewisser Hinsicht mit Monheim teilst. Ich liebe Dich sehr!